制造业智能化与中国经济高质量发展

刘　军　钱　宇　曹雅茹　著

科学出版社

北　京

内 容 简 介

本书主要研究制造业智能化对中国经济高质量发展的影响机制与效应。系统回顾了制造业智能化、经济高质量发展的相关理论，界定其内涵和特征，研究其现状，并定量分析中国制造业智能化发展新趋势及其驱动因素。综合使用区域、城市、行业、企业数据，运用多种模型及实证研究方法，研究制造业智能化对经济增长、产业结构、技术创新、绿色发展等方面的影响机制及影响程度。同时，研究了智能化可能导致的劳动力替代、收入差距扩大风险，并提出相关有针对性的政策建议。

本书适合政府机关工作人员、企业管理人员、相关专业的研究人员，以及关注中国制造业智能化和经济高质量发展的人士阅读。

图书在版编目(CIP)数据

制造业智能化与中国经济高质量发展/刘军，钱宇，曹雅茹著. —北京：科学出版社，2022.7

ISBN 978-7-03-072367-3

Ⅰ. ①制… Ⅱ. ①刘… ②钱… ③曹… Ⅲ. ①制造工业–产业信息化–影响–中国经济–经济发展–研究 Ⅳ. ①F426.4②F124

中国版本图书馆 CIP 数据核字(2022)第 089790 号

责任编辑：王腾飞 沈 旭/责任校对：杨聪敏

责任印制：张 伟/封面设计：许 瑞

科学出版社出版

北京东黄城根北街 16 号

邮政编码：100717

http://www.sciencep.com

北京九州迅驰传媒文化有限公司印刷

科学出版社发行 各地新华书店经销

*

2022 年 7 月第 一 版 开本：720×1000 1/16

2022 年 7 月第一次印刷 印张：16

字数：323 000

定价：169.00 元

序　言

改革开放 40 多年来，中国在制造业整体规模和技术水平两方面均取得了举世瞩目的成就，并全面建立了现代工业体系，发展成为世界第一制造大国。这一现象被世人称之为制造业发展史上的“中国奇迹”。

从发展战略和发展模式来看，改革开放 40 多年来，中国制造业嵌入全球价值链分工的发展历程可分为四个阶段：第一阶段（1978～1991 年）为乡镇企业开启制造业复苏发展阶段；第二阶段（1992～2001 年）为民营和外资企业推动制造业快速发展阶段；第三阶段（2002～2014 年）为中国制造业融入全球制造业体系，规模迅猛扩张阶段，其中 2010 年，中国制造业增加值首次超越美国，成为全球制造业第一大国，之后连续多年稳居世界第一；第四阶段（2015 年至今）为智能制造促进经济高质量发展阶段，2015 年，国家颁布实施《中国制造 2025》，全面推进实施制造强国战略，以促进制造业创新发展为主题，以加快新一代信息技术与制造业深度融合为主线，大力推进智能制造。在这几个发展阶段中，中国制造业是怎么走出来并逐步成长壮大的，其中的决定因素和发展规律值得我们长期认真研究和总结。

纵观改革开放以来的中国制造业发展历程，中国制造业逐步由以劳动密集型的国际代工为主，向自主品牌和自主技术的资本密集型行业和技术密集型行业转型升级，这一过程也是中国制造业逐步从传统制造向数字化制造、网络化制造和智能制造转型升级的过程。在以数字化、网络化、智能化为基本特征的全球新一轮科技革命和产业变革中，中国制造实现了由全球制造业的“追赶者”成为“并跑者”的伟大转变。在开启基本实现现代化国家战略的新发展阶段，如何从“并跑者”变成全球制造业的“领跑者”，实现制造业由大变强的历史跨越，已成为下一阶段中国制造业发展的重要战略目标。

中国制造业保持强劲增长势头的同时也面临着一些挑战：一是廉价劳动力的比较优势减弱。随着人口老龄化日趋严重，劳动力成本上升，中国制造业快速发展依赖的廉价劳动力比较优势逐渐消失，迫切需要提高制造业生产率，发展高端制造和提高产品附加值，从“低成本比较优势”转向“高质量竞争优势”。二是技术引进与创新难度与日俱增。我国制造业经历了以市场换技术，并逐步学习、吸收、再创新的发展历程，极大推动了我国制造业技术创新。但随着我国制造业技术水平与发达国家的差距逐渐缩小，以美国为首的发达国家对中国的技术封锁力度逐步加大，继续沿用学习模仿式技术进步模式的难度与日俱增。三是传统制造业污染严重，粗放式发展模式难以为继。中国制造业与经济发展迫切需要转变旧模式、寻求新动力，迫切需要以制造业智能化推进经济高质量发展。

当前，从理论和实践层面来看，关于制造业智能化与中国经济高质量发展的研究与应用都还处于探索阶段。尽管20世纪50年代就有学者提出人工智能概念，并在90年代左右开始关注和探索智能制造与经济发展质量等相关理论问题。但是关于制造业智能化、经济高质量发展的理论研究进展仍较为缓慢，尤其缺少对制造业智能化与中国经济高质量发展内涵及其评价的研究，缺少系统地探究制造业智能化对经济高质量发展影响途径及其效应，也缺少制造业智能化推进中国经济高质量发展过程中对失业与收入差距的风险评估。相关领域已有研究难以满足经济高质量发展的实践需求。因此，研究制造业智能化推进经济高质量发展的机制、效应与路径，破解制造业智能化带来的失业与收入差距风险，对加快实现中国制造强国战略目标，实现经济高质量发展具有重要意义。

令人欣喜的是，刘军教授团队经多年研究所形成的制造业智能化对中国经济增长、产业结构、技术创新、就业及收入差距、绿色发展影响的系统理论成果，将集中体现在这本《制造业智能化与中国经济高质量发展》一书之中。该书运用“制造业智能化与经济高质量发展基本理论—制造业智能化的内涵与评价体系—制造业智能化的经济社会效应—制造业智能化提升经济高质量发展建议”的研究思路和框架，对中国制造业智能化中的诸多问题，如内涵、评价、区域差异，智能化发展对中国经济增长、产业结构、技术创新、就业与收入差距、经济绿色发展的影响等前沿热点问题，进行了系统和深入的研究。

刘军教授团队所完成的这部专著，从培育中国经济高质量发展新动能的实际需求出发，以党中央、国务院和各部委关于促进制造业智能化的指导意见为指引，以制造业智能化特有的引领效应、关联效应为理论依据，较为系统地总结和探索了制造业智能化与中国经济高质量发展的创新理论，提出了推动中国经济高质量发展的实现路径和某些切实可行的政策建议。事实上，刘军教授团队先前在国内外著名期刊发表的相关研究成果，已得到了较为广泛的社会关注并产生影响。我相信，该书的出版必将会引起学界的关注与兴趣，对相关领域的专家及政策制定者具有重要的参考价值。

南京大学长江产业经济研究院院长
教育部长江学者特聘教授

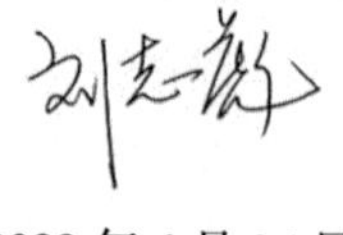

2022年4月26日

前　言

改革开放40多年来，中国依靠低廉劳动力、丰富资源的比较优势，以及改革开放制度的创新，实现了经济快速增长，GDP年均实际增长率高达9.5%(按不变价计算)，远高于世界同期平均水平，铸就了世界经济发展的“中国奇迹”。但随着土地、资源约束趋紧，人口红利的日益减弱，中国经济开始迈入新常态，逐步由过去的粗放式发展转为集约化发展，由高速增长阶段转向高质量发展阶段。当前，高质量发展已成为我国经济发展的主旋律，也是“十四五”乃至更长一段时期我国经济社会发展的主题。智能制造是制造业发展的主攻方向，制造业智能化是转变经济发展方式、推动经济高质量发展的必然选择，将在促进我国经济增长、优化产业结构、促进高质量就业、促进技术创新、促进绿色发展等方面发挥重要作用，并将成为推动我国经济高质量发展的新引擎和新动力。

本书主要研究制造业智能化对中国经济高质量发展的影响。首先对制造业智能化、经济高质量发展的相关理论进行较为系统地回顾、分析与评述，定量分析了中国制造业智能化发展新趋势及其影响因素。在此基础上，综合使用区域、城市、行业、企业数据，运用多种模型及实证研究方法，研究制造业智能化对经济增长、产业结构、技术创新、就业、收入差距、经济绿色发展的影响。本书的研究目的在于揭示制造业智能化影响中国经济高质量发展的内在机制，分析区域、行业、企业异质性特征，并提出有针对性的政策建议，为推进中国制造业智能化和中国经济高质量发展提供理论和政策支持。

本书通过研究得出以下主要结论：

(1)智能化测度与现状分析表明：中国制造业智能化水平有明显空间异质性，呈现由东到西依次递减的梯度分布态势；创新能力、金融发展水平、工资水平、智能化政策等可以有效促进地区制造业智能化发展，其中创新能力是驱动东部地区智能化的主要因素，而工资水平是中西部地区智能化转型的重要因素。

(2)智能化对经济增长的影响研究表明：在智能化与区域经济增长方面，智能化主要通过提高生产效率和技术创新能力促进经济增长，相比于中西部地区，东部地区智能化转型带来了更多的经济增长效应。智能化显著促进了制造业全要素生产率的增长，这种促进作用是通过技术进步实现的，并且智能化对于经济发展越落后地区的制造业全要素生产率的促进作用更大。在智能化与企业绩效方面，智能化政策主要通过引导企业优化智能管理、加强智能装备投入、引导企业推进协同制造来实现企业绩效提高，同时智能化政策对智能化程度较低地区的企业绩效的提升作用更大。

(3)制造业智能化对产业结构的影响研究表明：在三次产业结构方面，智能化主要通过提高人力资本水平、创造新业态促进产业结构高度化，并通过合理配置资源、技术融合促进产业结构合理化。在制造业结构方面，智能化通过提高技术创新能力，改进生产制造模式，提高制造业生产效率以及改变需求结构促进中国制造业结构优化。

(4)制造业智能化对技术创新的影响研究表明：智能化影响技术创新的机制是通过加速知识创造及知识和技术溢出，提高学习吸收能力，同时增加研发经费和人员投入来促进技术创新。实证结果表明，在控制研发投入强度、外商直接投资、所有制结构和技术模仿的条件下，智能化带来了技术创新显著进步。智能化对技术创新存在行业异质性：智能化对低技术水平行业技术创新的影响更显著；智能化水平越高，对技术创新的影响越大。

(5)制造业智能化对就业的影响研究表明：智能化水平与中国制造业就业总量之间存在“U”形关系，即智能化水平较低时以替代就业为主，水平较高后以就业创造效应为主，当前中国的智能化对制造业就业的创造效应已起主导作用。智能化能够通过延伸产业链和促进技术创新等中间途径实现就业的创造效应，其中延伸产业链的途径发挥的作用更明显。随着智能化水平的提高，劳动力市场的高技能和中技能劳动力的需求会增加，低技能劳动力的需求有所下降。智能化对东部地区制造业就业结构向高级化转变具有更积极的促进作用，也有利于中西部地区的低技能劳动力向中技能劳动力转化。

(6)制造业智能化对收入差距的影响研究表明：制造业智能化水平的提高加剧了我国高低技能劳动力之间收入差距的“马太效应”，智能化水平每提升 1%，高低技能劳动力之间的收入差距会扩大约 0.1%；其中高技能劳动力收入水平将因此增长 0.09%，而低技能劳动力收入水平则下降 0.03%，制造业智能化通过对高低技能劳动力收入水平产生的不同作用扩大了收入差距。

(7) 制造业智能化对经济绿色发展的影响研究表明：在智能化对企业能源效率的影响方面，智能化主要通过促进技术进步实现能源效率的提升，制造业企业绩效可以增强智能化对能源效率的促进作用，但这种促进作用只有在企业绩效为正值时才能显现；同时，企业年龄会抑制智能化对能源效率的促进作用。在智能化对碳排放强度的影响方面，智能化能够显著降低碳排放强度，同时智能化对碳强度的影响存在阶段性和行业异质性。在智能化与城市经济绿色增长方面，智能化能够通过拉动生产率提升、促进清洁生产技术创新、提高资源配置效率，推动经济绿色增长；智能化可以促进本地经济绿色增长，但会抑制邻近城市的经济绿色增长；这种抑制效应会受到人力资本的调节，随着人力资本水平的提高，智能化的负向溢出效应将显著减弱；同时智能化对经济绿色增长的影响存在城市特征异质性，且智能化对经济绿色增长的空间溢出效应具有明显的衰减特征。

基于以上研究结论，本书提出要加快制造业智能化转型，发挥其对经济高质量增长的促进作用。具体建议如下：①进一步发挥智能化对经济增长的促进作用。通过智能化转型提高企业技术效率，推动全要素生产率增长模式由技术进步单轮驱动向技术效率和技术进步双轮驱动转变，进而提高企业绩效，促进经济增长。②通过智能产业集聚，加快智能化技术溢出，提高企业自主创新能力，带动产业结构升级。可进一步开展智能制造试点项目，建立智能产业园区、人工智能创新发展试验区，加速智能产业集聚，加快智能化技术溢出，提高企业技术创新能力，进而促进企业智能转型，推动产业结构升级。③进一步发挥智能化的就业创造效应，稳定和扩大就业。加快培育中国人工智能新兴产业，开发智能化过程中所需的各类新产品，通过新技术的自主创新、新产品的设计研发促进制造业产业链延伸，创造更多的就业岗位。④加强低技能劳动力技能培训，缩小智能化导致的高低技能劳动力收入差距的“马太效应”。在提升高等教育和职业教育质量，扩大智能化所需高技能人才供给的同时，也要优化技能培训的内容与模式，促进低技能劳动力的稳步优质就业。⑤加快智能技术和智能设备的研发、应用，促进经济绿色发展。注重利用智能化培育新的制造模式。充分利用机器学习、神经网络、智能机器人等技术推动柔性制造、绿色制造等新制造模式发展，形成新型绿色增长极。

目　　录

第1章 绪　论

1.1 问题提出

自改革开放以来，中国制造业在规模与技术水平上均取得了举世瞩目的成就，对世界技术进步与制造业发展做出了巨大贡献。改革开放到20世纪90年代，中国制造业得到了快速发展，集中体现在轻工业制造水平不断提升，制造业总量持续增长、制造业主导地位日益凸显、生产能力迅速扩张、轻重工业基本协调增长等方面。2001年，中国加入世界贸易组织(WTO)，与世界经济全面接轨，2001～2014年间，电子信息、机械、化工等技术偏向型产业得到高速增长，并成为带动我国制造业持续、快速发展的重要支柱产业，制造业技术水平大幅提升，制造业结构不断优化、产品出口竞争力显著提升。

当前全球新一轮科技革命和产业变革酝酿兴起，数字技术与制造技术的融合进一步加速，以工业互联网、大数据、物联网、机器人等为代表的新一代信息通信技术对制造业产生了颠覆性影响。制造业智能化转型在全球范围内迅速展开，已成为制造业的重要发展趋势，并推动形成了新的生产方式、产业形态、商业模式和经济增长点。发达国家和新兴经济体国家陆续推出“再工业化”和“制造业回归”战略规划，培育制造业未来竞争优势。2013年，德国提出并实施“工业4.0”战略； 2016年，日本制定了《超智能社会5.0战略》；2017年，英国发布了《英国数字化战略》；2018年，美国发布了《美国先进制造业领导力战略》，提出大力发展人工智能与互联网产业制造。

中国也高度重视制造业智能化。2015年至今，中国一直将智能制造作为制造业发展的主攻方向。2015年，国务院出台的《中国制造2025》提出：“以加快新一代信息技术与制造业深度融合为主线，以推进智能制造为主攻方向，促进产业转型升级，实现制造业由大变强的历史跨越。”2016年，国务院颁布了《新一代人工智能发展规划》，明确了智能制造是制造业数字化、网络化、智能化的主攻方向，是经济发展的新引擎。2017年，党的十九大再次强调，要大力推进互联网、大数据、人工智能和实体经济的深度融合；同时也提出：“我国经济已由高速增长阶段转向高质量发展阶段”。这主要源于近年来劳动力、土地等资源约束趋紧，以及人口老龄化问题的日益加重，过去粗放型的发展模式已难以为继。智能制造作为产业发展的重要驱动力，将助力我国经济发展迈入技术进步和产业革命推进的新阶段，是我国转变发展方式，推动经济高质量发展的必然选择。

制造业智能化具有特殊的带动效应，能够推动战略性新兴产业总体突破，加快传统产业转型升级，促进企业技术、产品和模式创新，将成为我国建设制造强国的重要抓手，以及培育经济发展新动能、振兴实体经济、推动经济高质量发展的新引擎。从宏观经济及产业层面来看，智能化对地区经济增长、产业结构升级以及价值链攀升等具有重要影响；从社会效益角度来看，智能化对制造业的就业总量和结构、不同技能型劳动力收入差距等民生问题均会产生影响；从促进技术创新角度看，智能化发展为地区创新产出、企业创新产出带来积极作用；从绿色发展角度来看，智能化对产业和企业的绿色增长也会产生一定影响。因此，加快制造业智能化进程，推动制造业转型升级，已经成为我国经济高质量发展的当务之急。

虽然制造业智能化将从经济增长、产业结构升级、技术创新、绿色发展等方面促进中国经济高质量发展，提升经济发展的整体质量；但制造业智能化的发展也存在一定的制约因素，具有一定的潜在风险，可能导致劳动力替代、收入差距扩大以及区域经济发展不平衡等结果。鉴于此，从理论上研究制造业智能化对中国经济高质量发展的影响，探寻制造业智能化促进经济高质量发展的新动能，评估制造业智能化影响经济高质量发展的途径与效应，识别其制约因素与潜在风险，构建制造业智能化促进中国经济高质量发展的战略框架和政策保障体系，对推进中国经济高质量发展具有重大理论价值和现实意义。

1.2 研究思路

本书遵循“理论基础—实证检验—路径与建议”的研究思路，首先，构建制造业智能化与经济高质量发展的理论分析基础；其次，评价我国智能化的发展趋势及影响因素；然后，从经济高质量发展包括的各方面，分别研究智能化对经济增长、产业结构升级、技术创新、制造业就业与收入差距、绿色增长的具体影响；最后，在理论分析和借鉴国外经验的基础上，提出我国智能化促进经济高质量发展的政策建议。技术路线图如图 1-1 所示。

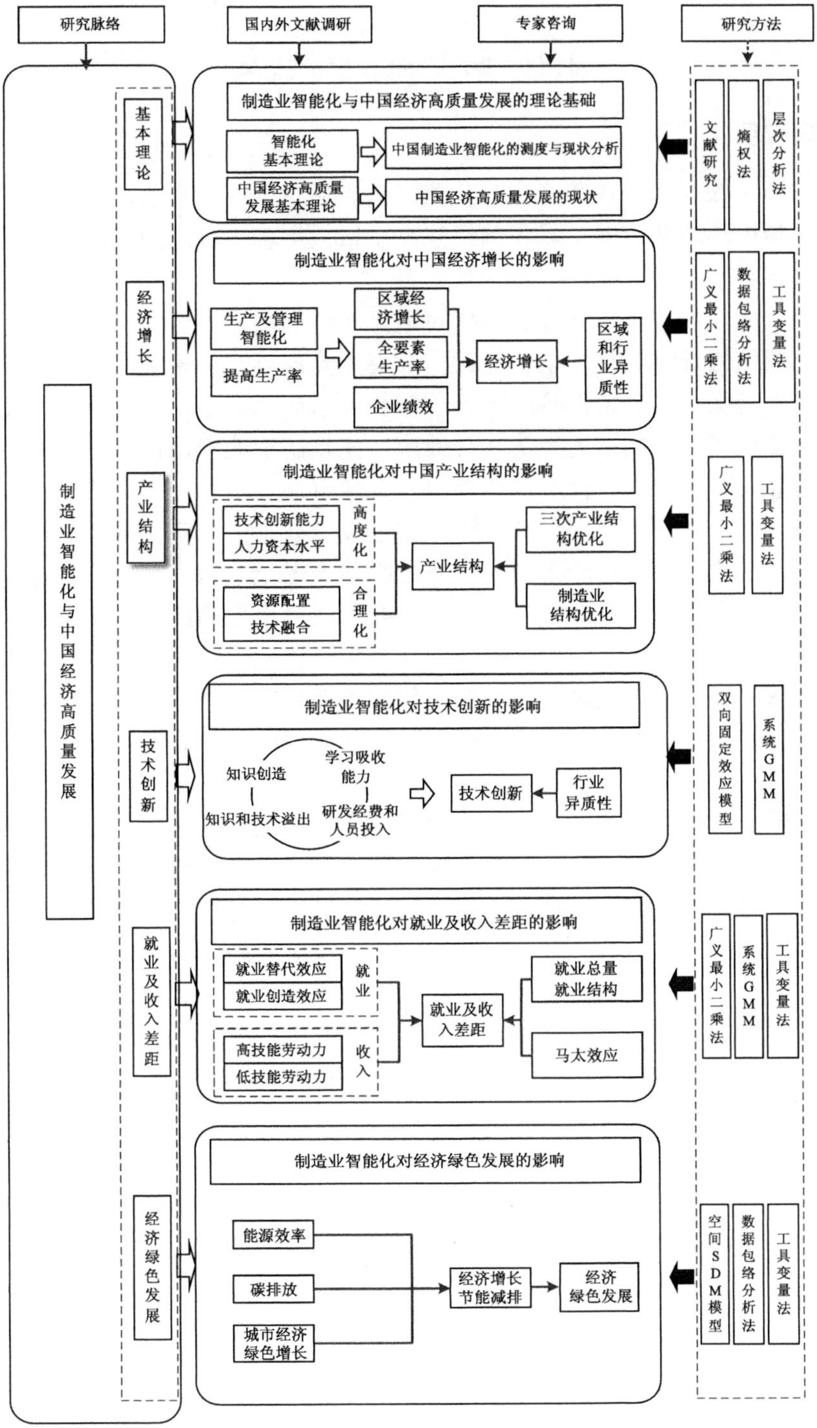
研究脉络
国内外文献调研
专家咨询
研究方法
制造业智能化与中国经济高质量发展
基本理论
经济增长
产业结构
技术创新
就业及收入差距
经济绿色发展
制造业智能化与中国经济高质量发展的理论基础
智能化基本理论
中国制造业智能化的测度与现状分析
中国经济高质量发展基本理论
中国经济高质量发展的现状
文献研究
熵权法
层次分析法
制造业智能化对中国经济增长的影响
生产及管理智能化
提高生产率
区域经济增长
全要素生产率
企业绩效
经济增长
区域和行业异质性
广义最小二乘法
数据包络分析法
工具变量法
制造业智能化对中国产业结构的影响
技术创新能力
人力资本水平
高度化
资源配置
技术融合
合理化
产业结构
三次产业结构优化
制造业结构优化
广义最小二乘法
工具变量法
制造业智能化对技术创新的影响
知识创造
学习吸收能力
知识和技术溢出
研发经费和人员投入
技术创新
行业异质性
双向固定效应模型
系统GMM
制造业智能化对就业及收入差距的影响
就业替代效应
就业创造效应
就业
高技能劳动力
低技能劳动力
收入
就业及收入差距
就业总量就业结构
马太效应
广义最小二乘法
系统GMM
工具变量法
制造业智能化对经济绿色发展的影响
能源效率
碳排放
城市经济绿色增长
经济增长节能减排
经济绿色发展
空间SDM模型
数据包络分析法
工具变量法

图1-1　本书技术路线图

1.3 研究目的与意义

1.3.1 研究目的

本书旨在探究制造业智能化对我国经济高质量发展的影响，从宏观、中观和微观层面剖析制造业智能化对我国经济高质量发展各个维度的影响，提出相应的政策建议。

宏观层面，本书重点探究智能化对地区经济高质量发展的影响，将地区经济增长、产业结构升级、技术创新等经济发展动力问题，结合制造业就业、收入差距等民生问题探讨，并特别将地区绿色增长纳入研究范围，以期相对全面地考察制造业智能化在宏观层面的经济社会效应，挖掘制造业智能化对地区经济高质量发展的差异化影响，并有针对性地提出政策建议。

中观层面，本书重点探究智能化对制造业全要素生产率、内部结构以及各行业碳排放强度的影响。在全要素生产率方面，本书重点考察制造业智能化到底能不能提高全要素生产率？如果提高了，全要素生产率提高的内在动力又是什么？在制造业内部结构方面，主要从技术创新、生产模式、生产效率以及需求结构角度出发，探究智能化影响制造业结构优化的内在机制并进行实证检验。在行业碳排放强度方面，本书重点考察智能化能否降低碳强度，并对不同行业的异质性进行分析。

微观层面，本书将智能化对企业的影响聚焦到企业绩效和企业能源效率两个角度，以揭示智能化转型对企业经济收益和社会环境的影响。在企业绩效方面，本书结合中国“智能制造试点示范项目”计划的实践背景，从智能制造试点企业的评选和验收考核等环节，总结凝练智能化政策对提高企业的经济绩效的影响机制，探析智能制造试点示范项目政策对制造业企业经济绩效的影响。在企业能源效率方面，本书考虑到三个现实问题：一是企业进行智能化转型，智能设备、智能机器的运作通常需要消耗大量能源，智能化转型是否确实可以提高能源效率？二是企业可能出于智能设备使用技术条件较高，投入成本较大的考虑，致使智能设备的购买数大于投入应用数，这是否会导致企业的资源浪费，从而抑制了企业能源效率？三是企业智能化转型对中国制造业企业能源效率影响的机制是什么，具体程度如何？

1.3.2 研究意义

1. 理论价值

第一，从我国经济发展的背景和现实需求出发，界定制造业智能化与经济高质量发展的内涵，深化中国经济高质量发展理论。本书结合国家经济发展需求和战略需要，通过总结和梳理理论研究和实践经验，界定制造业智能化的内涵，从基础层、技术层和应用层等层面评价中国制造业智能化发展现状和时代特征，多角度、多层面探讨应该如何保障制造业智能化顺利推进经济高质量发展，结合我国地区经济发展与企业发展的特征，总结制造业智能化发展背景下经济高质量发展的现实需求和战略需求。对于全面分析制造业智能化促进中国经济高质量发展的趋向，掌握制造业智能化在新旧动能转换中呈现的特征及演化规律，深化中国经济高质量发展理论，具有重要理论价值。

第二，研究制造业智能化对中国经济高质量发展的影响及其趋向，构建制造业智能化推进经济高质量发展的理论体系。本书将探索制造业智能化如何以创新驱动力助力经济高质量发展，进而提供新的生产方式、产业形态、商业模式和经济增长点。本书试图用最新的国际国内理论与实践事实对制造业智能化问题进行分析，通过评估智能化对经济增长、产业结构升级、技术创新、企业绩效、能源效率等宏微观方面的影响及其作用机制，揭示智能化对制造业技术创新、绿色全要素生产率、制造业就业和收入差距的影响效应，拓展制造业智能化与经济高质量发展的交叉研究，对于探索我国经济高质量发展的模式路径、构建我国经济高质量发展的战略框架具有重要的理论价值。

2. 实践意义

第一，研究智能化的影响因素，为我国打造具有国际竞争力的智能制造产业提供思路和对策。通过研究智能化的影响因素，识别其中的关键性因素，有助于更清晰地辨识智能化方面的比较优势和比较劣势，牢牢把握其“长板”和“短板”，为打造具有国际竞争力的智能制造产业提供思路和对策。

第二，研究智能化的经济社会效应，测度智能化的多重影响，为经济高质量发展提供借鉴与启示。从宏观视角系统分析智能化对经济增长、产业结构升级、技术创新、绿色发展、制造业就业和高低技能劳动力收入差距的影响及机制；从中观层面分析智能化对制造业全要素生产率、内部结构以及各行业碳排放强度的影响；从微观视角分析智能化对企业绩效、企业能源效率的影响及机制。本书明晰了智能化情境下经济高质量发展的潜在优势与现实困境，为经济高质量发展找准定位，并提供相应的借鉴与启示。

1.4 研究方法与创新

1.4.1 研究方法

本书采用定性分析法与定量分析法相结合的研究方法，侧重通过使用经济计量分析法来探讨智能化对经济高质量发展的影响。具体方法介绍如下：

1. 定性分析方法

1）文献分析法

文献分析方法是系统分析与全面归纳和研究主题有关的文献和理论，在此基础上，对所研究的关键问题进行探讨和评述的一种理论方法。文献分析法是本书使用的基本方法，也是贯穿全课题的研究范式。通过搜集、查找和阅读相关的文献资料，研究国内外制造业智能化和经济高质量发展的内涵、特征、演进历程和发展现状、新旧动能转换等，并对上述问题进行分析、归纳、总结。在系统研究的基础上，把握制造业智能化与实体经济融合的最新研究动态，以进一步研究制造业智能化推动中国经济高质量发展的机制。

2）系统逻辑分析方法

在分析制造业智能化促进中国经济高质量发展的机制与路径中，本书运用系统逻辑分析方法从新旧动能转换、促进经济增长、促进技术进步、提升产业竞争力，及实体经济与制造业智能化深度融合产生的新业态和新模式等层面进行分析，揭示制造业智能化促进中国经济高质量发展的本质属性与规律。

3）比较分析

通过对各地区、各行业的智能化发展水平进行横向比较，把握我国智能化发展的整体状况；通过对我国历年的智能化水平进行纵向比较，分析智能化水平的增长趋势。

2. 定量分析方法

1）主客观赋权法

在对各地区制造业智能化水平进行评价时，运用层次分析法和熵值法对制造业智能化水平的现状进行科学的定性与定量分析，从而得到制造业智能化在各地区的排序状况，为考察制造业智能化推动经济高质量发展的实证检验提供基础数据。

2）数理统计和回归模型分析

本书研究所运用到的数理统计与回归模型分析方法主要包括面板固定效应模

型、动态面板回归模型、工具变量法、双重差分模型等。基于Stata软件并利用这些计量分析工具主要为了检验制造业智能化影响经济高质量发展的机制，验证制造业智能化对地区经济增长、全要素生产率、产业结构升级、就业及收入分配、技术创新及绿色发展等方面所产生的影响。

3）数据包络方法

为了得到各地区、各企业的全要素生产率和绿色全要素生产率，本书采用数据包络分析方法、非径向方向性距离函数等方法进行测度。特别是在经济绿色增长测度方面，本书从全要素生产率的角度出发，在原生产函数基础上，加入能源消耗、污染物排放等因素，构建环境约束下的 SBM 方向性距离函数和 Malmquist-Luenberger 指数来衡量经济绿色增长。这种测度方法无须统一指标单位，无须考虑投入与产出之间的函数关系，无须预先估计参数，无须假设权重，最大限度地保证了原始信息的完整性。同时，由于传统 DEA 模型没有考虑投入、产出的松弛性问题，可能导致效率低下和估计偏误。基于非期望产出的 SBM 方向性距离函数将松弛变量考虑到目标函数中，纠正了原始模型的所有投入均按相同比例减少的缺陷，有效解决了传统DEA模型不能解决的投入、产出的松弛性问题。

1.4.2 研究创新

本书可能的创新之处主要体现在研究内容和研究方法两方面，研究内容的创新包括从制造业智能化的独特视角研究中国经济高质量发展问题，并从经济增长、产业结构、技术创新、就业与收入差距、绿色发展等方面进一步研究其具体影响效应及区域差异。研究方法的创新则在于将多学科领域的研究方法用以解决经济学、管理学、社会学、公共管理学等多领域问题，打破学科间研究思路和研究方法论的隔阂，具体创新之处如下。

1. 研究内容创新

1）从制造业智能化的独特视角研究中国经济高质量发展问题

立足国家关于“将智能制造作为两化深度融合的主攻方向”的战略目标，对制造业智能化、经济高质量发展进行概念界定，并进行现状分析，响应国家经济发展的现实需求。基于中国制造业智能化发展趋势，从经济增长、产业结构、技术创新、就业与收入差距、绿色发展等方面研究制造业智能化对经济高质量发展的影响效应及其区域差异，并在此基础上提出智能化促进经济高质量发展的路径和政策，这是一个全新的视角和研究领域，目前国内外同类研究并不多见。

2）制造业智能化对经济增长的影响研究

分别从宏观经济增长、中观制造业全要素生产率、微观企业绩效三个层面研究智能化对经济增长的影响，从生产效率、技术创新、管理水平等方面揭示了智能化对经济增长的影响机制，并实证检验了智能化对经济增长的影响及作用机制，研究了智能化政策对制造业企业经济绩效的影响，分析不同时点、不同地区的智能化政策对企业绩效影响的异质性。

3）制造业智能化对产业结构的影响研究

分别从三次产业结构、制造业结构两方面研究了智能化对产业结构的影响。机制分析表明：在产业结构优化方面，智能化通过提高人力资本水平以及创造新业态促进产业结构高度化，通过合理配置资源、技术融合促进产业结构合理化。在制造业结构方面，智能化通过提高技术创新能力，改进生产制造模式，提高制造业生产效率以及改变需求结构促进中国制造业结构优化。实证研究表明，智能化对中国三次产业结构和制造业结构优化都具有显著的正向影响，并存在区域和行业异质性。

4）制造业智能化对技术创新的影响研究

从知识创造、知识和技术溢出、学习吸收能力、研发经费和人员投入四个方面阐述了智能化影响技术创新的机制；并实证检验了智能化对技术创新的促进作用，发现智能化对技术创新的影响具有行业异质性特征：相比于高技术水平行业，智能化对低技术水平行业的技术创新的促进作用更为显著；智能化水平越高的行业，其对技术创新的促进作用越大。

5）制造业智能化对就业的影响研究

一是从替代效应和创造效应两方面分析了智能化对就业总量的影响，并从高技能劳动力、中技能劳动力、低技能劳动力三个角度剖析了智能化对劳动力技能结构的影响机制，分析视角较已有研究更加全面，一定程度上完善了智能化对就业影响机制的理论框架；二是实证研究得出智能化与就业总量之间存在“U”形关系，即智能化对制造业就业会呈现出先“替代”为主，后“创造”为主的趋势；利用中介效应模型验证了产业链延伸和技术创新是实现就业创造的主要途径，这是对已有研究的拓展和深化；三是从就业增长的来源角度进一步检验得出，智能化显著增加了高技能劳动力和中技能劳动力就业，减少了低技能劳动力就业。

6）制造业智能化对收入差距的影响研究

一是从高技能劳动力收入水平和低技能劳动力收入水平两个方面，分析制造业智能化对不同技能劳动力收入差距影响的内在机制；二是实证检验了制造业智能化对不同技能劳动力收入差距影响，研究得出智能化通过提升高技能劳动力的收入水平、降低低技能劳动力的收入水平，加剧了高低技能劳动力的“马太效应”。

7）制造业智能化对绿色发展的影响研究

抓住制造业智能化促进经济高质量发展的实质，从智能化对企业能源效率、行业碳排放强度、城市经济绿色增长水平等层面研究了智能化对绿色发展的影响及作用机制。将“智能+”深度融合贯穿于制造业智能化促进企业清洁生产技术创新、提高资源配置效率、推动经济增长、促进节能减排的过程中，研究制造业智能化通过何种渠道对绿色增长产生影响并进行机制检验。以深度融合的视角，从“宏观政策、行业发展、企业创新”等层面提炼加速制造业智能化推动经济绿色发展的政策建议，从而全面揭示制造业智能化与经济高质量发展相互影响、相互呼应的机制。

2. 研究方法创新

在对制造业智能化与经济高质量发展内涵进行科学界定的基础上，采用固定效应法、工具变量法、双重差分法等因果推断方法探索制造业智能化影响经济高质量发展的途径，从而为提出制造业智能化加速推动经济高质量发展的政策建议提供理论支撑。基于比较分析、文献分析法等，总结提炼制造业智能化促进经济高质量发展的模式、设计出符合中国国情的，具有原创性和本土化的制造业智能化促进经济高质量发展的理论体系，进一步基于理论、技术、应用等从宏观体制与政策、标准体系、技术方法与支持平台等方面构建制造业智能化促进经济高质量发展的政策体系。

第 2 章　智能化基本理论

本章以世界和中国制造业智能化的发展历程为脉络，以技术发展史为背景，刻画了中国智能制造的发展轨迹，阐述了智能化的起源与发展；界定制造业智能化的内涵，从智能化的基础投入、智能软件的开发与应用，以及智能化的经济效益与社会效益等三个方面作了进一步阐释；从企业特征、产业特征和宏观特征等方面探究制造业智能化的基本特征。

2.1　智能化的起源与发展

2.1.1　世界制造业智能化发展历程

世界智能制造发展历程可以概括为三个阶段：第一阶段为数字化制造阶段（1952～1966 年），第二阶段为网络化制造阶段（1967～2012 年），第三阶段为智能制造阶段（2013 年至今）（李廉水等，2019）。

第一阶段为数字化制造阶段（1952～1966 年）。1952 年 MIT 采用真空管电路实现了三坐标铣床的数控化，标志着数字化制造的诞生，1955 年实现了数控机床的批量制造，数字化制造技术实现商用。第二阶段为网络化制造阶段（1967～2012 年），1967 年美国将多台数控机床连接成可调加工系统，成为了柔性制造系统的雏形。20 世纪 70 年代和 80 年代 CAD 和 CAM 开始出现，并在波音公司和通用电气的共同开发下实现了融合，再与其他相关系统一起构建形成了计算机集成制造系统。20 世纪 90 年代，CAD/CAM 一体化三维软件大量出现，并广泛应用到机械、航空航天等领域，形成了现代信息化制造技术体系。此时，智能制造系统概念刚提出不久，日本和加拿大先后实现了分布智能系统控制和机器人控制等技术，智能制造逐渐在世界兴起。第三阶段为智能制造阶段（2013 年至今），2013 年 4 月，德国发布“工业 4.0”，旨在促进数字技术、智能化工业制造系统的发展，增强德国制造业在国际市场中的竞争力。智能化是信息技术发展的重要目标，实现这一目标的主要途径是发展人工智能技术（邹蕾和张先锋，2012），并且随着大数据的发展、硬件和算法的进步，智能化热潮逐渐席卷世界（曹静和周亚林，2018）。同年 9 月，美国宣布重组“AMP 指导委员会 2.0”，并于 2014 年发布《振兴美国先进制造业》，旨在通过创新领先和发展工业互联网来引领美国制造业在全球的主导地位。而日本则在 2015 年初推出了《机器人新战略》，希望通过发展机器人技术来应对全球制造业变革。

智能制造是智能化发展的成熟阶段，数字化制造和网络化制造是智能制造的基础。智能制造是以产品制造全流程和全生命周期作为作用对象，强调运用新一代信息通信技术和人工智能，表现为将人工智能赋予生产运作系统，使其自感知、自决策和自执行。相较于数字化制造，智能制造利用增材制造等新型制造方式来实现特殊构造的产品设计，替代了人的脑力与体力，赋予了制造过程以分析、推理与执行能力。相较于网络化制造，智能制造通过工业互联网、物联网等技术实现智能机器之间、人与人之间，甚至人与机器之间的互联，突破了网络化制造中简单的企业间协同，实现了人、机、网络之间的高度融合。

2.1.2　中国制造业智能化发展历程

中国智能制造发展历程也可以划分为三个阶段：第一阶段为工业化带动信息化阶段(1958～2006 年)，第二阶段为两化融合阶段(2007～2014 年)，第三阶段为信息化引领工业化阶段(2015 年至今)(李廉水等，2019)。

第一阶段为工业化带动信息化阶段(1958～2006 年)，尽管 1958 年中国成功研制第一台数控机床，但是直到改革开放以后制造业信息化才真正进入正常的发展轨道。从 1979 年开始，高新技术产业化走上了快车道，电子工业作为优先发展行业，将电子技术应用到机床改造、工业炉窑控制等多个方面。1987 年信息技术(智能计算机系统、光电子器件及其系统集成技术等)在“863”计划中被列为七大重点发展领域之一，20 世纪 80 年代末期科技部提出建设“工业智能工程”，尝试探索智能制造。20 世纪 90 年代至 21 世纪初，中国逐步开展先进制造技术的推广应用和互联网建设，重点科研院所和高校连接上国际互联网，诞生了众多互联网公司和软件服务企业，覆盖全国范围的信息网络逐渐成形。第二阶段为两化融合阶段(2007～2014 年)，2007 年党的十七大提出“大力推进信息化与工业化融合，促进工业由大变强，振兴装备制造业”，即是提出“两化融合”战略，标志着“两化融合”的开启。2010 年，全国已基本实现信息化，信息产业成为国民经济的重要支撑部分。第三阶段为信息化引领工业化阶段(2015 年至今)，2015 年《国务院关于积极推进“互联网+”行动的指导意见》指出推动互联网与制造业融合，大力发展智能制造。同年《中国制造 2025》将推进智能制造作为制造业发展的主攻方向。一系列重要文件的推出预示着制造业智能化将成为中国制造业未来的发展方向，推动制造业生产方式的重大变革。制造业智能化发展历程如图 2-1 所示。

从世界制造业智能化和中国制造业智能化的发展历程来看，世界制造业智能化发展的每个阶段跨越时间较长，并且以新兴技术的开发与应用作为发展的历程的拐点，长时间的技术积淀为下一个阶段的跃迁做好了充分准备。而中国制造业智能化的发展更多以国家政策文件引导作为开端，体现了中国特色社会主义市场经济体制下制造业发展的特点。另外，中国制造业智能化初始阶段的时间跨度较长，这主要是因为中国制造业基础薄弱，需要通过长时间的规模扩张、技术引进和模仿学习来实现技术创新。同时，我们还可以发现中国制造业智能化各个阶段时间跨度差异较大，反映了中国制造业不断追赶发达国家制造业智能化发展的轨迹，并通过压缩中间跨越阶段的时间来尝试赶超世界制造业发展进程。

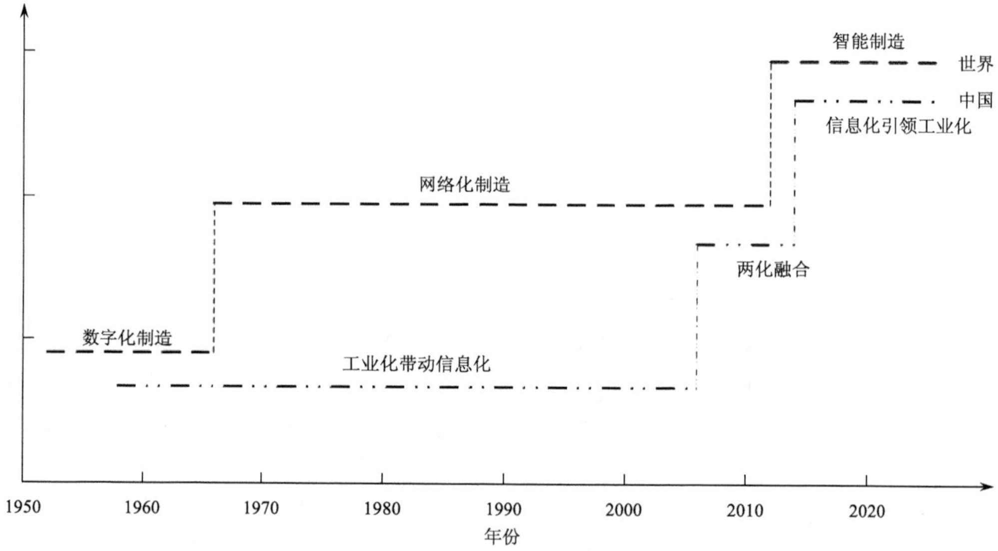

图 2-1　制造业智能化发展历程

2.2　制造业智能化的内涵及特征

2.2.1　制造业智能化的内涵

制造业智能化不是凭空产生的社会进程，而是以前期技术积淀为支撑，以人工智能和新一代信息通信技术等先进技术作为产业变革的拐点。具体来看，制造业智能化是以数字化制造为发展起源的，中间经历了网络化制造阶段，逐步过渡至智能制造时代(李廉水等，2019)，如图 2-2 所示。

数字化制造是制造业智能化的初始阶段。数字化制造是以数字化技术为基础，伴随着数码控制技术与数控机床的发展，以产品的设计与生产制造环节为作用对象，强调生产流程的数字化。从设计环节来看，数字化制造相较于传统制造而言，主要是将传统的手工草图设计转换为计算机模拟设计，极大地提升了设计效率。从生产制造环节来看，数字化制造实现了部分制造程序的自动化，表现为将一些复杂且精密的加工程序用机器来完成。数字化制造的代表性技术有数控机床等。

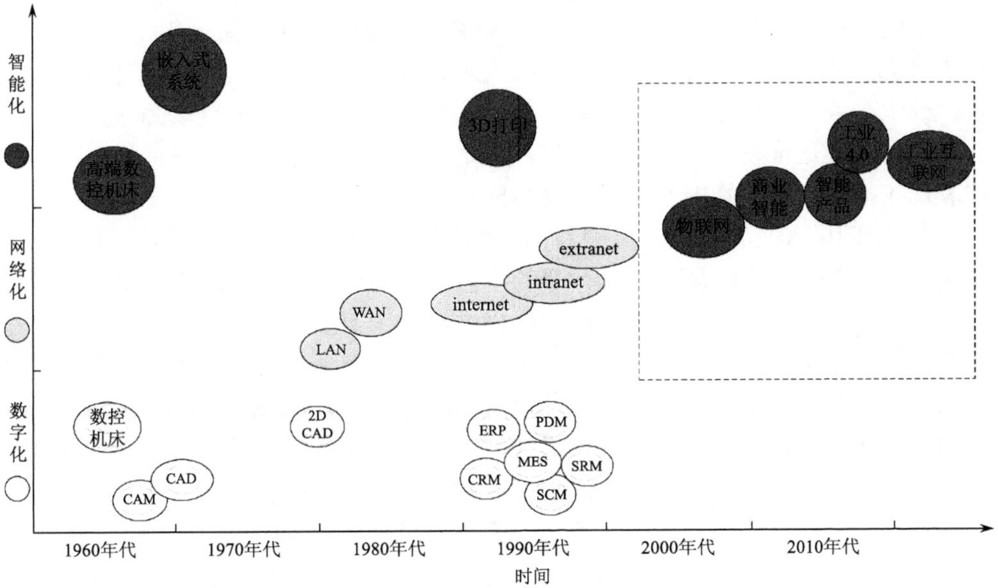

图 2-2　制造业智能化技术发展

网络化制造是制造业智能化的发展阶段。网络化制造是以网络化时代为背景，伴随着信息与通信技术的发展，以企业间的协同生产运作为作用对象，强调企业合作与信息共享。从技术基础来看，网络化制造是以互联网技术作为支撑的，突破了地理空间对于企业生产经营的约束，企业间通过互联网进行信息沟通与协调。从制造目的来看，相较于数字化制造，网络化制造从聚焦于企业内部生产转移到聚焦于企业间协同生产，表现为以网络的方式实现资源的共享与集成。网络化制造的代表性技术有基于网络的分布式 CAD 系统和开放结构控制的加工中心等。

智能制造是制造业智能化的成熟阶段。智能制造是在数字化制造和网络化制造基础上发展而来的，数字化制造与网络制造是智能制造的必要条件。智能制造是以产品制造全流程和全生命周期作为作用对象，强调运用新一代信息通信技术和人工智能，表现为将人工智能赋予生产运作系统，使其能够自感知、自决策和自执行。智能制造的核心在于“智能”。相较于数字化制造，智能制造全面利用计算机来进行控制，利用增材制造等新型制造方式来实现特殊形状与结构的产品设计，极大地替代了人的脑力与体力，赋予了智能制造过程以分析、推理与执行能力。相较于网络化制造，智能制造通过工业互联网实现智能机器间的互联甚至人机互联，是互联网向工业的延伸与扩展，表现为通过大数据技术充分挖掘制造潜力，而不仅限于企业间的协同，从而实现人、机、网的高度融合。

智能制造是制造业智能化的具体表现，制造业智能化是对智能制造概念的延伸与拓展，是制造业推进生产方式由基础阶段向智能生产动态转变的过程，是从经济学的角度去认识制造业变迁。制造业智能化是指企业将新一代 ICT 技术和 AI 技术应用于产品制造的全生命周期，实现设计、生产、管理和服务销售智能化，以提升生产效率，创造经济和社会效益，最终实现制造业价值链攀升的过程。制造业智能化，是推进智能制造的过程，也是反映智能制造程度的一种状态，其具体表现在基础投入、智能软件的开发与应用和经济效益与社会效益等方面。

(1)基础投入是智能化发展的基础。智能化生产的目的是产品制造，人工智能等技术只是在各个生产环节提升效率的手段，因而智能化仍需落实到劳动力和生产资料等基础要素投入上，生产活动如果脱离了人力就无法正常运转。首先，作为智能化生产中的劳动力投入与一般生产活动中的劳动力投入有所区别，一般生产活动中的劳动力投入对于智力需求较少，而智能化生产则更多地需要智力投入，需要运用技术、知识、经验等来保障智能制造的正常运行。其次，智能设备投入是基础要素。智能设备是智能制造实现的集中体现，是人类智力转移的作用对象，智能设备能够替代人力处理生产活动中的各种问题。最后，智能化背景下的企业存在由一体化科层组织结构向网络化转变的趋势，因此企业网络化生产就需要互联网基础设施的支撑，将互联网从消费领域向工业领域拓展，构建工业互联网体系，连接企业内外部数据链。

(2)智能软件的开发与应用是智能化提升的关键。强调人工智能技术的应用与实现，要求以新一代信息通信技术和先进制造技术进行融合，而这又需要落实到软件应用的开发与使用，诸如自感知等类人思维与行为是软件技术应用的高级形态。实现智能化转型的关键在于智能软件的开发与应用，智能设备的升级替代了体力劳动，而智能软件的升级则能替代脑力劳动。从成本视角出发，智能软件的开发与应用，在一定程度上减少了劳动力投入，减少了人为操作失误带来的风险损失；从价值角度出发，智能软件释放了更多的劳动生产力，同时将生产运营过程中产生的数据重新利用起来，能有效预防运营风险并开发新的价值。

(3)经济效益与社会效益是智能化发展的目的。智能化的内涵绝不限于设备投入与技术应用，而是更强调其带来的经济效益与社会效益。智能化反映了制造业谋求劳动效率提升和智力替代的诉求，是从制造业企业内生发展向社会化的演变，从而必然会在市场经济中体现其发展价值。中国经济的高质量发展应当以智能化为契机，带动制造业新一轮的技术创新，将智能制造技术贯穿制造全流程，达到智能化引领产业，实现转型升级的目的。因而，反映经济效益和社会效益的市场实践层面也是制造业智能化内涵的重要方面。

2.2.2 制造业智能化的基本特征

智能化转型是制造业发展的重要趋势，与其他发展方向相比，制造业智能化存在独特的性质，本节从企业特征、产业特征和宏观(总体)特征三个方面梳理。

1. 企业特征

企业特征是制造业微观个体智能化的体现，主要包括产品智能化、装备智能化、生产方式智能化、管理智能化等。①产品智能化是智能化发展的动力源泉，设计和生产智能化产品，客观上要求制造业的各个流程环节实现智能化，通过制造的智能化推动产品的智能化，赋予产品更多的科技含量从而实现其价值增值。②装备智能化是智能化实现的基本要求，中国制造业的发展经历了从粗放到精细，再到智能的转变，显然只有装备的智能化才能有效支撑产品的智能化。③生产方式智能化是智能化的重要体现，随着大规模个性化的消费需求逐渐成为市场主流，以智能化生产方式为代表的非标准生产方式更加符合社会潮流。生产方式的变迁经历了数字化制造到网络化制造，再到智能制造的变迁，表现为生产技术到生产方式实现质变的过程。④管理智能化是智能化的关键环节，智能化的生产系统离不开科学高效的管理体系，将智能技术应用于管理，建立基于智能技术的全面管理体系，通过智能管理系统可以更精确地寻找和发现管理漏洞，从而提高效率，减少运行成本。

2. 产业特征

产业特征体现了制造业行业在推进智能化进程中所呈现的发展特点，主要包括以下三点：

(1) 以人工智能等新技术作为技术支撑。智能化的关键在于智能，而智能是依托人工智能技术实现的，因而人工智能技术是智能化发展的支撑技术。以人工智能技术为基础的智能机床、工业机器人能够实现柔性生产运作，赋予产品智能，实现价值增值。

(2) 以工业互联网作为连接方式。企业智能化并不能代表产业智能化，由企业智能化走向产业智能化需要将所有企业连接起来。工业互联网作为企业协同发展的纽带，能够不断推进制造业产业的整体智能化进程。

(3) 以构建新型制造体系作为发展目标。智能化的推进不仅需要制造业企业实现智能化，还要发挥相关产业对制造业企业配套支撑作用，鼓励不同产业领域企业信息互联跨界融合，完善工业互联网基础设施，从而达到构建中国新型制造体系的目的。

3. 宏观(总体)特征

宏观(总体)特征反映了国家在服务和引导制造业发展方向所表现出来的特点，包括以下三点：

(1) 以吸收和培养人才来构建核心竞争力。制造业智能技术开发、创新和应用是人才驱动的结果。智能制造的技术开发与创新依赖于高端技术人才，而智能制造技术应用对于从业人员也提出了更高的要求。中国制造业与欧美发达国家的竞争，不仅是市场的竞争，同时也是人才的竞争，只有人才驱动制造业的创新发展才能带来产业竞争力持续提升。因而，适应未来智能制造发展需要吸收国内外高端人才，培养基础应用人才，构建完善的人才体系，从而为制造业智能化发挥基础性人才保障作用。

(2) 以统筹兼顾和全面推进来摆脱发展短板。全面推进有利于中国智能制造的综合竞争力提升。制造业智能化涉及多学科、多领域的专业知识和技能，推进制造业智能化过程中需要大量相关学科和领域的产学研协同创新，从知识和技术层面保障智能化进程。德国智能制造的重点在于通过传感器构建智能生产系统，以智能工厂作为发展目标。美国智能制造的重点在于利用工业互联网从上至下地重塑制造业。中国应借鉴美国和德国等发达国家的成功做法，结合中国制造业现状，通过鼓励产学研合作创新，加强智能制造发展的顶层设计和全产业链及相关产业的智能化协同，鼓励各产业集成创新，从而全面推进制造业智能化进程。

(3) 以重点突破来引领智能化全方位发展。重点突破有利于中国制造业形成发展特色和占领智能制造关键技术领域。中国制造业智能化发展应当聚焦新一代信息技术和工业机器人等关键领域，重点突破智能化的基础性环节，如关键共性技术、智能制造标准体系和工业互联网等。通过对这些关键环节的重点突破，优化智能制造的顶层设计，从点到线再到面发挥拉动作用，引领中国制造业迈入智能化发展的新时代。

2.3 本 章 小 结

首先，本章回顾了世界和中国制造业智能化的发展历程，以技术发展史为背景，刻画了中国智能制造的发展轨迹；其次本章界定了制造业智能化的内涵，从智能化的基础投入、智能软件的开发与应用，以及智能化的经济效益与社会效益等三个方面作了进一步阐释，从企业层面、产业层面和宏观(总体)层面分析了制造业智能化的特征。

第 3 章　中国经济高质量发展基本理论

本章探讨中国经济高质量发展的内涵、多维特征及现状。首先，梳理了经济高质量发展的相关研究，从经济发展高质量、城乡发展高质量、社会民生高质量、生态文明高质量等方面明晰经济高质量的内涵；其次，从提高全要素生产率、产业结构合理化与高级化、创新驱动经济高质量发展、迈向高质量就业、收入分配结构持续优化、生态优先与绿色发展等方面分析了经济高质量发展的多维特征；最后，分析了中国经济高质量发展的现状。

3.1　经济高质量发展的相关研究

3.1.1　经济高质量发展的内涵研究

苏联学者卡马耶夫(1983)首次界定了“经济增长质量”的范畴，提出经济增长的本质既包括生产资料数量与产量的增加，也包括产品质量、生产效率以及消费品体验度的提升。然而，他提出的“效率即经济增长质量”还不全面，当经济发展到一定规模时就必须重视经济质量的提高,因此片面强调生产效率是狭隘的。在此基础上，美国学者 Dornbusch 和 Fischer(1997)将经济增长的数量和质量融为一体，强调生产要素的积累、资源利用状况的改善或者全要素生产效率的提高，其结果就表现为经济增长。后续学者又进行了扩展和延伸，将社会福利纳入经济高质量发展中，从而使经济高质量发展的内涵逐渐扩大。Barro(2000)进一步细分了经济增长数量与经济增长质量，认为国家或地区的实际发展水平不能仅仅通过人均 GDP 来衡量，还必须考虑如健康、寿命、教育、法律、制度发展以及收入均等化等经济增长质量相关的诸多因素。Pressman(2013)指出，经济增长是技术进步与相对应制度调整的前提下，国家对社会公民商品需求满意度的不断提高。Thomas(2001)发现，早期学者对经济增长的界定偏重对物质资本的积累，但是人力资本和自然资本的投入也必须包含在经济高质量增长的范畴内，若人力资本、自然资本与物质资本的投入达到平衡,社会福利就会相应增加。Mlachila 等(2017)以发展中国家作为样本，研究发现经济高质量增长不仅体现为增长率的提高，还要增加社会福利。何立峰(2018)指出，经济高质量发展是五大发展理念思想的深化，体现了不断满足人民对经济可持续性发展和社会全方位进步的美好生活的客观需求。王军(2017)认为，经济高质量发展的内涵包括六个方面，分别是：经济健康持续发展、社会民生显著改善、生态文明建设满足人民日益增长的生态环境需求、宏观调控更加强调政策间的协调和配合、供给侧结构性改革不断深化、重大金融风险的有效预防。胡敏(2018)认为高质量发展内涵不仅仅在经济领域，更是可以延伸至民生保障和生态文明等方面，使人民生活得更加幸福和谐。张军扩等(2019)提出，经济高质量发展就是在促进经济增长的同时，更要重视经济结构优化、社会文明进步和生态环境改善，实现经济、社会、生态、政治和文化五位一体的全面发展。袁晓玲等(2019)以“五大发展理念”为出发点，认为经济高质量发展应达到数量增长和质量提升的高度统一。聂长飞和简新华(2020)认为，经济高质量发展不仅涵盖经济因素，而且涵盖社会进步、政府管理、生态优化和美好生活等方面。高培勇等(2020)指出，经济高质量发展是总量概念，同时涉及社会服务高质量和政府管理高质量。

3.1.2 经济高质量发展的评价研究

经济高质量发展主要通过建立评价指标体系来测度。国外学者已将人力资本、社会资本、生态环境、社会福利、政治制度、宗教信仰、政府治理、市场开放、金融发展、企业创新、基础设施建设、外商直接投资等因素纳入到经济高质量发展的指标体系(Thomas, 2000；Barro, 2002；Sabatini, 2008；Manish, 2013；Ahmed et al., 2022；Gu et al., 2021；Jahanger, 2021；Zhou et al., 2021)。经济高质量发展是社会高质量与治理高质量的有效结合，囊括多个层面，需要提高社会治理效率，增进社会福利(高培勇等，2020)。魏敏和李书昊(2018)从十个方面构建了衡量经济高质量发展的指标体系，分别是：经济结构优化、创新驱动发展、资源配置高效、市场机制完善、经济增长稳定、区域协调共享、产品服务优质、基建水平提高、生态环境改良和经济成果惠民。李金昌等(2019)以“人民美好生活的必要性”与“不均衡难以充分发展”两个社会主要矛盾为切入点，从经济活力、创新效率、绿色发展、人民生活、社会和谐五个方面，构建了由27个指标组成的经济高质量发展评价体系。马茹等(2019)基于经济高质量发展的内涵，构建了中国经济的高质量发展评价指标体系，包括：高质量供应、高质量需求、发展效率、经济运行和对外开放5个一级指标、15个二级指标和28个三级指标。师博和张冰瑶(2019)基于“五大发展理念”，从发展的基本面、社会成果和生态成果三个层面，对经济高质量发展进行了测度。吕承超和崔悦(2020)从六个维度构建了经济高质量发展的指标体系，包括：经济活力、绿色发展、成果共享、创新驱动、开放发展与协调发展。欧进锋等(2020)基于“五大发展理念”，根据经济高质量发展的内涵，构建了覆盖20个指标的评价体系。聂长飞和简新华(2020)以“四高一好”的高质量发展标准为依据，从产品服务质量、社会福利、经济运行、经济效益和生态效果五个方面，构建了经济高质量发展的评价体系。杨耀武和张平(2021)从经济成果分配、经济效率与稳定、社会发展状况、人力资本积累及其分布、自然资源与环境五个方面衡量了中国经济高质量发展。

3.2　经济高质量发展的内涵界定

经济高质量发展是指经济规模和总量达到一定阶段后的转型升级，是经济增长从外延式驱动向内涵式驱动转变，是产业从低劳动成本、低附加值为主的劳动密集型向高技术含量、高附加值为主的知识密集型转变的过程。

理论上，高质量发展是以“五大发展理念”为指导的经济发展状态，创新是保证经济高质量发展的第一驱动力，协调是高质量发展的内在特征，绿色是高质量发展的普遍形态，开放是高质量发展的必经之路，共享是高质量发展的根本目标。高质量发展是经济发展的有效性、充分性、协调性、创新性、可持续性、共享性与稳定性的综合，是生产要素投入低、资源配置效率高、资源环境成本低、经济社会效益好的优质发展水平。换而言之，高质量发展是中国经济增长的升级版，是通过质量变革、效率变革、动力变革实现生产效率的跃升，是以实体经济发展为核心，以科技创新、数字金融、人力资本协同发展的产业体系为基础，以市场机制有效、微观主体有活力、宏观调控有度为目标的社会主义现代化经济体制。具体而言，经济高质量发展的内涵包括经济发展高质量、城乡发展高质量、社会民生高质量、生态文明的高质量四个层面。

首先，促进经济发展高质量。经济健康可持续，无须追求过高的增长速度是高质量发展的前提与基础。现如今，中国经济已从高速增长阶段转向高质量发展阶段，经济转型、结构优化、动力调整、风险防控、共同富裕和环境改善的目标远高于 GDP 增速，“质量第一、利益优先”已成为中国经济未来高质量发展的核心内容与根本路径。

其次，实现城乡发展高质量。城乡建设的统筹安排和合理规划是经济高质量发展的空间保障。高质量的城乡建设以城市为依托，带动农村发展，通过构建城乡信息共享平台，实现城乡经济发展建设、城乡总体规划建设与土地使用建设的相互融合，实现城乡空间合理布局。

再次，实现社会民生高质量。社会民生持续明显改善是经济高质量发展的内在要求，如果中国经济实现高质量发展，那么经济系统可以向社会提供更多优质的产品与服务，提供更多先进、高附加值、高效益的新技术、新产业和新业态，带动更多就业的新型劳动密集型产业与服务业，提供更多环境友好的生产方式、生活方式与消费方式，提升人民的生活质量、增强获得感的物质文化产品等，以上均是解决“人民日益增长的美好生活需要和不平衡不充分的发展之间的矛盾”

的有效手段和行动指南。

最后，实现生态文明的高质量。提供更多优质生态产品，满足人民日益增长的优美生态环境需要是新时代经济高质量发展的重要主题。党的十九大报告将生态文明建设提升到“千年大计”，把可持续发展作为全面建成小康社会的重要战略之一。2020 年中央经济工作会议再次提出，推进经济发展与环境保护的同时，要加强污染防治与生态文明建设。这一切都将是促进美丽中国建设，将绿水青山变成金山银山，实现人与自然的和谐共生发展，实现中华民族永恒发展的千年大计。

3.3 经济高质量发展的多维特征

3.3.1 提高全要素生产率

实现高质量发展，重点是解决发展不平衡不充分的问题，在追求量的增加的同时，更加注重质的提高，在质量大幅提升中实现数量的有效增长。提高经济发展质量，本质上是提高全要素生产率和社会资源配置效率。

围绕解决经济发展的不断进步出现的全要素生产率边际递减问题，要以优化激励机制、加大各行各业技术研发投入、提高科技创新水平等为重点，着力解决创新激励不够、技术进步缓慢、人力资本不足、产品附加值不高等问题，促进新技术、新业态、新模式与传统产业的交叉融合发展。

围绕解决经济周期波动出现的全要素生产率边际递减问题，要以提高货币政策、财政政策、预期管理等宏观经济政策的调控效果，强化政策间协调等为重点，降低经济波动的频率和幅度，熨平经济周期，避免经济出现“过山车式”的大幅变动。

围绕解决结构因素导致的全要素生产率边际递减问题，要以纠正资源错配、提高资源配置效率为重点，继续深化政府体制改革，优化制度创新环境，着力解决中国经济运行中普遍存在的准入壁垒、退出不畅、要素流动限制、价格信号传递失真等问题，实现有效准入与有效退出并重，实现前沿拓展与技术贡献并重，缩小行业内、行业间、所有制间、区域间、国际和国内生产率的差距。

3.3.2 产业结构合理化与高级化

从三次产业的关系来看，虽然中国产业结构的发展方向符合经济发展的一般规律，表现为：第一产业农业的比例不断下降，第二产业工业的比例总体呈现上升、下降、上升的趋势，第三产业服务业的比例持续上升并逐渐超过第二产业。但是，中国产业结构矛盾主要表现在第二、第三产业内部，具体表现为：高耗能、高污染的重化工业产能明显过剩，制造业大而不强，现代服务业发展不充分等。而要想实现经济高质量发展，其产业结构应明显体现为合理化与高级化的特征，这是产业结构发展的一般规律。即随着经济社会不断向前发展，产业形态呈现出从低级到中级、再向高级不断攀升的特点。换而言之，随着经济发展进入高质量阶段，产业结构发展的一般趋势应是从单一结构演化为多元结构，再转向产业结构的高级化与合理化。改革开放至今，中国已实现了计划经济时期从单一产业结构到多元化产业结构的转变和经济的高速发展，但未能实现产业结构的合理化和高级化，造成了产业结构的“低端锁定”。然而，经济从高速增长阶段到高质量发展阶段，就必须实现产业结构的合理化与高级化。

3.3.3　创新驱动经济高质量发展

创新既是实现高质量发展的第一动力，也是其重要标志，要以更大的力度实施创新驱动发展战略。这是因为，实现高质量发展的关键是创新，要着力推进以科技创新为核心的全面创新。创新是引领经济转型的新引擎，把科技创新放在如此突出的位置，是加快经济发展方式转变、破解经济发展深层次矛盾与问题、增强经济发展内生动力与活力的根本措施。实际上，创新驱动不仅是经济发展方式，而且是经济增长动力从劳动力、资本、土地等生产要素向知识、技术、人力资本等高级生产要素转变的过程，是不断提高经济发展质量的过程。在此过程中，可以通过创新实现资源的部分替代甚至完全替代，通过改变生产要素组合提高资源的利用效率。通过创新可以放大不同生产要素的产出效用，进而提高经济发展的整体效益与效率。通过创新可以建立以新技术、新产品、新服务、新业态等为核心的新优势，提高产业竞争力。通过创新可以在解决人口、资源、环境发展矛盾的同时，实现产业升级与经济的可持续发展。因此，必须把创新放在更加突出的位置，进一步强化以创新破解矛盾、以创新解决问题的意识，不断增加科学技术投入，培养创新型企业，集聚创新型人才，加快科技成果转化，提高科学技术贡献率，使创新成为推进经济社会发展的主要动力。

3.3.4　迈向高质量就业

新技术革命、全球化、智能制造与人工智能等领域的快速发展，重塑着世界产业链分工，对劳动者素质亦提出了新的要求，并不断激发就业模式的创新。然而，一方面中国劳动者技能提升与国际市场竞争需求存在差距，另一方面劳动力市场分割与社会保障网络的不健全，也影响了劳动力市场的配置效率，难以避免地造成了结构性失业。当前中国经济已从高速增长阶段转向高质量发展阶段，人口红利的持续下降，不断改变着中国劳动力市场结构，要实现发展模式的转变、经济结构的优化与增长动力的转换，就必须依赖劳动者素质的提升与劳动力市场配置效率的提高。因此，无论是对于需求侧或者供给侧而言，高质量就业均是关键性因素。提高就业质量也是当前解决中国经济社会的主要矛盾，促进经济发展更平衡与更充分的必要条件。

3.3.5 收入分配结构持续优化

优化收入分配结构是实现中国经济高质量发展的重要主题。经济增长质量是指经济增长的内在性质和规律，从条件维度表现为国民经济的整体素质，从过程维度表现为经济因素间的连接关系，从结果维度表现为增长效果的有效性和兼容性。劳动收入的份额会通过人力资本机制的总量效应和结构效应、消费需求机制的宏观效应和微观效应、收入分配机制的单向效应和交叉效应影响经济增长质量。中国劳动收入份额与经济增长质量指数呈同向变化特征，劳动收入份额过低会阻碍经济增长质量的提升，而劳动收入份额的提高对中国经济增长质量产生显著的正向影响，其贡献主要体现为：劳动收入份额主要通过经济增长条件维度的人力资本机制、经济增长过程维度的消费需求机制、经济增长结果维度的收入分配机制对经济高质量发展产生显著影响。

3.3.6 生态优先与绿色发展

生态环境的高质量要求人类在利用、改造自然以保障自身生存和发展的同时，尽量减少对自然环境的污染与破坏，减少危害人类生存的各种负面效应。因此，在高质量发展中，必须牢牢树立“生态优先、绿色发展”的理念。为了从高速发展向高质量发展转变，必须以“生态优先、绿色发展”作为新时代推动中国经济高质量发展的行动指南。绿水青山就是金山银山，保护生态环境就是保护生产力，改善生态环境是发展生产力。要想实现高质量发展，就必须全面推进资源节约型、环境保护型的空间布局和产业布局，转变生产方式和生活方式。与创新发展、协调发展、绿色发展、开放发展、共享发展的理念相融合，统筹各种资源要素，提升整体发展水平。未来，中国仍然要立足自身的实际情况，遵照“绿色发展、科学飞跃”的要求，以“绿色发展”理念为引领，推进社会主义各项事业的高质量发展，为新时代中国高质量发展做出突出贡献。坚持贯彻“两山”理念，切实提高绿色发展的行为意识，全面推进产业结构升级与优化，强化绿色发展产业体系，做大做实绿色发展的时代主题。着力筑建绿色屏障，优化绿色发展空间体系，为人与环境和谐共存的生态环境做出贡献。

3.4　中国经济高质量发展的现状

3.4.1　经济增长

1. 国内生产总值与增长率变化

1978 年改革开放至今，中国经济实现了快速增长。国内生产总值从 1978 年的 3678.7 亿元上升到 1986 年的 10376.2 亿元，实现了“1 万亿”的突破。到 2000 年，中国名义国内生产总值达到 100280.1 亿元，实现了“10 万亿”的突破。2006 年超过 20 万亿元，2017 年首次登上 80 万亿元的历史新台阶，达到 832035.9 亿元，当年经济增量折合 1.3 万亿美元，相当于 2016 年世界第十四大经济体澳大利亚的经济总量。2020 年中国国内生产总值破 100 万亿元，达到 1015986 亿元，增速 2.3%(图 3-1)。

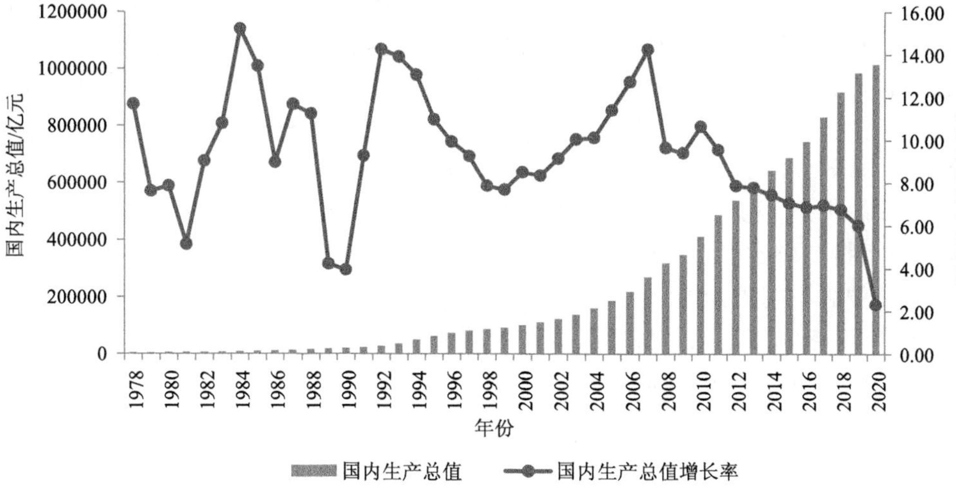

图 3-1　1978～2020 年中国国内生产总值与增长率

数据来源：1979～2020 年《中国统计年鉴》

1978～2020 年，中国国内生产总值整体呈快速上升趋势，基本上可以说是一路“高歌猛进”。1978 年，中共中央召开了党的十一届三中全会，开创了改革开放和集中力量建设社会主义现代化的历史新时期，拉开了中国经济快速发展的序幕。1992 年党的十四大正式提出要建设中国特色社会主义市场经济后，中国经济市场化水平不断提升。2001 年中国加入了 WTO，正式融入世界分工体系，劳动力丰富的比较优势得以充分发挥，生产要素禀赋持续升级，资本密集型产业迅速发展，促使中国经济驶入“快车道”，国内生产总值从 1978 年的 3678.7 亿元增长至 2020 年的 1015986 亿元，增长了约 275 倍。

图 3-1 所示，1978～2020 年中国国内生产总值增长率呈现出一定的波动趋势。根据中国国内生产总值增长速度的变化，可将中国经济增长趋势划分为四个阶段，分别是：①1978～1991 年，中国国内生产总值增长率波动性较强，1984 年国内生产总值增长率达到 15.2%，而 1990 年国内生产总值增长率下降至 3.9%。②1992～1999 年，中国国内生产总值增长率不断下降，从 14.2%跌落至 7.7%。③2000～2007 年，中国国内生产总值增长率迅速上升，由 8.5%提高至 14.2%。④2008～2020 年，中国国内生产总值增长率再次下降，从 9.7%增加到 2010 年的 10.6%后，继续下跌至 2.3%。中国经济进入增长速度换挡期、结构调整阵痛期、前期刺激政策消化期的“三期叠加”阶段，经济增长速度明显放缓，经济发展进入“新常态”。

2. 地区生产总值与人均生产总值

中国是世界上区域发展水平差异最明显的国家之一，学界称之为“一个中国、四个世界”，这符合中国的基本国情。但是，该格局并不是一成不变的，而是动态变化的，是不断跃迁的。因此，要理解中国如何从低收入国家迈向高收入国家的演化历程，就必须通过中国不同区域发展维度进行观察。作为幅员辽阔的发展中国家之一，将中国各省、自治区、直辖市的经济总量与一国对比，广东、江苏、河南、山东等经济大省生产总值与地区大国的水平相当。除西藏地区外，与世界 168 个国家(地区)相比，中国其他各省份地区生产总值均可排入前 100 位。其中，3/4 省份可排在前 50 位，2/5 省份可排名前 30 位。

虽然中国不同省份经济规模普遍可观，但发展不均衡现象也非常明显。图 3-2 显示了 2019 年中国不同省份地区生产总值和人均生产总值的变化趋势。2019 年，广东省生产总值达到 107986.9 亿元，排名全国第一，是西藏的 64 倍。然而，从人均生产总值的角度观察，各省份也存在很大差异。如广东省人均生产总值为 94448 元，居全国第六位；而生产总值是 35445.1 亿元，位于全国第 12 位的北京，人均生产总值达到 164563 元，排名第一；与此同时，甘肃省人均生产总值为 32995 元，仅是北京 20%，居全国末位。

按照人均生产总值美元数进行衡量(Atlas 方法)，根据世界银行公布的收入群体划分标准，1995 年，中国只有上海市达到中上等收入水平，东部沿海地区、东北三省、内蒙古、新疆、湖北与重庆均进入中下等收入水平，其他中西部省份均属于低收入水平地区，因此，从整体来看，1995 年中国仍然是经济发展水平相对落后的国家。2005 年上海、北京、天津均进入中上等收入水平，除贵州省仍处于低收入水平地区外，其他省份均进入中下等收入水平，因此，2005 年中国整体进入了中等收入水平国家，与 1995 年的情况相比，实现了跨越式发展。2016 年，中国北京、天津、上海三个直辖市已进入高收入水平，剩余省份均进入中上等收

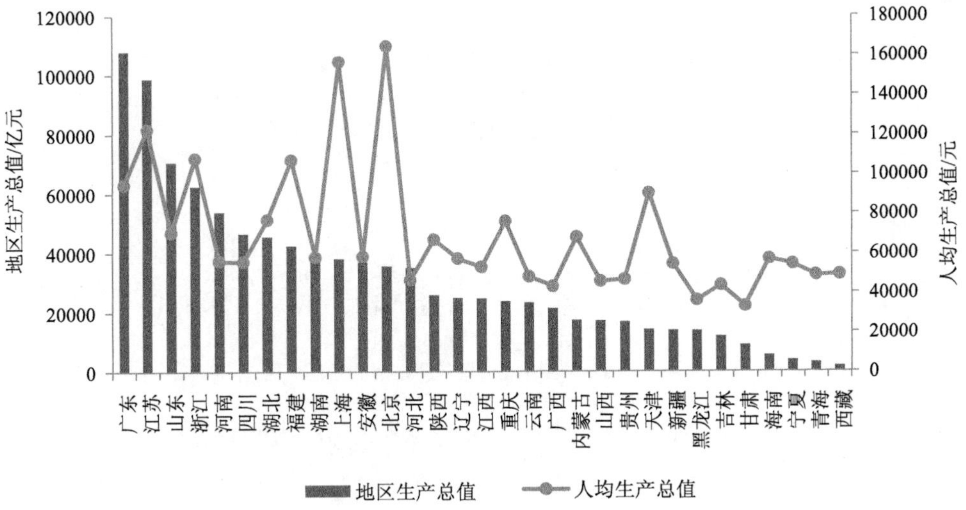

图 3-2　2019 年中国各地区生产总值与人均生产总值

数据来源：2020 年《中国统计年鉴》；不含港澳台

入水平，山东、湖北、内蒙古、重庆、陕西、宁夏、辽宁、吉林人均生产总值已达到 7000～10000 美元，这意味着中国三分之一以上的地区已成功迈入中高收入层次，这些地区亦会拉动中国整体进入高收入水平层次。易知，中国不同省份保持着向更高收入水平迈进的态势，不存在某一省份或地区一直处于低收入或中低收入阶段，中国不同省份经济发展趋势基本一致，如果该发展态势能够持续保持，不同省份也会随着中国经济的持续向好而逐渐步入高收入水平行列。

3. 三大需求对国内生产总值的贡献率

三大需求是指消费、投资和进出口需求。图 3-3 显示了 2000～2019 年三大需求对国内生产总值增长的贡献率，均呈现出强波动趋势。其中，消费与投资对国内生产总值的贡献率都很高，两者基本呈现出此消彼长的波动趋势。其中，消费对国内生产总值的贡献率整体为“U”形，2000～2019 年消费对国内生产总值的贡献率最高达到 78.8%，最低达到 36.1%。2009 年，投资对国内生产总值的贡献率最高达到 85.3%，但从 2010 年开始整体呈下降趋势。进出口对国内生产总值贡献率最低，2008～2012 年、2016 年、2018 年贡献率均为负数，2009 年其贡献率约为–43%。故国内生产总值主要依赖于消费和投资驱动。

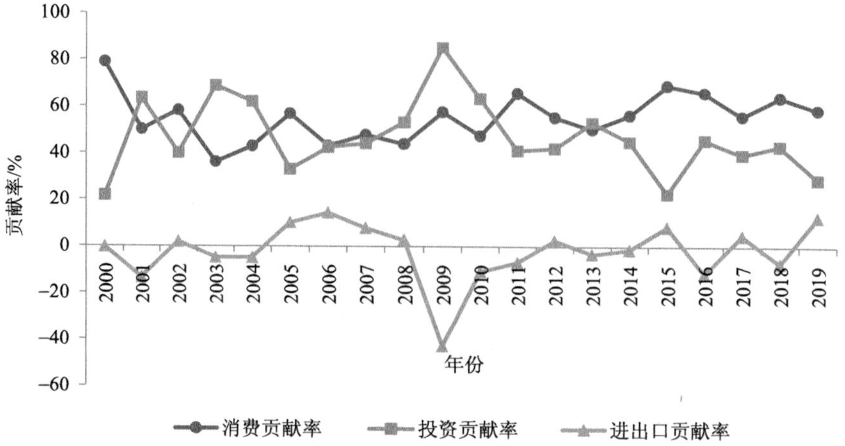

图 3-3　三大需求对国内生产总值增长的贡献率

数据来源：2001～2020 年《中国统计年鉴》；不含港澳台

3.4.2　产业结构

20 世纪 90 年代至今，社会主义市场经济体制逐步建立、完善，并且通过财政政策、货币政策和汇率政策的积极调控，使中国产业结构发生了积极改变。1990～2019 年，中国第一产业农业产值比例整体呈持续下降趋势，从 1990 年的 26.58%减少至 2019 年的 7.14%。第二产业工业的发展可划分为三个阶段，分别是：①1990～1997 年的其产值占比呈上升趋势，从 41.03%提高到 47.1%。②1998～2006 年是调整期，前半期的产值占比略有下降，后半期开始反弹，并于 2006 年达到了最高点 47.56%。③2007～2019 年其产值占比呈下降趋势，从 46.88%减少至 38.59%。总体观察，显然第二产业在产业结构中占据着重要位置，其产值占比并未发生大幅度变化。第三产业的发展则与第一产业的发展呈现截然相反的变化趋势，1990～2019 年第三产业产值比例已由 32.38%上升到 54.27%(表 3-1)。

根据配第-克拉克定律，随着国家工业化的发展，第一产业的比例会逐年下降，第二、三产业的比例会逐年上升。从 1978 年改革开放至今，虽然中国的产业结构呈现出一定的优化趋势，但第一、第二产业的占比仍然较高，第三产业的发展相对落后。直到 2012 年第三产业的比例才首次超过第二产业，这说明中国产业结构优化是长期而艰巨的任务，任重而道远。

如图 3-4 所示，1979～2019 年中国三大产业的增加值整体呈上升趋势。1979～2001 年，三大产业的增加值上升幅度几乎一致。2001～2012 年三大产业增加值差距不断扩大，第二产业和第三产业的增加值的提高速度明显超过了第一产业的增加值。2012～2019 年，第三产业增加值提高速度明显超过第二产业增加值。伴随改革开放的不断深入，中国产业结构也在不断地优化改进。

表 3-1　中国三大产业的产出结构　（单位：%）

年份	第一产业产值比例	第二产业产值比例	第三产业产值比例	年份	第一产业产值比例	第二产业产值比例	第三产业产值比例
1990	26.58	41.03	32.38	2005	11.64	47.02	41.34
1991	24.03	41.49	34.48	2006	10.63	47.56	41.82
1992	21.33	43.12	35.56	2007	10.25	46.88	42.87
1993	19.31	46.18	34.52	2008	10.17	46.97	42.86
1994	19.47	46.16	34.36	2009	9.64	45.96	44.41
1995	19.6	46.75	33.65	2010	9.33	46.5	44.18
1996	19.33	47.1	33.57	2011	9.18	46.53	44.29
1997	17.9	47.1	35.01	2012	9.11	45.42	45.46
1998	17.16	45.8	37.04	2013	8.94	44.18	46.88
1999	16.06	45.36	38.58	2014	8.64	43.09	48.27
2000	14.68	45.54	39.79	2015	8.39	40.84	50.77
2001	13.98	44.79	41.22	2016	8.06	39.58	52.36
2002	13.3	44.45	42.25	2017	7.46	39.85	52.68
2003	12.35	45.62	42.03	2018	7.04	39.69	53.27
2004	12.92	45.9	41.18	2019	7.14	38.59	54.27

数据来源：1991～2020 年《中国统计年鉴》；不含港澳台

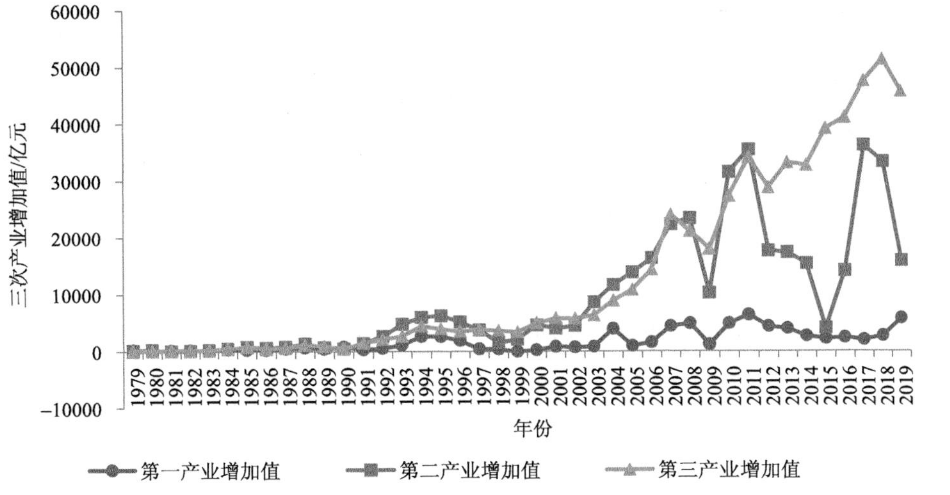

图 3-4　中国三大产业增加值

数据来源：1978～2019 年《中国统计年鉴》；不含港澳台

不同时期的产业发展速度与规模均存在差异，反映了改革开放加快了产业结构优化的市场化倾向。换而言之，只有符合市场需求的产业才能得到有效的发展，产业结构调整的方向必然遵循产业发展的一般规律。从增长率来看，1994～2019年三大产业年平均增长率依次为9.7%、13.1%、15.7%，第三产业年平均增长率超过第二产业增长率，大幅超过第一产业增长率，第三产业发展势头强劲证明了其将是未来产业发展的重点。

3.4.3 技术创新

新经济增长理论认为，技术进步是经济增长的最终源泉，科技投入是促进技术进步的最直接因素。科学技术的投入可以明确划分为两大部分，第一是为了获得科学技术成果而开展的理论研究工作的投入；第二是为了获得经济效益和社会利益而进行的技术改造、技术创新等方面的投入。科学技术投入的生产力作用是通过提高物质资本与人力资本的效率来实现的。

如图3-5可以发现，1995～2019年中国的R&D经费支出和R&D人员数量均呈现逐年上升趋势。其中，R&D经费支出增加了64倍，R&D人员数量增加了近6倍。

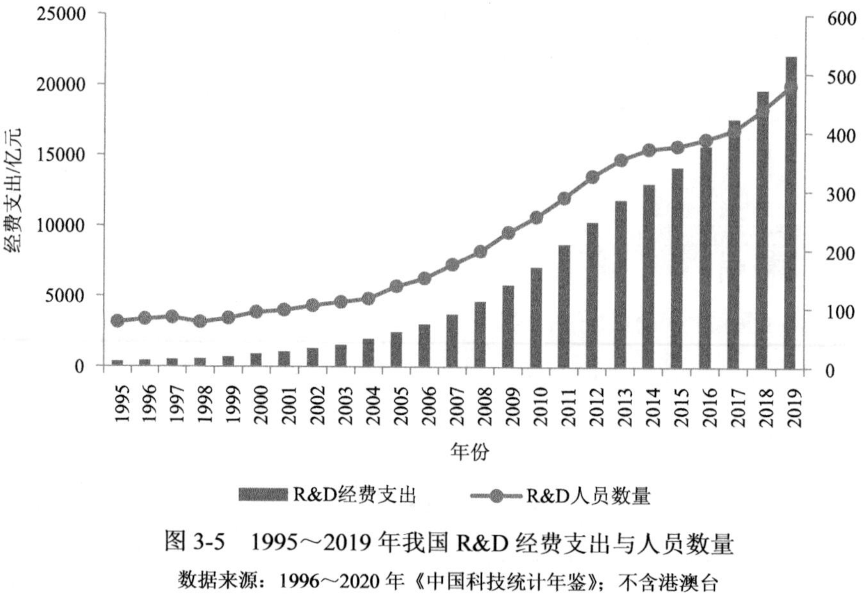

图3-5 1995～2019年我国R&D经费支出与人员数量

数据来源：1996～2020年《中国科技统计年鉴》；不含港澳台

从政府、企业与其他研发主体的经费投入情况来看(表3-2)，2010～2019年中国的R&D经费增加了2.13倍，年平均增长率在10%以上。其中，虽然政府与企业研发主体的经费逐年增加，但政府投入在全国的占比却呈下降趋势，从2010年的24.0%减少到2019年的20.5%；与此同时，企业投入占全国经费的比例则稳步上升，由2010年的71.7%增加至2019年的76.3%，明显高于全国增长速度和政府投入的增长速度，这表明当前中国研发经费投入主要来源于企业。

表 3-2　R&D 经费资金来源

年份	全国	政府		企业		国外资金		其他	
	金额/亿元	金额/亿元	比例/%	金额/亿元	比例/%	金额/亿元	比例/%	金额/亿元	比例/%
2010	7062.5	1696.3	24.0	5063.1	71.7	92.1	1.3	211.0	3.0
2011	8687.0	1883.0	21.7	6420.6	73.9	116.2	1.3	267.2	3.1
2012	10298.4	2221.4	21.6	7625.0	74.0	100.4	1.0	351.6	3.4
2013	11846.7	2500.6	21.1	8837.7	74.6	105.9	0.9	402.5	3.4
2014	13015.6	2636.1	20.3	9816.5	75.4	107.6	0.8	455.5	3.5
2015	14169.9	3013.2	21.3	10588.6	74.7	105.2	0.7	462.9	3.3
2016	15676.7	3140.8	20.0	11923.5	76.1	103.2	0.7	509.2	3.2
2017	17606.1	3487.4	19.8	13464.9	76.5	113.3	0.6	540.5	3.1
2018	19677.9	3978.6	20.2	15079.3	76.6	71.4	0.4	548.6	2.8
2019	22143.6	4537.3	20.5	16887.2	76.3	23.9	0.1	695.2	3.1

数据来源：2011～2020 年《中国科技统计年鉴》；不含港澳台

根据资助研究类型，政府的科技投入主要划分为基础研究、应用研究和试验发展三个部分。2010～2019 年，基础研究经费占比最低，约 5%；应用研究占比略高，约 11%；试验发展比例最高，达到 84%左右。虽然基础研究是政府 R&D 活动的基本职责，但其占比在各项研发活动中最低，因此政府应加强基础研究投资，不断接近自身定位，符合公共支出内在要求(表 3-3)。

表 3-3　全国 R&D 经费在不同类型研发活动的分配情况

年份	基础研究		应用研究		试验发展	
	金额/亿元	比例/%	金额/亿元	比例/%	金额/亿元	比例/%
2010	324.4	4.6	893.8	12.7	5844.3	82.7
2011	411.8	4.7	1028.4	11.8	7246.8	83.4
2012	498.8	4.8	1162.0	11.3	8637.6	83.9
2013	555.0	4.7	1269.2	10.7	10022.5	84.6
2014	613.5	4.7	1398.5	10.7	11003.6	84.5
2015	716.1	5.1	1528.6	10.8	11925.1	84.2
2016	822.9	5.2	1610.5	10.3	13243.4	84.5
2017	975.5	5.5	1849.2	10.5	14781.4	84.0
2018	1090.4	5.5	2190.9	11.1	16396.7	83.3
2019	1335.6	6.0	2498.5	11.3	18309.5	82.7

数据来源：2011～2020 年《中国科技统计年鉴》；不含港澳台

2010～2019 年，除技术创新机构数小幅减少外，其他各项指标均呈现不同程度的上升趋势。R&D 项目数从 145589 项提高到 598072 项，增加了 3.1 倍；专利申请数的增加幅度也相对较大，达到 2.78 倍；科技论文发表与科技著作出版的数量呈现小幅增长趋势(表 3-4)。

表 3-4　2010～2019 年技术创新情况

年份	机构数/个	R&D 项目数/项	专利申请数/件	科技论文发表/万篇	科技著作出版/种
2010	3696	145589	1109428	142	45563
2011	3673	232158	2234560	150	45472
2012	3674	287524	1912151	152	46751
2013	3651	322567	2234560	154	45730
2014	3677	342507	2210616	157	47470
2015	3650	309895	2639446	164	52207
2016	3611	360997	3305225	165	53284
2017	3547	445029	3536333	170	54204
2018	3306	472299	4146772	184	53629
2019	3217	598072	4195104	195	52067

数据来源：2011～2020 年《中国科技统计年鉴》；不含港澳台

为了更加直观地反映高技术产业内不同子行业技术创新的差异性，下面根据行业种类罗列出了五大行业技术创新的投入与产出指标(表 3-5)。

表 3-5　2019 年高技术产业技术创新的行业特征

	医药制造业	电子及通信设备制造业	计算机及办公设备制造业	医疗仪器设备及仪器仪表制造业	信息化学品制造业	合计
研发机构数/个	3410	9890	1236	3106	86	17728
R&D 人员全时当量/人	122720	541634	56199	103585	2925	827063
R&D 经费支出/万元	6095605	24350472	2434610	3304807	120807	36306301
新产品开发项目/项	36098	77026	9936	29726	522	153308
新产品销售额/万元	66734599	413317546	64684156	30002457	1926129	591642232
专利申请数/件	23400	208228	17085	43994	777	293484

注：该表根据 2020 年《中国科技统计年鉴》整理所得；不含港澳台

数据显示，从技术创新投入到技术产出维度，2019 年高技术产业内不同子行业之间差异明显。从技术创新的投入来看，无论是 R&D 经费支出，还是 R&D 人员全时当量，电子及通信设备制造业排名最高，信息化学品制造业排名最低，其中，最高行业 R&D 经费支出、R&D 人员全时当量分别是最低行业的 202 倍和 185 倍。从技术创新的成果来看，无论是专利申请数还是新产品销售额，最高的行业均是电子及通信设备制造业，最低的行业是信息化学品制造业，其中，最高行业的专利申请数、新产品销售额分别是最低行业的 268 倍和 214.58 倍(表 3-5)。对比技术创新投入和产出数据后发现，无论是技术创新的投入还是产出规模，最高的行业均是电子及通信设备制造业，最低的行业是信息化学品制造业。技术创新投入与技术创新产出是密切相关的，即技术创新投入高的行业，技术创新的产出同样很高；反之，技术创新投入低的行业，技术创新的产出同样很少。同时，技术创新产出差异性远高于技术创新的投入，这说明技术创新会扩大行业间的技术差距，投入越高的行业技术创新效率越高，投入越低的行业的创新效率越低。

3.4.4　社会就业

1. *劳动力总量变化*

如表 3-6 所示，根据第四至第六次人口普查数据显示，中国劳动力人口规模持续增长，但增速逐年放缓。与 1990 年相比，2000 年劳动力规模增加了 8669 万人，增长率为 13.27%，年平均增长率为 1.33%，占总人口比例为 58.38%。与 1990 年相比，2010 年劳动力规模增加了 13065 万人，年平均增长率为 1.00%，劳动力规模占总人口的比例为 58.46%。与 1990 年相比，2019 年，劳动力规模增加了 15781 万人，年平均增长率为 0.83%。在出生率持续下降和中国逐渐步入老龄化社会的背景下，中国未来劳动力储备面临持续下滑的不利趋势(表 3-6)。

表 3-6　1990～2019 年劳动力总量及增长率

年份	总人口		劳动力		劳动力资源占总人口比例/%
	规模/万人	年均增长率/%	规模/万人	年均增长率/%	
1990	114333	—	65323	—	57.13
2000	126743	1.09	73992	1.33	58.38
2010	134091	0.86	78388	1.00	58.46
2019	141008	0.80	81104	0.83	57.52

注：根据历次人口普查数据及国家统计局相关数据计算；不含港澳台

2. 劳动力就业人数变化

如图 3-6 所示，2000～2019 年中国劳动力就业人口整体呈上升趋势，就业总量从 2007 年的 75321 万人稳步上升至 2019 年的 75447 万人。其中，2007～2014 年，中国劳动力就业人口每年保持相对稳定的上升趋势，2014 年之后开始逐年下降；与 2015 年相比，2019 年就业人口减少了 873 万人。高校毕业生人数从 2007 年的 447.8 万人增加至 2019 年的 758.53 万人，始终保持着相对稳定的上升趋势。结合以上两项数据可以发现，高校毕业生人数远超过全国就业人数的增加额，这就表明每年高校毕业生中有大部分人都没有就业，即使抛开部分高校毕业生继续深造或自愿失业的情况，中国高校毕业生中仍然存在大量闲置劳动力，依然面临就业难的困境。

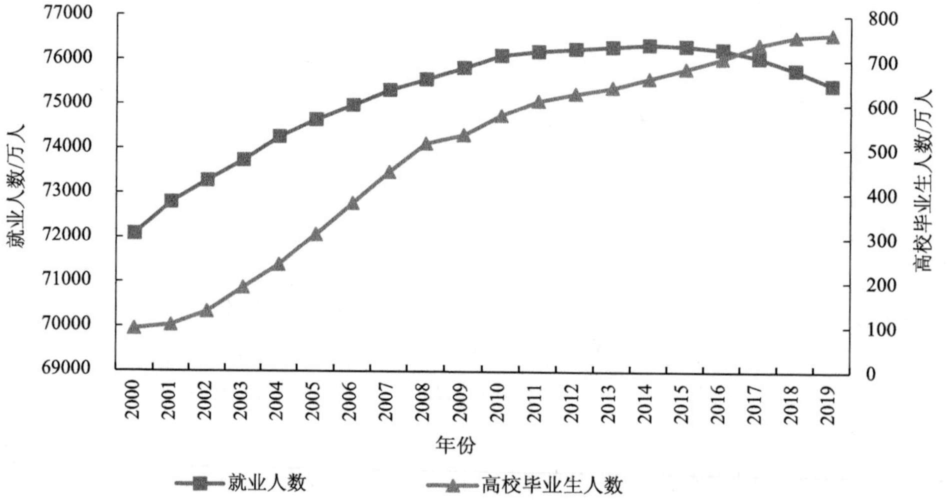

图 3-6　全国就业人数与高校毕业生人数(2000～2019 年)

注：该表由 2001～2020 年《中国劳动统计年鉴》整理得出；不含港澳台

3. 就业结构变化

随着改革开放的不断推进，城乡二元格局被逐渐打破，就业总量不断扩大(图 3-7)。1978～1988 年，第一产业的就业人数占总人数的比例共下降了 11.2%。1989～1991 年，中国经济进入全面治理整顿时期，第一产业的就业比例基本稳定在 60%左右。之后，伴随改革开放的不断深化、市场经济体制的逐步完善以及中国加入 WTO 等诸多因素的影响，第一产业的就业比例持续下滑，已从 2003 年的 49.1%减少至 2019 年的 24.7%，降低了 24.4 个百分点。

与此同时，第二产业的就业数量呈“井喷式”增长趋势，就业占比亦稳步增加。数据显示，第二产业从业人员数量从 1978 年的 6945 万人急速攀升至 2014 年的 23057 万人，绝对数量增加了 2 倍以上。1978～1997 年，第二产业就业比例上升了 6.4 个百分点，之后也有所下降。1997～2001 年，第二产业的就业比例持续下降，这主要是因为国有企业“减员增效”，释放出隐性失业，以及工业部门资本化形成了对就业的替代效应。2002 年，第二产业的就业比例已下降至 21.4%，随后又开始持续上升。2012～2019 年，该比例从 30.5%减少至 28.1%。然而，第二产业的就业比例的阶段性减少并不意味着我国的工业，尤其制造业的萎缩。加入 WTO 后，世界制造业中心不断向中国转移，中国的工业化进程不断加速。

第三产业的就业人员数量占总就业人数的比例逐年增加。目前，第三产业已成为调整就业结构的重点领域。1994 年，第三产业的就业人数首次超过第二产业。在此之后，中国第三产业的就业规模不断扩大，就业比例也急速上升。1985～2003 年间，第二产业的就业比例基本稳定。中国加入 WTO 后，通过充分利用国内外两个市场，使制造业规模迅速扩大，不断推动其就业比例的持续上升。数据显示，2003～2019 年，中国第二产业就业比例从 21.6%提高至 28.1%。与此同时，第三产业受第二产业发展的影响，就业比例上升幅度高达 17.8 个百分点。

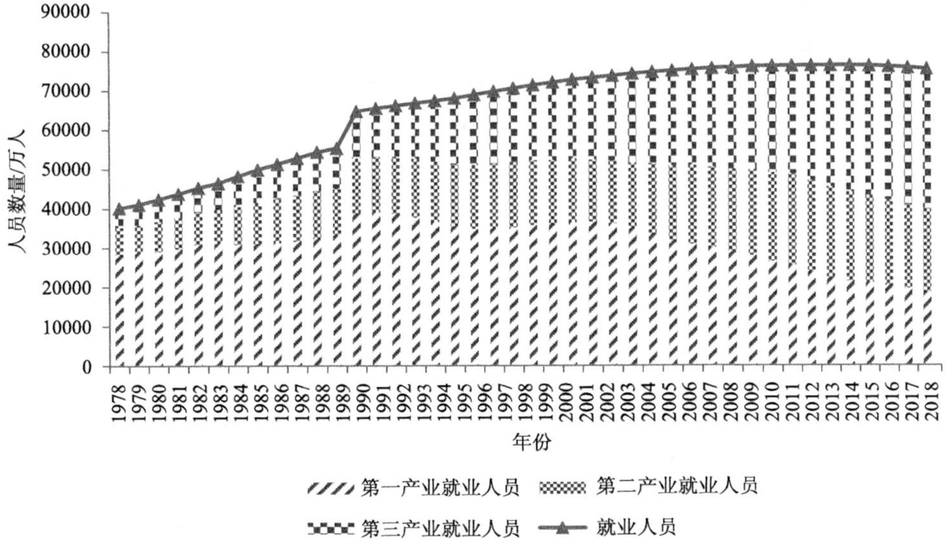

图 3-7　1978～2019 年中国就业分布情况

注：该表由 1979～2020 年《中国统计年鉴》整理所得；不含港澳台

三大产业的就业分布反映了，中国的就业结构从以第一产业为主到第二产业、第三产业就业为主的转变。这也说明中国就业结构的变化符合一般规律。2011 年，中国第三产业的就业规模首次超过第一产业，两者之间就业占比相差 0.9 个百分点。截至 2019 年，中国第三产业和第一产业就业比例差距上升至 22.4 个百分点；第二产业就业规模也超过第一产业，两者之间的就业占比相差 3.4 个百分点。但总体来说，中国第一产业的就业比例依然偏高，就业结构依然需要优化调整(图 3-7)。

在对劳动力就业技能结构现状的分析中，以《中国劳动统计年鉴》为依据，选择了相关指标，分别列出了 2009、2012、2015 和 2019 年中国劳动力不同职业的学历结构情况(表 3-7)。

表 3-7　不同职业学历构成　　(单位：%)

年份	受教育程度	单位负责人	专业技术人员	办事人员和有关人员	商业和服务业人员	农林牧渔水利生产人员	生产运输设备操作人员及有关人员	其他
2009	初中及以下	39.5	20.3	27.3	66.7	94.3	76.6	68.2
	高中	29.3	26.0	29.7	25.2	5.4	19.1	22.3
	大专及以上	31.3	53.7	43.1	8.0	0.2	4.3	9.3
2012	初中及以下	38.9	25.1	24.4	60.5	93.1	72.8	58.7
	高中	26.5	22.3	26.1	26.6	6.4	20.4	23.7
	大专及以上	34.7	52.7	49.5	12.9	0.6	6.9	17.6
2015	初中及以下	35.3	22.5	23.1	58.8	92.2	71.9	63.5
	高中	26.3	19.4	23.9	26.1	6.8	20.1	23.1
	大专及以上	38.5	58.1	53.0	15.1	0.9	8.0	13.4
2019	初中及以下	30.5	14.7	22.8	54.6	93.2	71.9	56
	高中	25.3	17.5	22.7	25.6	5.9	19.3	20.7
	大专及以上	44.3	67.8	54.5	19.9	0.9	8.8	23.2

注：该表由 2010、2013、2016、2020 年《中国劳动统计年鉴》整理所得；不含港澳台。

如表 3-7 显示，2009 年，以大专及以上为代表的、高技能就业比例从高到低分别是：专业技术人员、办事人员和有关人员、单位负责人、商业和服务业人员、生产运输设备操作人员及有关人员、农林牧渔水利生产人员。除了农林牧渔水利生产人员相对偏低之外，以高中为代表的、中等技能就业比例相对平均，都在 20%～30%。以初中及以下为代表的、低技能就业人员，以商业和服务业人员、农林牧渔水利生产人员、生产运输设备操作人员及有关人员的占比较高，均超过 50%。其中，农林牧渔水利生产人员达到了 94.3%。2012 年，低技能就业人员仍然集中在商业和服务业人员、农林牧渔业水利生产人员、生产运输设备操作人员及有关人员。中等技能就业占比差距不大，除农林牧渔水利生产人员为 6.4%外，其他均在 20%以上。高技能就业人员中，专业技术人员比例最高为 52.7%。2015 年、2019 年与 2012 年相比，未发生太大变化。2019 年，高技能就业比例最高的分别是：专业技术人员、办事人员和有关人员、单位负责人，比值从高到低是 67.8%、54.5%、44.3%。通过纵向对比发现，单位负责人、专业技术人员、办事人员和有关人员的就业技能结构每年均向高技能结构转变。以上三类人员的高技能结构，从 2009 年的 31.3%、53.7%、43.1%提高至 2019 年的 44.3%、67.8%、54.5%，增长趋势明显。商业和服务业人员的就业结构每年也在向更高的技能结构转变，但与前三类人员相比，其增长趋势较低。农林牧渔水利生产人员、生产运输设备操作人员及有关人员历年的技能结构差距不明显，且技能结构偏低。

4. 就业质量变化

如表 3-8 所示，2007～2019 年，初中及以下学历人数占就业总人数的比例持续下降，2019 年其比值为 61.8%，比 2007 年减少了 19.7 个百分点，但仍然占总就业人口比例最高。高中学历人数占就业总人数的比例呈上升趋势，2019 年其比值为 18.0%，比 2007 年增加了 6.1 个百分点。大专及以上学历人数占就业总人数的比例上升趋势更加明显，2019 年其比值为 20.2%，比 2007 年增加了 13.6 个百分点，提高了 2.06 倍。从上述分析可以发现，2007～2019 年，中国教育成果显著，低学历劳动力逐渐向中高学历劳动力转移。但是，中国劳动力基数庞大，从目前的就业结构来看，依然存在大量的低学历就业人员。

表 3-8　中国各学历人数占总就业人数的比例　（单位：%）

年份	初中及以下	高中	大专及以上
2007	81.5	11.9	6.6
2008	81.2	12.2	6.6
2009	80.4	12.7	6.9
2010	79.8	12.8	7.4
2011	76.1	13.9	10.1
2012	70.3	16.7	12.9
2013	69.3	17.1	13.7
2014	68.3	17.1	14.5
2015	66.7	17.2	16.1
2016	63.9	17.3	18.8
2017	63.4	17.2	19.4
2018	62.6	18.0	19.4
2019	61.8	18.0	20.2

注：该表由 2008～2020 年《中国劳动统计年鉴》整理所得；不含港澳台

3.4.5　收入分配

1978 年至今，中国经济迅猛发展，居民收入水平得到了大幅提高。数据显示，1978 年城镇居民人均可支配收入仅为 343.4 元，到 2019 年已增加到 42359 元，提高了 122 倍。农村居民人均可支配收入也得到大幅提高，1978 年农村居民人均可支配收入仅为 133.6 元，2019 年已增长到 16021 元，提高了近 120 倍。虽然城镇居民与农村居民的人均可支配收入增幅均很大，但是城镇居民人均可支配收入增幅远超后者，收入分配不平衡的问题逐渐凸显，具体表现为两个方面。

第一，城乡居民人均可支配收入差距呈现出不断扩大的趋势。1978 年，城镇居民人均可支配收入 343.4 元，农村居民人均可支配收入 133.6 元，两者相差 209.8 元。2019 年，城镇居民人均可支配收入提高至 42359 元，与此同时，农村居民人均可支配收入也得到相应提高，为 16021 元，两者相差 26338 元(图 3-8)。

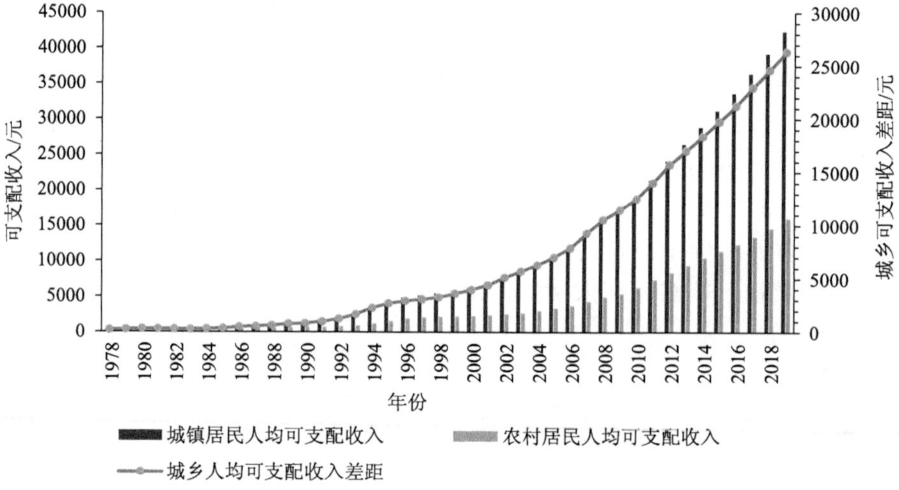

图 3-8　中国城乡居民可支配收入情况

注：数据来源于 1979～2020 年《中国统计年鉴》；不含港澳台

第二，城乡居民人均可支配收入的相对差距，呈现先扩大后稳中有降的趋势。1978～2007 年，中国城乡居民人均可支配收入比震荡上行。1978 年城乡收入比为 2.57，之后逐渐下降；1983 年达到 1.70 的历史最低水平，随后缓慢上升；2002 年，城乡收入比首次突破 3 的临界点。2007～2019 年，中国城乡居民人均可支配收入比稳步下降，2007 年和 2009 年均为 3.33，2013 年首次下降到 3 以下，2016 年至今稳定在 2.70 左右。易知，近期虽然城乡居民人均可支配收入占比保持稳定，但仍然大于 2 的警戒线，收入差距仍处于较高水平，城乡居民人均可支配收入差距较大已成为中国经济发展过程中不争的事实(表 3-9)。

表 3-9　中国城乡居民人均可支配收入比

年份	城乡收入比	年份	城乡收入比	年份	城乡收入比
1978	2.57	1992	2.58	2006	3.28
1979	2.53	1993	2.80	2007	3.33
1980	2.98	1994	2.87	2008	3.31
1981	2.08	1995	2.71	2009	3.33
1982	1.85	1996	2.51	2010	3.23
1983	1.70	1997	2.47	2011	3.13
1984	1.71	1998	2.51	2012	3.10
1985	1.86	1999	2.65	2013	2.98
1986	2.12	2000	2.79	2014	2.92
1987	2.16	2001	2.90	2015	2.90
1988	2.17	2002	3.11	2016	2.72
1989	2.28	2003	3.23	2017	2.71
1990	2.40	2004	3.21	2018	2.69
1991	2.40	2005	3.22	2019	2.64

注：该表由 1979～2020 年《中国统计年鉴》整理所得；不含港澳台

3.4.6　绿色发展

首先，2006～2010 年，单位生产总值能耗下降率、单位生产总值水耗下降率、工业固体废弃物综合利用率变化幅度均比较明显，生产资源利用效用明显上升。2011 年，工业固体废弃物综合利用率显著下降，导致生产资源利用效用也有所下降。2011 年以后，虽然工业固体废弃物综合利用率一直处于低位，甚至在 2015 年以后又开始显著下降，这对生产资源利用效用产生了一定的影响；但是 2011～2019 年，单位生产总值能源消耗下降率呈现先下降再上升的趋势，尤其是在 2015 年后，单位生产总值能源消耗率呈现明显上升趋势，使得生产资源利用指标的整体上有所提升。

其次，“十一五”到“十三五”期间，环境治理水平呈现“先快后慢”的变化趋势。环境治理指标下的三个子指标分别是：环境污染治理投资总额占生产总值比例、单位生产总值二氧化硫排放量与生活垃圾无害化处理率。2003～2009 年，环境治理指标成效显著，并在 2010 年达到峰值，该时期的环境污染治理投资总额占生产总值的比例与生活垃圾无害化处理率快速提升。2011 年，环境污染治理投资总额占生产总值的比例明显下降。2011～2019 年，环境治理成效进一步提高，单位生产总值二氧化硫排放量显著降低，生活垃圾无害化处理率显著提高。环境治理效果的改善，也使得单位生产总值所需的环境污染治理投资不断减少。

最后，“十一五”到“十三五”期间，绿色生活指标整体保持相对稳定的速度增加。这是因为其涉及的二个子指标——建成区绿化覆盖率和万人拥有公交车数量，均以平稳的速度持续增长(表 3-10)。

表 3-10　我国绿色发展情况

年份	资源利用			环境治理			绿色生活	
	单位生产总值能耗下降率/%	单位生产总值水耗下降率/%	工业固体废弃物综合利用率/%	环境污染治理投资总额占生产总值比例/%	单位生产总值二氧化硫排放量/(t/万元)	生活垃圾无害化处理率/%	建成区绿化覆盖率/%	万人拥有公交车数量/辆
2006	2.72	12.18	53.24	1.22	0.0118	52.20	35.11	9.10
2007	5.01	18.42	55.22	1.36	0.0091	62.00	35.29	10.23
2008	5.23	14.07	58.24	1.57	0.0073	66.80	37.37	11.10
2009	3.66	7.54	61.45	1.54	0.0064	71.40	38.22	11.10
2010	4.06	14.63	61.08	1.86	0.0053	77.90	38.62	9.70
2011	2.01	14.34	50.95	1.45	0.0045	79.70	39.22	11.80
2012	3.44	9.05	52.07	1.53	0.0039	84.83	39.59	12.15
2013	3.70	8.40	55.60	1.52	0.0034	89.30	39.70	12.78
2014	4.80	9.18	55.13	1.49	0.0031	91.79	40.22	12.99
2015	5.60	6.45	51.58	1.28	0.0027	94.10	40.12	13.30
2016	5.00	8.66	49.51	1.24	0.0011	96.62	40.30	13.80
2017	3.70	10.25	44.19	1.15	0.0007	97.74	40.91	14.70
2018	3.10	9.91	38.87	1.06	0.0006	98.96	41.11	13.09
2019	2.60	6.73	33.55	0.97	0.0005	99.20	41.51	13.13

注：该表由 2007～2020 年《中国统计年鉴》整理所得；不含港澳台

3.5　本 章 小 结

首先，本章从理论和实践层面界定了经济高质量发展的内涵，从经济发展高质量、城乡发展高质量、社会民生高质量、生态文明高质量等维度进行了具体阐述。其次，归纳经济高质量发展的多维特征，包括提高全要素生产率、产业结构合理化与高级化、创新驱动经济高质量发展、迈向高质量就业、收入分配结构持续优化、生态优先与绿色发展。最后，基于多维特征分析了中国经济高质量发展的现状。

第 4 章　中国制造业智能化测度与现状分析

本章构建包括基础投入、生产应用、市场效益三个维度 13 项指标的评价体系，综合运用 AHP 法和熵权法确定权重，测算了中国制造业智能化水平，分析制造业智能化现状及区域差异，并从宏观及企业微观等层面实证检验了制造业智能化的驱动因素。

4.1　引　　言

改革开放 40 多年来，中国经济在国际社会中的地位持续攀升，从“中国制造”到“中国创造”的过渡，寓示我国制造业结构已发生了巨大变革(Ju and Yu, 2019)。但在保持强劲发展势头的同时，中国制造业也面临着巨大的挑战：一方面，人口红利优势减弱，持续发展动力不足；另一方面，劳动、资本等要素价格扭曲，抑制中国企业创新能力提升(李平和季永宝，2014)，制造业技术附加值低；此外，美、德等国制造业回归趋势明显，中国后来者优势减弱，技术引进难度与日俱增。随着人工智能技术在制造业的广泛应用，制造业智能化正成为产业发展的新趋势，对加快经济结构的优化、升级和高质量发展，乃至整个社会都将产生深远影响(陈彦斌等，2019；唐晓华和迟子茗，2021；惠树鹏等，2021)。有研究指出，人工智能的使用实现了制造领域的“智能自动化”，预计至 2035 年，中国制造业增长率将因此提高 2%，这意味着为制造业额外带来 2.7 万亿美元的总增加值。制造业智能化通过创造虚拟劳动力、提高资本效率和促进技术创新将成为未来中国经济新动能(李廉水等，2019；睢博和雷宏振，2021；温湖炜和钟启明，2021)。

中国高度重视制造业智能化。出台并实施《中国制造 2025》《智能制造发展规划(2016—2020 年)》等国家重大规划，明确了制造业智能化转型升级的目标和路径。在实践层面， 2018 年工信部批准智能制造试点企业 99 家，2019 年工业机器人年产量达 17.7 万台，而 1995 年工业企业仅拥有工业机器人 1219 台，24 年间增长 144.20 倍。中国智能制造发展非常迅速。然而，智能化理论研究在一定程度上滞后于实践发展，对制造业智能化内涵的理解不统一，对自身制造业智能化水平的定位、现状和影响因素不明确，缺少系统的方法论来指导实践等一系列问题亟待解决。本章构建了包括基础投入、生产应用、市场效益三个层面共 13 项指标的中国制造业智能化评价体系，并使用 AHP 法和熵权法进行测算；从宏观层面、企业层面和政策层面实证检验了制造业智能化的驱动因素，以期为推进中国制造业智能化提供借鉴。

4.2 制造业智能化测度与驱动因素研究现状

智能化一词 2013 年在德国汉诺威工业博览会(HANNOVER MESSE)中被提出，旨在提高制造业的智能生产水平(黄阳华，2015)。从产业发展来看，制造业智能化是对国家工业体系进行智能化改造的过程，是从单一机器设备智能的点式智能转向自动化、柔性化生产的组线智能，最终实现制造全产业链系统智能的结果(韩江波，2017)。从制造过程来看，智能化强调以工业互联网为基础，将新一代信息通信技术(ICT)和人工智能(AI)技术融于产业运作系统，使其具备自感知、自决策和自执行能力(贾根良，2016；李廉水等，2019)。最终通过机器智能和劳动力的深度互联互通，实现制造全流程和全生命周期的智能化(林汉川和汤临佳，2015)。此外，Yang 等(2021)提出了流程工业智能制造的新模式：工业人工智能、工业互联网与过程工业的深度集成。Baroroh 等(2021)认为通过增强现实(AR)与计算智能(CI)实时协作，可以促进制造业智能化，增强制造业的适应性和自主性，满足不断增长的产品大规模定制需求。

在智能化的测度方面。一种是选取工业机器人为代理变量，研究国际或一国的人工智能、智能制造水平，分析其对生产率、就业、技术创新等方面影响(Acemoglu and Restrepo, 2020a；Kromann et al., 2020)。另一种则是通过构建多维度的智能化评价体系进行测度。Xin 等(2017)选取 7 大制造行业的 145 家企业，构建了中国智能制造发展指数样本库。孙早和侯玉琳(2019)则构建了包括软件应用、数据处理、创新能力和社会效益等 10 类准则的智能化指标体系。李廉水等(2020)在《中国制造业发展研究报告 2019》中构建包含智能基础、软件应用和市场实践 3 个一级指标、6 项具体指标的制造业智能化评价体系。季良玉(2021)运用纵横向拉开档次法和熵权法构建了中国制造业智能化水平测度指标体系。此外，也有部分学者选择海关机器人进口数量(李磊和徐大策，2020)、信息通信技术投资(Thomas, 2017)、机器人专利数量(Hoedemakers, 2017)或论文发表数量(Liu et al., 2021)等变量展开实证研究。

在智能化的驱动因素方面。黄阳华(2015)总结德国“工业 4.0”发现，产业政策是影响智能化的重要因素。苏贝和杨水利(2018)通过扎根理论研究得出，产业环境、市场需求、智能技术等显著影响企业的智能化程度。岳孜(2016)、孟凡生和赵刚(2018)认为，创新能力、国家政策是影响制造业智能化的重要因素。此外，完善创新扶持政策(任锦鸾等，2018)、强化产业链配套(尹华等，2021)和政府引导(胡迟，2016)等也是实现制造业智能化转型的重要影响因素。

综上所述，已有研究取得了颇多成果。但国内外学者在制造业智能化的内涵上尚未形成统一认识；制造业向智能化转型，是推进智能制造的过程，也是反应智能制造程度的一种状态，具有多种表现形式，而仅使用工业机器人、相关专利、论文数量进行衡量并不具有代表性，智能化的测度方面的研究成果较少，尚未建立较为完善的评价指标体系；关于制造业智能化驱动因素的研究较为欠缺，且以定性分析为主，鲜有对影响智能化水平的驱动因素进行实证检验的研究。

4.3 中国制造业智能化评价体系构建与测算

4.3.1 制造业智能化评价体系构建

制造业智能化是推进制造业由传统生产向智能制造转变的过程，包括数字化、网络化和智能化三个阶段(李廉水等，2019)。制造业智能化是数字化、网络化的延续与发展，是更高级、更成熟的阶段，是制造业推进生产方式由基础阶段向智能生产动态转变的过程。制造业智能化表现在企业将新一代 ICT 技术和 AI 技术应用于产品制造的全生命周期中去，强调使用虚拟现实等技术，实现生产环节、管理模式和服务销售智能化，充分挖掘制造业潜力，并提供了高度的适应性和自主性，以满足不断增长的产品大规模定制需求 (Baroroh et al., 2021)，最终实现制造业价值链攀升和经济、社会效益提高(李健旋，2020)。

制造业智能化，是推进智能制造的过程，也是反映智能制造程度的一种状态，其具体表现在基础投入、生产应用和市场效益等方面。首先，智能设备、研发经费、人员等基础投入是实现智能化的基础；其次，智能化水平的提升在于开发和应用新兴技术，以人工智能为核心的新一代 ICT 技术的生产应用是智能制造的关键；最后，持续的市场绩效和社会效益是制造业智能化转型的价值体现。加强基础技术攻关投入、强化智能设备应用、提高收益是实现制造全过程智能化的重要体现(吕铁和韩娜，2015)。为系统考量中国各地区制造业智能化发展水平，本章借鉴孙早和侯玉琳(2019)、李廉水等(2020)的研究，在基础投入、生产应用、市场效益等内涵基础上，以科学性、独立性原则选取指标，最终确定 3 类一级指标、10 项二级指标、13 项测度指标的制造业智能化评价体系(表 4-1)。

(1)基础投入层。智能设备、技术人才、资金等基础要素投入是实现制造业智能化的根基所在。工业机器人等智能设备的使用是衡量企业智能化程度的重要维度，智能设备的管理、维护所要求的人力资本也与一般劳动力不同，更多强调对知识、技术、经验的灵活运用，甚至需要人员持有一定创新思维和自主学习能力(贾根良，2016)。同时计算机视觉、机器学习等先进生产技术的创新离不开战略性新兴产业的投入与支撑(黄群慧和贺俊，2013)，加强研发投入是提高智能设备人机协同作业、建模仿真、感知决策等能力的必要途径。

表 4-1　制造业智能化各指标权重

主指标	一级指标（权重）	二级指标（权重）	测度指标	AHP 法	熵权法	综合权重
制造业智能化指数	基础投入层（0.37）	研发经费投入（0.12）	高技术制造业 R&D 经费	0.14	0.10	0.12
		智能设备投入（0.06）	电信固定资产投资	0.02	0.02	0.02
			上市公司机器设备投入	0.04	0.04	0.04
		互联网基础投入（0.05）	光缆线路长度/省域面积	0.02	0.07	0.05
		人员投入（0.14）	高技术制造业从业人员数	0.06	0.10	0.08
			信息传输、软件和信息技术服务业人员数	0.06	0.06	0.06
	生产应用层（0.41）	软件开发与服务情况（0.06）	软件业务收入	0.02	0.09	0.06
		数据处理与运营情况（0.08）	数据处理与运营服务收入	0.04	0.12	0.08
		智能技术产业化程度（0.28）	高技术制造业新产品产值	0.16	0.12	0.14
			高技术制造业有效发明专利数	0.11	0.16	0.14
	市场效益层（0.23）	试点企业市场效益（0.08）	智能制造试点企业资产回报率	0.14	0.02	0.08
		智能设备市场利润（0.06）	高技术制造业利润总额	0.04	0.08	0.06
		智能设备市场效率（0.09）	高技术制造业主营业务收入/从业人员数	0.15	0.02	0.09

注：1.本表参考《中国制造业发展研究报告 2019：中国制造 40 年与智能制造》(2019)、孙早和侯玉琳(2019)。2.高技术制造业相关数据来自《高技术产业统计年鉴》，主要包括航空航天制造业、电子及通信设备制造业、计算机及办公设备制造业等，此外，信息化学品制造业为 2015 年后年鉴中的新增行业，前期数据缺失，因此未将其统计在内。3.智能制造试点企业来源于中华人民共和国工业和信息化部网站公布名单。

(2) 生产应用层。智能技术的开发与应用、软硬件服务、数据处理是制造业智能化的集中体现。软硬件服务的提升不但能够大大减少生产过程中对低级劳动力的过度依赖，还可以部分取代人的脑力劳动，通过高级生产要素（智能设施、科研成果、高技能劳动力等）为企业竞争力提供正向激励作用(Porter, 1985)。此外，大数据处理、智能技术应用既可以减少劳动力、提高边际产出，还能增加生产技术附加值，提升企业价值。

(3) 市场效益层。持续的市场效益是制造业智能化转型的价值体现。长期来看，制造业智能化转型通过降低成本、提高制造效率给制造业企业的企业价值和产品附加服务效益都带来了显著提升。2013 年德勤公司在对中国 200 家智能制造企业的调研数据显示，中国智能制造水平仍处于初级阶段，企业短期效益并不明显，而其在 2018 的调研表明，受访智能制造企业中利润率超过 50%的比例已由 2013 年的 14%上升至 33%。

4.3.2　数据的选取、处理与测算

1. 数据来源

本章选取 2010～2016 年港澳台以及西藏外的我国 30 个省级面板数据为研究对象。数据来源包括 2011～2017 年《中国统计年鉴》《中国高技术产业统计年鉴》《中国电子信息产业统计年鉴》与中华人民共和国工业和信息化部网站等。

2. 评价方法与步骤

(1) 首先构建 AHP 模型，根据制造业智能化内涵的三个维度，构建相应的目标层(制造业智能化)、3 个准则层(表 4-1 中的一级指标)、13 项子准则层(表 4-1 中的测度指标)，以及包括 30 个省份的方案层。接着构建判定矩阵[式(4.1)]，其中，p_{ij} 表示 p_i 和 p_j 对上一层因素的影响程度，相对影响程度 p_{ij} 通常用 1～9 来标度。然后通过解判定矩阵 $\boldsymbol{P}$ 的最大特征值 $\lambda_{\max}$ 构建权重向量 PW，其中 W 为权向量，是对应于最大特征值归一化后的特征向量。计算一致性指标 PI 以及平均一致性指标 RI，最后测算一致性比率 PR，检验矩阵的一致性，不断调整至 PR<0.1 时，得出各指标权重。

$$\boldsymbol{P} = \begin{pmatrix} p_{11} & p_{12} & \cdots & p_{1n} \\ p_{21} & p_{22} & \cdots & p_{2n} \\ \vdots & \vdots & & \vdots \\ p_{n1} & p_{n2} & \cdots & p_{nn} \end{pmatrix} \tag{4.1}$$

$$P_{ij} = \left(p_{ij}\right)_{n*n},\ p_{ij} > 0, p_{ji} = \frac{1}{p_{ij}},\ p_{ii} = 1$$

$$\boldsymbol{PW} = \lambda_{\max} * \boldsymbol{W} \tag{4.2}$$

式中，$\lambda_{\max}$ 为判定矩阵 $\boldsymbol{P}$ 的最大特征值

$$\mathrm{PI} = \frac{\lambda_{\max} - n}{n-1} \tag{4.3}$$

$$\mathrm{PR} = \frac{\mathrm{PI}}{\mathrm{RI}} \tag{4.4}$$

(2) 熵权法计算权重。该方法为客观赋权法，具有优于投影寻踪模型(MPPC)和模糊综合评判法的可信度。指标变异程度越大，提供的信息越多，其权重相应

越高。为解决多指标评价体系中单位、属性等不同造成的指标间无可比性问题，首先采用归一化法[式(4.5)]进行无量纲化处理。其次计算各指标熵值、冗余度，最后计算各指标权重。

$$X_{it} = \frac{X_{it} - \min\{X_{it}\}}{\max\{X_{it}\} - \min\{X_{it}\}} \tag{4.5}$$

(3)基于 AHP 法与熵权法的综合权重。考虑到专家判断的主观偏差和统计造成的客观偏差，本章参考 Zhao 和 Lu (2014)、张挺等(2018)的做法，选择等权重加权平均法[式(4.6)]，将主观的层次分析法(AHP 法)与客观的熵权法权重进行相加，得出综合权重 W_{it}。

$$W_{it} = \frac{W_{\mathrm{AHP}} + W_{\mathrm{Entropy}}}{\sum(W_{\mathrm{AHP}} + W_{\mathrm{Entropy}})} \tag{4.6}$$

最终以式(4.7)计算得出各省份制造业智能化水平。其中，W_{it} 为综合权重；X_{it} 为无量纲化处理后的测度指标值。

$$E = \sum W_{it} X_{it} \tag{4.7}$$

4.3.3　测算结果分析

1. 指标权重分析

表 4-1 为各级指标的平均权重值。从一级指标看，生产应用层权重最大，为 0.41；其次为基础投入层，为 0.37；而市场效益层权重较低，仅 0.23。在二级指标中，智能技术产业化程度、人员投入、研发经费投入权重位居前三，分别为 0.28、0.14、0.12。这意味着，实现制造业智能化，不仅要加大科研经费和科研人员投入，还要把做好研发成果转化落地作为重要一环，以增加高技术制造业有效发明专利数和高技术制造业新产品产值。此外，市场效益层对衡量智能化总体水平的影响并不高，可能的原因包括两个方面，一是智能制造水平的提高在短期内并不能明显增加市场效益；二是企业市场效益由多部分构成，智能化水平与市场效益有一定关系，但并非企业效益的全部来源。市场效益层的权重较低，也在某种程度上说明了权重分布的合理性。

2. 制造业智能化水平总体特征

基于上述权重值，计算出 2010～2016 年中国 30 个省份制造业智能化水平综合测度值。由表 4-2 可知，2010～2016 全国各省份制造业智能化的总体水平呈稳固上升趋势，制造业智能化综合测度值从 2010 年的 12.22 上升为 2016 年的 19.90，年均增长率为 10.47%。智能化水平在时间趋势上不断提高，但全国多年均值仅为 15.88，制造业智能化程度有待继续强化。分区域看，呈现由西向东依次增加的梯度分布态势，且具有一定空间异质性。广东、江苏、北京、山东和上海等东部地区一直处于高水平发展的领先态势，东部地区均值 24.59，远高于中部的 11.79 和西部地区的 10.14。制造业智能化水平高的区域主要集聚在广东、江苏、北京、山东和上海等东部沿海的制造业大省、经济强省，智能化总体均值前 10 名中东部地区占了 90%，中部地区主要为中低端智能化产业聚集地，而西部更多为低水平智能化产业。

表 4-2　2010～2016 年中国 30 个省份制造业智能化水平综合测度值

省份	2010 年	2011 年	2012 年	2013 年	2014 年	2015 年	2016 年	平均值	综合排名
广东	37.07	43.39	48.97	55.56	60.34	66.39	80.25	55.99	1
江苏	24.96	29.98	33.93	40.08	41.52	42.67	48.77	37.41	2
北京	27.77	30.11	31.44	36.06	36.59	37.37	41.99	34.48	3
山东	17.29	19.66	21.35	25.27	26.48	28.43	31.80	24.33	4
上海	18.82	19.95	24.20	24.15	25.93	26.96	29.89	24.27	5
浙江	15.61	18.31	18.59	21.90	20.86	23.53	26.54	20.76	6
天津	13.40	14.53	17.09	20.73	19.82	20.58	21.38	18.22	7
福建	15.90	15.52	16.03	18.39	18.63	18.75	22.68	17.99	8
辽宁	14.36	16.53	17.08	20.91	19.04	14.32	15.18	16.77	9
四川	11.28	13.53	14.55	19.18	19.31	16.80	21.33	16.57	10
湖北	12.10	12.32	13.07	15.66	14.98	16.60	18.82	14.79	11
河南	10.80	11.35	11.60	15.60	16.02	17.23	19.18	14.54	12
重庆	8.96	10.25	11.92	15.26	16.99	18.48	19.49	14.48	13
安徽	9.99	10.27	11.98	14.18	14.25	14.44	16.67	13.11	14
湖南	10.36	11.89	11.56	13.89	13.46	14.22	15.25	12.95	15
内蒙古	10.66	12.51	11.53	14.24	13.65	12.83	13.69	12.73	16
江西	9.97	10.16	11.01	12.90	12.41	12.69	13.72	11.84	17
河北	9.86	10.58	10.59	12.35	11.95	11.42	13.46	11.46	18
云南	9.06	10.03	10.42	12.79	11.74	10.80	11.88	10.96	19
吉林	10.77	8.86	7.65	12.53	11.54	11.82	11.68	10.69	20
广西	8.41	8.81	8.98	11.50	11.25	11.83	13.45	10.60	21
陕西	7.48	7.97	8.83	10.27	12.21	11.52	13.39	10.24	22
海南	6.31	6.32	7.85	7.29	9.96	11.58	12.67	8.85	23
青海	6.92	6.72	7.86	9.32	8.10	9.85	10.35	8.45	24
黑龙江	7.44	7.72	7.89	9.32	8.88	8.47	9.18	8.41	25
贵州	5.78	6.72	7.51	9.18	8.56	9.51	9.65	8.13	26
山西	6.13	6.65	7.80	8.96	8.69	7.79	9.94	7.99	27
新疆	7.96	6.69	6.35	8.04	7.11	7.23	7.38	7.25	28
宁夏	5.57	6.28	5.23	6.30	5.96	6.96	9.62	6.56	29
甘肃	5.58	3.96	2.20	7.21	4.83	7.55	7.57	5.56	30

续表

省份	2010 年	2011 年	2012 年	2013 年	2014 年	2015 年	2016 年	平均值	综合排名
东部均值①	18.30	20.44	22.47	25.70	26.47	27.45	31.33	24.59	—
中部均值	9.70	9.90	10.32	12.88	12.53	12.91	14.31	11.79	—
西部均值	7.97	8.50	8.67	11.21	10.88	11.21	12.53	10.14	—
全国均值	12.22	13.25	14.17	16.97	17.04	17.62	19.90	15.88	—

为了实现从全局情形上观察中国制造业智能化水平分布的动态特征，本章从东、中、西三部分对制造业智能化水平进行分析(图 4-1)。从年度增长率来看，2010～2016 年东、中、西部地区智能化水平年均增长率分别为 11.87%、7.95%、9.54%，可见，东部地区增长率依旧居于首位。东部地区具有良好的地理优势、丰富的制造业基础和强大的科研实力，凭借优势服务本土、吸引外商，成为推动中国制造业智能化发展进程的主要力量。

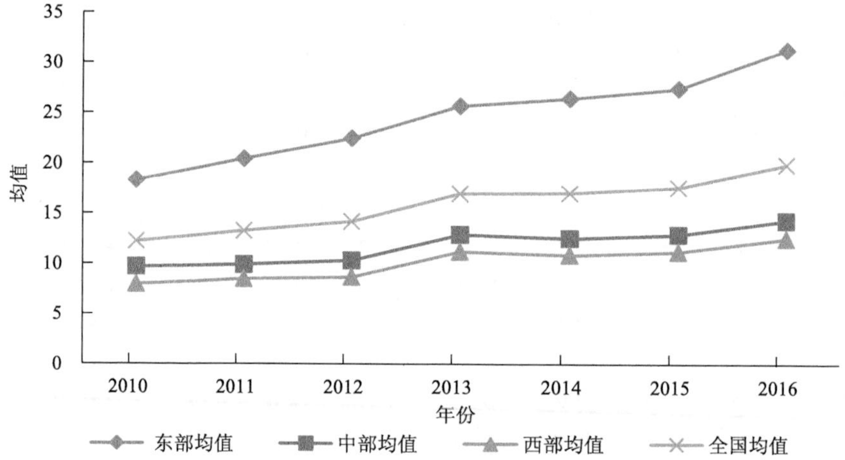

图 4-1　中国制造业智能化水平分区域均值

4.4　中国制造业智能化驱动因素分析

4.4.1　模型构建

为了进一步探讨制造业智能化的驱动因素，借鉴李健旋(2020)对智能化影响

① 根据通用的区域划分方法，东部包括北京、天津、河北、辽宁、上海、江苏、浙江、福建、山东、广东和海南；中部包括山西、吉林、黑龙江、安徽、江西、河南、湖北和湖南；西部包括广西、重庆、四川、贵州、云南、陕西、甘肃、青海、宁夏、新疆和内蒙古。

因素的研究，建立如下计量模型：

$$\mathrm{Ai}_{it}=\beta_0+\beta_1\mathrm{Inn}_{it}+\beta_2\mathrm{Hum}_{it}+\beta_3\mathrm{Fin}_{it}+\beta_4\mathrm{Fdi}_{it}+\beta_5\mathrm{Wage}_{it}+\beta_6\mathrm{Ck}_{it}+\beta_7\mathrm{Zc}_{it}+\beta_8\mathrm{Er}_{it}+\varepsilon_{it} \tag{4.8}$$

式中，i 代表省份；t 代表年份；Ai_{it} 代表上节测算得出的制造业智能化水平；Inn_{it}、Hum_{it}、Fin_{it}、Fdi_{it} 分别是创新能力、人力资本、金融发展水平以及外商直接投资，为宏观层面驱动因素；Wage_{it}、Ck_{it} 是工资水平、企业出口，为企业微观层面驱动因素；Zc_{it}、Er_{it} 为智能化政策和环境规制，表征政策层面驱动因素；ε_{it} 为随机干扰项。

4.4.2　数据说明

1. 被解释变量

制造业智能化（Ai_{it}）。以上节测算的制造业智能化水平综合测度值衡量。

2. 解释变量

从宏观层面、企业微观层面以及政策层面对可能驱动因素进行实证检验。

1) 宏观层面

(1) 创新能力（Inn）。技术创新分为渐进式和突破式两种（盛光华和张志远，2015）。渐进式创新通过对现有智能技术和设备的改造升级，能够更好实现生产流程和服务的智能化，提升智能运维、数据驱动服务、个性化定制水平。突破式创新通过创造全新的智能生产技术，打破制造业发展瓶颈和技术垄断，是推进中国制造业转型升级的重要基础（张伯旭和李辉，2017）。本章采用 2011～2017 年《中国区域创新能力报告》中综合创新能力指标衡量。

(2) 人力资本（Hum）。人力资本是附加在人力身上的经验、知识和技能，具备较多经验和学识的高素质劳动力是制造业智能化过程中的基础投入要素。同时较高的人力资本可以促进企业生产研发活动，进一步提高制造业智能化水平。借鉴彭涛和吴文良（2010）的做法，使用平均受教育年限衡量。

(3) 金融发展水平（Fin）。金融发展水平高可以为企业智能化转型提供充足的研发和智能设备投入资金，有效解决技术创新型企业的融资问题，促进制造业智能化。选取金融机构贷款余额、保险总额、两股交易额等指标，采用熵权法计算得出。

(4) 外商直接投资（Fdi）。外商直接投资不仅可以为我国带来前沿的智能制造设备、生产工艺和管理知识，促进智能化转型；还能通过产业内和产业间技术溢出（Orlic et al., 2018），促进内资企业对先进技术的了解、效仿、掌握、转化和再创造，促进智能生产水平提高。采用外商直接投资进行衡量。

2）企业微观层面

（1）工资水平（Wage）。我国人口红利优势的减少，致使劳动力成本上升。一方面可能对企业在研发、设备方面的投入产生“挤出效应”，限制智能化发展；另一方面也可能倒逼企业用智能设备替代传统劳动力，促进智能化。采用制造业行业平均工资衡量。

（2）企业出口（Ck）。出口贸易主要通过竞争效应和“出口中学”推动制造业智能化。竞争效应体现在为满足国外严苛的技术、质量与环保标准要求，迫使出口型企业进行智能化转型，以提高产品质量和技术附加值(康志勇，2011)。同时在出口中实现对国际先进智能生产设备、工艺及流程的学习应用，也将直接影响国内智能制造水平。采用规模以上企业出口交货值占工业销售产值的比值衡量。

3）政策层面

（1）智能化政策（Zc）。《国家智能制造标准体系建设指南》等政策的颁布与实施可有效解决我国智能制造标准缺失、滞后问题。为企业智能化发展找准方向的同时，还能通过财税手段为企业智能化转型提供保障。采用各省份智能制造试点企业数量作为代理变量。

（2）环境规制（Er）。环境规制使企业生产成本不断提高，其“技术进步效应”和“创新补偿效应”将迫使企业加大环保技术创新力度，更换先进的绿色智能生产工艺(于鹏等，2020)，以更加绿色智能的方式进行生产，这有助于促进企业的智能化转型。采用污染治理完成额占生产总值的比例衡量。

4.4.3　数据来源与描述性统计

本章所用数据主要来源于 2011～2017 年《中国统计年鉴》《中国区域创新能力报告》《中国劳动统计年鉴》等。处理后数据的描述性统计结果见表 4-3。

表 4-3　主要变量指标的描述性统计结果

变量	样本量	均值	标准差	最小值	最大值
Ai	210	15.88	11.18	2.20	80.26
Inn	210	29.24	10.39	15.78	58.86
Fin	210	11.21	14.17	0.01	96.17
Fdi	210	32.13	31.33	4.73	175.93
Hum	210	9.05	0.95	6.76	13.23
Wage	210	4.53	1.26	2.54	9.65
Ck	210	7.29	7.42	0.10	30.99
Zc	210	0.73	1.89	0	15
Er	210	1.48	0.74	0.30	4.23

4.4.4　计量结果及分析

1. 中国制造业智能化驱动因素的总体回归结果

表 4-4 模型 1～3 分别报告了固定效应(FE)、随机效应(RE)、FGLS 模型的估计结果。根据 Hausman 检验，p 值为 0.02，拒绝原假设，选择固定效应模型。由于 FGLS 模型能在一定程度上缓解模型可能存在的异方差和序列相关问题(Wooldridge, 2010)，因此本节基于模型 3(FGLS 模型)的回归结果，讨论实证研究的发现。

表 4-4　中国制造业智能化驱动因素的总体回归结果

解释变量		总体基准回归			稳健性检验
		模型 1	模型 2	模型 3	模型 4
宏观层面	Inn	0.26***	0.44***	0.43***	0.20***
		(0.09)	(0.07)	(0.04)	(0.01)
	Fin	0.23***	0.27***	0.35***	0.06***
		(0.03)	(0.03)	(0.04)	(0.01)
	Fdi	−0.03	−0.04**	−0.04***	−0.03***
		(0.01)	(0.02)	(0.02)	(0.01)
	Hum	−0.39	−0.27	0.19	0.09
		(0.73)	(0.65)	(0.30)	(0.10)
企业微观层面	Wage	1.58***	1.37***	0.70***	2.27***
		(0.34)	(0.33)	(0.21)	(0.06)
	Ck	−0.07	0.21**	0.31***	0.57***
		(0.14)	(0.10)	(0.05)	(0.02)
政策层面	Zc	0.17	0.20	0.22*	−0.08
		(0.13)	(0.13)	(0.11)	(0.06)
	Er	−0.89**	−0.80**	−0.45*	−0.29***
		(0.37)	(0.37)	(0.24)	(0.09)
常数项		4.63	−3.06	−5.76***	−4.40***
		(6.13)	(4.83)	(2.22)	(0.57)
Hausman 检验		18.48**			
		(0.02)			

注：括号中数值为标准误差；***、**、*分别表示系数通过 1%、5%、10%的显著性检验；下表同

宏观层面，创新能力的估计系数显著为正，表明创新能力是制造业向智能化转型的重要驱动力。制造技术与人工智能的融合、数据处理效率的提高、生产管理模式的创新，将促成新的智能产品与智能生产活动，提高地区智能化水平。金

融发展水平的系数为 0.35，且通过 1%的显著性检验，这表明提高资金的配置效率，对缓解制造企业在智能技术研发上的资金压力、实现智能技术产业化具有重要作用。人力资本对智能化的促进作用并不显著，可能由于当前我国人力资本水平尚不高，智能应用人才欠缺。而外商直接投资抑制了我国智能化水平的提升，这可能由于当前外商对中国大量投资的仍是劳动密集型产业，并未能推动先进技术的引入，促进智能化转型。

企业微观层面，工资水平和企业出口估计系数分别为 0.70，0.31，且均通过了 1%的显著性检验，说明其对智能化产生了显著的正向影响。这表明随着我国人口红利的消失，劳动力成本上升，用工成本成为影响企业智能化转型的主要因素。这恰与我国部分企业向越南、柬埔寨等低用工成本地区迁移，其余企业不断选择进行技术升级来缓解用工压力的现实相符。同时企业出口影响显著，说明出口型企业参与更多国际竞争，有利于企业对照国际市场的前沿需求，学习先进生产技术，积极推进智能化转型。

政策层面，智能化政策能够显著提高我国的智能化水平，这种促进作用主要来自智能化政策通过试点企业给制造业智能化转型提供政策导向，提升企业智能生产、销售、服务的整体水平。环境规制抑制了企业的智能化转型。可能是由于目前我国的环境规制强度并不高，相较于技术升级，低强度地区企业则更倾向交纳排污费，而排污费的缴纳对企业在智能设备和研发经费上的投入产生了一定的“挤出效应”。

2. 总体回归的稳健性检验

更换被解释变量的衡量方法是稳健性检验的有效方法之一。本章使用(孙早和侯玉琳，2019)测度的智能化指数，进行稳健性检验。经过数据的匹配和处理，保留 2010～2015 年数据回归，仍选用 FGLS 估计方法，模型 4 汇报了稳健性检验的回归结果。可以发现，除智能化政策影响不显著外，其余变量的显著性及影响方向与基准估计一致，表明制造业智能化驱动因素的回归结果是稳健的。而智能化政策不显著可能受数据样本限制，仅 2015 年有智能化政策数据，政策效应未得到有效体现。

3. 中国制造业智能化影响因素的区域差异

为研究各驱动因素对制造业智能化的影响是否存在区域差异，将总体样本分为东中西三大区域，选用 FGLS 模型进行检验。表 4-5 模型 5～7 分别报告了各区域的估计结果。东部地区创新能力的影响最大，系数为 0.58，通过了 1%的显著性检验，说明创新能力是驱动东部智能化的主要因素；而中西部则更多因工资水平倒逼，进行智能化转型，工资水平对中西部的影响系数分别为 1.16、0.99，均通过 1%的显著性检验。这可能是由于东部地区处于技术前沿，能够率先凭借创新制造技术实现智能化。同时由于我国人口红利及资源优势的缩小，中西部依赖廉价劳动力及能源要素的发展路径难以为继，倒逼企业进行智能化转型。

表 4-5　中国制造业智能化影响因素的区域差异

解释变量		分区域基准回归			分区域稳健性检验		
		模型 5（东部）	模型 6（中部）	模型 7（西部）	模型 8（东部）	模型 9（中部）	模型 10（西部）
宏观层面	Inn	0.58^{***}	0.30^{***}	−0.09	0.19^{***}	0.31^{***}	0.19^{***}
		(0.06)	(0.06)	(0.06)	(0.01)	(0.04)	(0.06)
	Fin	0.25^{***}	0.30^{***}	0.49^{***}	0.04^{***}	−0.01	0.26^{***}
		(0.06)	(0.07)	(0.06)	(0.01)	(0.05)	(0.04)
	Fdi	-0.10^{***}	−0.02	0.10^{***}	-0.03^{***}	−0.01	0.16^{***}
		(0.03)	(0.04)	(0.03)	(0.00)	(0.03)	(0.04)
	Hum	0.72	0.16	0.63^{**}	-0.34^{***}	0.03	0.60
		(0.96)	(0.53)	(0.32)	(0.10)	(0.38)	(0.38)
企业微观层面	Wage	0.63	1.16^{***}	0.99^{***}	2.51^{***}	2.47^{***}	1.51^{***}
		(0.71)	(0.31)	(0.19)	(0.05)	(0.21)	(0.22)
	Ck	0.33^{***}	0.66^{***}	0.27^{***}	0.60^{***}	0.06	0.32^{***}
		(0.10)	(0.15)	(0.08)	(0.01)	(0.10)	(0.08)
政策层面	Zc	0.54^{**}	−0.15	-0.65^{***}	−0.02	0.74^{**}	0.39
		(0.22)	(0.24)	(0.18)	(0.06)	(0.29)	(0.40)
	Er	−0.84	-1.24^{***}	-1.07^{***}	-0.13^{*}	-0.75^{***}	-0.95^{***}
		(0.93)	(0.30)	(0.29)	(0.07)	(0.19)	(0.32)
	常数项	-11.07^{*}	−4.92	−0.04	-1.55^{**}	−3.60	-6.04^{***}
		(6.11)	(4.94)	(2.16)	(0.78)	(3.65)	(2.30)

此外，在外商直接投资方面，对东中部地区无显著促进作用，却能有效促进西部地区智能化水平提高。这是因为外商直接投资将境外落后产业迁至国内，对东中部制造业企业无论是在市场占有率、利润还是人才吸引上均存在“挤出效应”，并不利于企业的智能化发展。而西部地区经济发展落后，外商直接投资给其带来大量资金和相对先进的技术，进而促进了其智能化发展。智能化政策方面，新设立的智能化试点企业多在东部地区，为其智能化转型提供了良好的示范作用和政策保障；而中西部地区的政策不占优势，不利于这些地区的智能化转型。

4. 区域差异的稳健性检验

区域差异的稳健性检验仍选用总体稳健性的数据与方法。从模型 8～10 的结果来看，创新能力仍是东部地区智能化转型的重要驱动因素，工资水平对东部地区智能化转型的影响由不显著转为显著，说明其对东部地区影响并不稳健。但工资水平仍是驱动中西部智能化转型的重要因素。这表明制造业智能化驱动因素的区域差异是稳健的。

4.5 本章小结

本章构建包含基础投入、生产应用、市场效益 3 类一级指标，10 项二级指标，13 项测度指标的制造业智能化评价体系，运用 AHP 法和熵权法测算了 2010～2016 年中国 30 个省份的制造业智能化指数，并从宏观、企业、政策层面实证分析了制造业智能化的驱动因素。研究发现：①基础投入和生产应用层在制造业智能化指标体系中贡献份额较大，发挥主要作用。②中国制造业智能化水平有明显空间异质性，呈现由东到西依次递减的梯度分布态势。③创新能力、金融发展水平、工资水平、智能化政策等可以有效促进地区制造业智能化发展，其中创新能力是驱动东部地区智能化的主要因素，而工资水平是中西部地区智能化转型的重要因素。

据此本章提出 4 点政策建议：

(1) 完善智能基础设施建设。智能基础设施的作用贯穿在制造企业从设计到销售的各个环节。各地政府要加强大数据、人工智能、工业互联网等新基建投入，建设一个高速、安全的智能网络基础，实现生产制造全过程的自主调度、自主管理和自主决策。

(2) 提高地区基础技术的创新能力。创新能力是影响智能化转型的重要因素，需进一步深化创新驱动发展战略，提高科研成果转化落地能力。政府层面，要建立企业与科研院所的横向交流机制，用生产、教学、研发协同推进科研成果转化为实质生产力。企业层面，大中小企业要有重点地进行研发布局，建立和完善自有科研部门，提高产品技术附加值。

(3) 做好智能化转型的政策保障。一方面，坚持创新驱动发展战略，运用财政、税收、金融等政策鼓励传统产业引入先进智能生产设备和工艺，推动传统产业的优化升级；另一方面，需要建立和完善智能制造法规、标准和考核激励体系，由点到面地将部分试点推广为平台化、集成化的全国性智能制造。同时也要做好包容，审慎监管，为制造业智能化转型提供良好的政策环境。

(4)注重智能化水平及驱动因素的区域差异，因地制宜推进制造业智能化转型。对于智能化较低的中西部地区，应注重推行扶持性保障政策，推动由成本压力驱动向创新能力驱动转变，提升本地智能化经济效益。对于智能化较高的东部地区，进一步强化创新能力在智能化转型中的驱动作用，注重培育良好竞争环境，鼓励高智能化企业公平竞争，并根据实际创新能力及智能化水平给予相应的政策优惠和支持。

第 5 章　制造业智能化对中国经济增长的影响

本章研究智能化对中国经济增长的影响：一是制造业智能化对区域经济增长的影响。从智能化提高生产效率和技术创新能力两个角度，探究了智能化对经济增长的影响机制，用实证检验了智能化对经济增长的影响及作用机制。二是制造业智能化对全要素生产率的影响。从智能化促进知识创造、知识溢出、提高单要素生产率和管理水平等方面深入分析智能化对全要素生产率影响的理论机制，并实证分析中国制造业智能化对全要素生产率的影响。三是智能化对企业绩效的影响。主要研究智能化政策对制造业企业经济绩效的影响机制，分析不同时点、不同地区的智能化政策对企业绩效的差异化影响。

5.1　制造业智能化与区域经济增长

5.1.1　引言

当前，智能制造已经成为全球制造业发展的未来方向(姚锡凡等，2020)。为了占领世界科技制高点，提升未来影响力，美国、德国、日本、英国等发达国家纷纷实施了智能制造战略。在竞争日趋激烈的背景下，中国政府也高度重视智能制造。2015 年，《中国制造 2025》明确提出智能制造是新一轮科技革命的关键性技术；2016 年，《智能制造发展规划(2016—2020 年)》对智能制造发展的相关任务进行了细化和落实；党的十九大报告也强调要加快人工智能技术和实体经济的融合发展；到 2018 年底，工信部已批准公布 4 批 305 家智能制造试点企业，推动智能制造从理念普及、试点示范到全面推广，不断深入。一系列政策措施已表明，智能制造已成为我国抢占竞争高地的必然选择。随着智能制造的大力推进，制造业智能化将提高制造业企业的生产效率和技术创新能力，成为我国经济增长的新动力。然而，智能化对经济增长的影响机制尚不明确，其影响程度也有待实证检验。针对上述问题，本节主要探究智能化对中国经济增长的影响及其内在机制，并提出相关的政策建议。

5.1.2　智能化对经济增长影响的研究现状

关于智能化对经济增长影响的研究，可以分为两类观点。

第一类观点认为智能化能够促进经济增长。Hanson(2001)构建一个简单的外生增长模型研究机器智能对经济增长的影响，研究发现机器能够补充和代替人的劳动，在初期阶段互补效应占主导地位，但最终替代效应会占据主导地位，从而使经济增长率上升一个数量级或者更多。Brynjolfsson 等(2019) 认为，和其他通用性技术一样，人工智能发展过程中能够产生互补性创新，带来乘数效应，扩大对经济增长的影响。Graetz 和 Michaels(2018) 等利用 1997～2007 年 17 个国家的工业部门数据实证研究了智能化对经济增长的影响，结果发现使用工业机器人的国家的产出增加了 0.37%。Ballestar 等(2020) 利用 2008 年和 2015 年西班牙制造业中小企业数据研究工业机器人与劳动生产率之间的关系，研究结果表明，机器人运营的中小企业的销售额是非机器人运营企业的两倍，并且使用机器人的中小企业的劳动生产率提高了 5%。蔡跃洲和陈楠(2019) 认为，智能化技术作为新一代信息技术，具备渗透性等经济特征，能够引发技术革命，从而对经济增长产生全局性影响。陈彦斌等(2019) 构建了包含人工智能和老龄化的动态一般均衡模型，研究人工智能能否应对老龄化给中国经济增长带来的不利影响，结果发现人工智能的发展有效地应对了人口老龄化，从而促进了中国经济增长。林晨等(2020) 提出，人工智能能够优化我国资本结构，从而促进经济增长。杨光和侯钰(2020) 利用 1993～2017 年 72 个国家和地区的面板数据实证研究工业机器人的使用对经济增长的影响，结果发现工业机器人的使用对经济增长有显著的促进作用。陈晓等(2020)、程承坪和陈志(2021) 利用中国省级面数据实证检验人工智能对经济增长的影响，研究结果也都表明人工智能的发展有利于促进经济增长。

第二类观点认为智能化对经济增长的影响不显著。Aghion 等(2019) 将“鲍莫尔病”的成本病观点引入 Zeira(1998) 的自动化模型。该模型推导出自动化相当于增加劳动力和消耗资本的技术变革的结合，即自动化使得固定数量的资本分散到更多的任务中，而对于劳动力，自动化将使一定数量的劳动力集中在较少的任务量中，自动化部门的生产率相对提升，对于那些非自动化部门，相对成本会增加，导致经济增长中资本回报份额降低，所以智能化对经济增长的影响不确定。此外，由于存在“生产率悖论”，短期内人工智能技术与其他通用性技术一样，可能存在生产率滞后效应，技术效果的完全发挥还需要基础设施、制度环境以及相关互补性创新等与之相匹配(Brynjolfsson et al., 2017；郭敏和方梦然，2018；何小钢和王善骝，2020)。因此，智能化技术在短期内对经济增长的影响不显著。

通过上述文献可以看出，关于智能化对经济增长的影响研究方面已经取得一定成果，但需要进一步研究：一是智能化影响经济增长的机制尚不明确；二是关于智能化对中国经济增长影响的定量研究有限。

5.1.3　智能化对经济增长的影响机制

1. 智能化通过提高生产效率，促进经济增长

以工业机器人为代表的智能技术逐渐渗透到企业生产运作的各个环节，提高企业生产效率，推动经济增长。具体而言，一是作为新的生产要素，智能技术有利于提高生产效率；二是智能化通过提升劳动力技能水平和促进生产要素优化配置，提高生产效率。

首先，智能技术作为一种新的生产要素，主要从 2 个方面提高生产效率，促进经济增长。一方面，随着智能技术不断应用，传统机器设备向智能化转变，提高设备智能化水平。智能化设备能够进行自感知、自分析、自决策等智能活动，有利于企业提高生产效率。另一方面，通过工业机器人、人工智能等智能化设备和技术对企业生产过程进行智能化改造，实现生产过程的智能化升级(任保平和宋文月，2019)，由此，从事常规性、程序性工作的劳动力可由工业机器人替代，减少劳动力的投入。同时，智能化系统可全天候工作，工作的准确性和速度都高于人类，大幅提高了企业生产效率，从而促进经济增长。

其次，智能化通过提升劳动力技能水平，提高生产效率并促进经济增长。智能化将劳动力从繁重的工作中解放出来，促使他们更有效地利用时间，学习新知识和新技能，提高自身技能水平(郭晗，2019)。同时，智能化是具有技能偏向型的技术进步，加速了劳动力市场需求分化，扩大对技术研发、智能设备与系统运行维护、管理等方面的高技能劳动力需求，使得企业加大对高技能劳动力的投入，高端劳动力比例逐渐增加，由此，智能化提升了整体劳动力技能水平，提高了生产效率并推动经济增长。

最后，智能化通过促进生产要素优化配置，提高生产效率，促进经济增长。一是智能化促进生产流程优化。借助智能传感器等技术监测环境，智能制造可提供生产流程中各个环节的数据(Shang and You，2019)，再传递给智能设备，从而实时监控整个生产流程，根据实际生产情况进行生产要素配置的调整与优化，最大限度发挥现有生产要素的作用，从而提高生产效率。二是智能化促进供需匹配。智能化企业利用机器学习技术产生强大的数据分析能力，对市场获取的数据进行分析，挖掘其隐藏的价值(刘业政等，2020)，更加准确地预测市场和用户的需求，进而根据市场需求调整生产规模，合理安排生产计划，加快库存周转，实现生产要素的优化配置(戚聿东和肖旭，2020)，从而提高生产效率，促进经济增长。

2. 智能化通过提高技术创新能力，促进经济增长

通过加快企业知识创造、知识和技术溢出，智能化可提高技术创新能力(Liu

et al., 2020），从而促进经济增长。一方面，智能化加快企业知识创造。智能技术提高了企业数据收集能力，利用新形式的人机交互为企业提供更有效的信息检索和数据处理方式(Vocke et al., 2019)，这有助于比以往更快地利用现有信息产生新知识和新的计算方案，加速知识重组过程，从而加快企业内部的知识创造(Agrawal et al.,2018)，提高了企业技术创新能力。另一方面，智能化加快企业知识和技术溢出。在企业内各部门层面，研发部门将智能技术转移到应用部门，会导致跨部门技术创新的产生。随着智能技术应用部门获得越来越多的技术溢出红利，将会提出更高的智能化需求，倒逼研发部门提高技术研发能力，以致智能技术新一轮应用，从而进一步提高技术溢出效应。这样不断重复，最终刺激企业技术创新水平持续提高(韩先锋等，2014)。在企业层面，新一代信息技术和物联网技术方便了企业之间信息的实时交换和共享，使得知识和技术在企业创新网络中得到充分交流，加速了企业间知识和技术溢出(王如玉等，2018)，提高技术创新能力，从而推动经济增长。

基于上述分析，提出假设为

假设 1：智能化有利于促进中国经济增长。

假设 2：智能化通过提高生产效率和技术创新能力两种途径，促进经济增长。

5.1.4　智能化影响区域经济增长的实证检验

1. 模型设定

由于智能化发展会对经济增长产生重要影响，借鉴李小平和朱钟棣(2006)、李廉水等(2020)的做法，在柯布-道格拉斯生产函数基础上进一步纳入智能化指数(Int)，得到下式：

$$Y_i = AL_i^{\alpha} K_i^{\beta} \mathrm{Int}_i^{\beta_1} \tag{5.1}$$

对式(5.1)两边取对数，可得

$$\ln Y_i = \beta_0 + \beta_1 \ln L_i + \beta_2 \ln K_i + \beta_3 \ln \mathrm{Int}_i \tag{5.2}$$

影响经济增长的因素较多，将文献中常用的影响经济增长的其他变量，如地区开放程度、政府支出、市场化水平加入方程中。结合省级面板的特征，将所有变量下标改为 i 和 t，分别表示地区和年份，得

$$\ln Y_{it} = \beta_0 + \beta_1 \ln \mathrm{Int}_{it} + \gamma X'_{it} + \varepsilon_{it} \tag{5.3}$$

式中，Y 表示经济增长；Int 表示智能化程度；控制变量 X'_{it} 包括：人力资本(L)，资本投入(K)，地区开放程度(open)，政府支出(gov)，市场化水平(mar)；ε_{it} 为随机扰动项。

2. 变量说明

被解释变量：经济增长(Y)。现有研究主要选取国内生产总值和人均国内生产总值衡量经济增长。但进行地区比较时，由于各地区在人口和总体发展上有较大的差异，人均国内生产总值能够更为准确地衡量地区发展水平，选用各地区人均国内生产总值来衡量经济增长。

核心解释变量：智能化程度(Int)。目前，国际上关于智能化的衡量大多使用工业机器人数据，但是智能化内涵较为丰富，工业机器人仅是智能技术应用领域之一。同时，工业机器人只有行业层面的数据，缺少各省份工业机器人使用量的相关数据。借鉴《中国制造业发展研究报告 2019：中国制造 40 年与智能制造》(李廉水等，2020)、孙早和侯玉琳(2019)、刘军等(2019)的思路和方法，从基础投入、生产应用和市场效益 3 个方面构建指标体系测度智能化指数(表 4-1)。首先，研发经费、智能设备、互联网、人才等基础投入是推进和发展智能化的基本保障；其次，智能化技术的应用和产业化程度是衡量智能化水平的关键；最后，市场效益主要反映了智能化所获得的市场回报和市场效率，是智能化的目的。综合这 13 项测度指标，运用 APH 法和熵权法对指标体系进行处理，确定权重并测算各地区智能化指数，指数越大，说明该地区智能化水平越高。

控制变量：人力资本(L)。人力资本水平的提高有利于促进地区技术进步，并且有利于学习和借鉴国外先进技术，从而发挥对经济增长的促进作用(杜伟等，2014)。借鉴刘军等(2010)的做法，用平均受教育年限来衡量，预期具有正向影响。

资本投入(K)。资本投入主要表现在投资方面，投资对地区经济增长起着重要作用。参考单豪杰(2008)的永续盘存法计算资本存量。由于研究样本为 2010～2016 年，把各省份资本存量调整为以 2010 年为基期的资本存量，预期具有正向影响。

地区开放程度(open)。对外开放程度越高，外资越容易进入，并且对外开放会加快人才与技术的流动，加速地区间技术溢出，提高技术创新水平，促进经济增长(刘亮等，2020)。选用各省市外商投资总额占国内生产总值的比例来衡量，预期具有正向影响。

政府支出(gov)。政府支出一方面能够改善劳动、资本等单个要素产出效率，另一方面提高地区技术创新水平，从而促进经济增长(祝接金和胡永平，2006)。然而，过度的政府支出对经济增长将会产生阻碍作用(杨子晖，2011)。以各省份地方公共财政支出占国内生产总值的比值来衡量政府支出，预期具有正向影响。

市场化水平(mar)。改革开放以来，非国有经济对我国经济增长起着关键作用。市场化水平的不断深入能够改善资源配置效率，同时通过改变激励传导机制提高微观经济效率，从而加快经济增长的速度(樊纲等，2011)。选用非国有企业员工占比来衡量，预期具有正向影响。

3. 数据来源

选取 2010～2016 年中国 30 个省级地区(除港澳台、西藏)作为研究样本，数据来源有《中国统计年鉴》《各省市统计年鉴》等，表 5-1 为变量的描述性统计。

表 5-1 主要指标的描述性统计

变量	样本量	均值	标准差	最小值	最大值
ln*Y*	210	10.6571	0.4439	9.4818	11.6801
lnInt	210	−1.6632	0.4070	−2.6712	−0.3365
ln*L*	210	2.2762	0.1009	2.0117	2.5982
ln*K*	210	10.3250	1.0882	6.2304	12.0673
open	210	0.3110	0.3040	0.0473	1.7307
gov	210	0.2396	0.1013	0.1058	0.6269
mar	210	0.7209	0.1035	0.4401	0.8857

4. 实证分析

1) 总体回归分析

选用固定效应(FE)、随机效应(RE)、FGLS 对模型进行估计，回归软件为 stata15.0。基准回归结果汇报在表 5-2 的 1～3 列。根据 Hausman 检验的 p 值大于 0.05，选择随机效应(RE)模型。比较随机效应模型和 FGLS 结果可以发现，两个模型得出的解释变量的符号基本一致。由于 FGLS 在一定程度上能够解决可能存在的异方差性和序列相关性(Wooldridge, 2010)，因此在方程 3 的基础上分析总体回归结果。

通过观察方程 3 的结果可知，智能化的影响系数为 0.1806，且通过 1%显著性检验，说明在加入相关控制变量的情况下，智能化水平提高 1%时，经济增长会提升 0.1086%。由此表明智能化水平的提高会显著促进经济增长，证实了假设 1。这主要是由于智能化技术的高速发展和广泛应用，改善了传统生产要素质量，促进生产要素优化配置，大幅提高企业生产效率。同时，通过加快知识技术溢出提高技术创新能力，最终推动我国经济增长。

对于控制变量，人力资本、资本投入、地区开放程度、市场化水平的系数都为正，且都通过了 1%的显著性检验，与预期一致，这表明提高人力资本水平、加大资本投入、扩大对外开放程度和提高市场化水平都可以推动经济增长。然而，政府支出对经济增长的影响没有通过显著性检验。

表 5-2　基准回归结果

解释变量	总体回归结果			分区域回归结果
	方程 1 (FE)	方程 2 (RE)	方程 3 (FGLS)	方程 4 (FGLS)
lnInt	0.3059***	0.2668***	0.1806***	0.1153**
	(0.0731)	(0.0660)	(0.0431)	(0.0461)
East*lnInt				0.0796***
				(0.0169)
ln*L*	0.8213**	1.3406***	1.3841***	1.2223***
	(0.3236)	(0.2713)	(0.181)	(0.1806)
ln*K*	0.1205***	0.1154***	0.0672***	0.0726***
	(0.0148)	(0.0138)	(0.0102)	(0.0102)
open	0.1542*	0.2425***	0.3293***	0.2351***
	(0.0897)	(0.0786)	(0.0422)	(0.0488)
gov	0.6941	0.1393	–0.2333	0.1521
	(0.4869)	(0.2864)	(0.2045)	(0.2153)
mar	0.2363	0.1639	0.3973***	0.3030**
	(0.1896)	(0.1797)	(0.1408)	(0.1454)
常数项	7.6678***	6.6305***	6.7658***	6.3559***
	(0.6765)	(0.5927)	(0.4073)	(0.3491)
N	210	210	210	210
R^2	0.8018	0.7977		
Hausman	0.1128			

注：括号内为标准误值；***、**、*分别表示变量系数通过了 1%、5%、10%的显著性检验；下同

2）分区域回归分析

前面分析表明智能化有利于促进中国经济增长。但是对于不同区域，智能化对经济增长的影响是否存在差异？为进一步探讨智能化对经济增长影响的区域差异，以中西部和东部两个区域作为研究样本，借鉴杨浩昌等(2016)的做法，以中西部地区为参照组，引入东部地区(East)的虚拟变量，并将东部地区与智能化交乘(East*lnInt)，依旧采用 FGLS 对模型进行估计，表 5-2 方程 4 报告了分区域回归结果。

由方程 4 的回归结果来看，智能化对经济增长的影响依旧保持稳健的正向影响。作为参照组的中西部地区，其智能化对经济增长的估计系数在 5%水平上显

著为正，影响系数为 0.1153；东部地区的智能化系数在 1%水平上显著为正，影响系数为 0.1949。由此表明，智能化对东部地区经济增长促进作用更大，这主要是因为东部地区有着丰富的科技资源、较为成熟的经济社会环境，更有利于智能化水平提高，智能化经济增长效应更大。而中西部地区智能化水平较低，其对经济增长的影响较东部小。具体来看，中西部地区劳动力、资本及技术等生产要素的水平较低，再加上智能化基础设施建设不充分，从而实现智能化配套能力弱、成本高。因此中西部地区智能化发展水平较东部地区低，从而低水平智能化的中西部地区经济增长效应低于处于较高水平的东部地区。

3) 内生性问题处理

由于遗漏变量和反向因果，模型可能存在内生性问题。具体来说：一方面，可能存在同时影响智能化水平和经济增长的不可观测因素；另一方面，智能化与经济增长可能存在双向因果关系，经济增长水平越高的地方，更有能力推进智能化转型升级，其智能化水平往往也越高。这两个问题可能会导致智能化系数估计值存在偏误，因此，采用工具变量法缓解其中的内生性问题。借鉴刘亮等(2020)的做法，用全国智能化水平平均值作为工具变量(IV(1))。同时借鉴邵文波和李坤望(2014)的做法，使用除某地区以外的其他地区的智能化水平平均值作为工具变量(IV(2))。

表 5-3 为利用 2SLS 对模型进行估计的结果。回归结果表明，在解决了可能存在的内生性问题后，智能化对经济增长的正向影响依然稳健。此外，本章进行弱工具变量检验。结果表明在仅有一个内生变量的情况下，Cragg-Donald Wald *F* 统计量的值大于 Stock 和 Yogo(2005) 提供的 10%水平上的临界值，强烈拒绝了弱工具变量的假设。接着，根据 Anderson-Rubin Wald 检验结果可知，两个工具变量与内生变量之间存在较强的相关性。

表 5-3 工具变量回归结果

解释变量	IV(1)		IV(2)	
	一阶段回归	二阶段回归	一阶段回归	二阶段回归
ln Int		2.0443***		2.4332***
		(0.3980)		(0.5598)
IV(1)	0.9145***			
	(0.1729)			
IV(2)			0.7584***	
			(0.1757)	
控制变量	是	是	是	是

续表

解释变量	IV(1)		IV(2)	
	一阶段回归	二阶段回归	一阶段回归	二阶段回归
N	210	210	210	210
弱工具变量检验	27.984***		18.628***	
Cragg-Donald Wald *F* 统计量	(16.38)		(16.38)	
稳健弱识别检验	24.938***		17.407***	
Anderson-Rubin Wald 检验				

4) 稳健性检验

为进一步证明模型的稳健性，继续进行稳健性检验(表 5-4)。①更换被解释变量重新估计。上文采用人均国内生产总值作为被解释变量，这里借鉴徐斌等(2019)的做法，选取各省份地区生产总值为经济增长的替代指标进行稳健性估计，估计方法选用 FGLS。②更换核心解释变量重新估计。借鉴孙早和侯玉琳(2019)，从基础建设、生产应用、竞争力和效益 3 个层面测度智能化水平指数，进行稳健性检验。经过数据的匹配和处理，保留 2010～2015 年数据回归，依旧选用 FGLS 进行重新估计。③替换回归方法。由于经济增长的持续性，上一期经济增长可能会直接影响下一期的经济增长，基准结果可能因此会有误差，因此采用系统 GMM 估计方法进行估计。根据 AR(2) 和 Sargan 检验可知，模型设定是可靠的，且模型中的工具变量是合理的。

稳健性检验结果(表5-4)显示，核心解释变量均显著为正，验证了智能化能够促进经济增长，即进一步佐证了研究假设 1。

表 5-4　稳健性检验结果

解释变量	更换被解释变量	更换核心解释变量	替换回归方法
	FGLS	FGLS	系统 GMM
L.ln Y			0.7398***
			(0.0092)
lnInt	0.2084***	0.4819***	0.0326***
	(0.0614)	(0.0457)	(0.0068)
控制变量	是	是	是
N	210	180	180
AR(2)			0.6222
Sargan			0.4671

5) 机制检验

根据内在机制分析，智能化之所以能够促进经济增长是由于其提高了生产效率和促进了技术创新。通过构建中介效应模型进一步验证上述影响机制，借鉴温忠麟和叶宝娟(2014)的研究，对式(5.4)～式(5.6)进行逐步回归，以检验是否存在这种传导途径。

$$\ln Y_{it} = \alpha + \beta \ln \text{Int}_{it} + \gamma X'_{it} + \varepsilon_{it} \tag{5.4}$$

$$\ln \text{med}_{it} = \rho + \phi \ln \text{Int}_{it} + \gamma X'_{it} + \varepsilon_{it} \tag{5.5}$$

$$\ln Y_{it} = \eta + \beta' \ln \text{Int}_{it} + \psi \ln \text{med}_{it} + \gamma X'_{it} + \varepsilon_{it} \tag{5.6}$$

式中，med 为中介变量，包括生产效率(Prod)和技术创新(Patent)。生产效率(Prod)采用 DEA 方法计算的技术效率来衡量(余泳泽等，2016)；技术创新(Patent)采用各地区专利授权量来衡量(亚琨等，2021)。

依然采用 FGLS 方法对模型进行估计。中介效应检验结果汇报在表 5-5 中。(1)～(3)列是以生产效率为中介变量的结果。第(1)列结果表明智能化对经济增长的影响系数为正，并在 1%水平上显著，意味着智能化对经济增长的影响存在中介效应。在第(2)列中，智能化对生产效率的影响系数 ϕ 显著为正。第(3)列中，生产效率对经济增长的影响系数 ψ 显著为正，表明中介效应显著，且第(3)列中智能化对经济增长的影响系数 β' 显著为正，$\phi * \psi$ 和 β' 同号，说明中介变量存在部分中介效应，中介效应在总效应中占比 4.19%。上述结果表明，智能化有利于提高生产效率，推动经济增长，部分验证了假说 2。

表 5-5 的(4)～(6)列是以技术创新为中介变量的结果。第(4)列也表明存在中介效应；第(5)列结果表明，智能化水平提升显著促进技术创新；第(6)列结果显示，技术创新和智能化水平的系数都显著为正，存在部分中介效应，中介效应在总效应中占比 36.33%。这意味着提升智能化水平可提高技术创新能力，从而促进经济增长，假设 2 被证实。

表 5-5　中介机制检验结果

解释变量	(1)	(2)	(3)	(4)	(5)	(6)
ln Int	0.1806***	0.0165**	0.0717*	0.1806***	0.6121***	0.1161***
	(0.0431)	(0.0077)	(0.0420)	(0.0431)	(0.1403)	(0.0416)
ln Prod			0.4581**			
			(0.1946)			
ln Patent						0.1072***
						(0.0153)
控制变量	是	是	是	是	是	是
Bootstrap 检验	Z=15.66, p=0.000			Z=9.11, P=0.000		
N	210	210	210	210	210	210

5.1.5 研究结论

本节研究了智能化对中国经济增长的影响及作用机制，并进行实证检验。结果表明在加入相关控制变量后，智能化能够显著地促进我国经济增长；该结论在考虑模型内生性等问题后，依然成立；区域异质性结果表明，相比于中西部地区，东部地区的智能化转型带来了更多的经济增长效应；机制检验结果表明，提高生产效率和技术创新能力是智能化促进经济增长的两种重要途径。

5.2 制造业智能化与制造业全要素生产率

5.2.1 引言

改革开放40年，中国经济发展创造了举世瞩目的增长奇迹(林毅夫，2019)。世界银行数据显示，1978年中国人均国内生产总值仅为156美元。在改革开放的40年后，2017年中国的人均国内生产总值达到了8826美元。然而随着中国经济进入新常态，如何实现经济转型升级，实现高质量经济增长成为了中国经济发展的关键。经济增长理论认为，经济增长的源泉是要素投入与技术进步。中国经济增长奇迹主要靠廉价的劳动力、高投资和出口贸易实现的，而如今中国的人口红利正逐渐消失，人口结构逐渐老龄化，劳动力已经不能成为经济增长转型的源泉，同时高投资和出口也只能维持现有的经济增长速度。由于要素投入无法完成经济高质量增长的任务，近来许多专家和学者都将目光转向技术进步，也就是全要素生产率。全要素生产率的提高是中国经济增长从高速度转向高质量的关键，党的十九大报告也明确提出了提高全要素生产率的要求。随着德国“工业4.0”和美国再工业化的提出，智能制造的热潮席卷世界。国务院在2015年印发《中国制造2025》，明确提出要加快发展智能制造装备和产品，推进制造过程智能化，智能制造和智能化是未来制造业发展的主题。制造业智能化的实现可能会优化制造流程和管理效率(高山行和刘嘉慧，2018；曹静和周亚林，2018)，从技术进步和技术效率两方面提高全要素生产率。但是一些研究也认为，存在生产率悖论，人工智能和智能化等新技术、新生产方式可能会降低生产率(张之光等，2015；郭敏和方梦然，2018)。那么制造业智能化到底能不能提高全要素生产率？如果提高了，全要素生产率提高的内在动力又是什么？这是本节要重点研究的问题。当前全要素生产率的提高和智能制造的实现，都是中国实现经济增长模式转型，向高收入国家跨越的关键举措。本节将分析智能化对全要素生产率影响的理论机制，并使用中国2003～2015年制造业的面板数据，测算中国制造业全要素生产率的变动，实证分析中国制造业智能化对全要素生产率的影响。

5.2.2　智能化对全要素生产率影响的研究现状

国内外关于智能化对全要素生产率影响的研究较少，主要观点可以分为两类。

一类观点认为智能化能够显著促进制造业全要素生产率的增长。这些学者认为人工智能、工业机器人等技术一方面减少了对劳动力的需求，提高了劳动生产率(刘亮和胡国良，2020)。另一方面智能化技术对生产过程的精密控制，提高了产品的质量和附加值，从而提高了全要素生产率(韩会朝和徐康宁，2020)。查德·里奇和储玉坤(1983)认为现有企业生产车间的生产证明，在工业机器人投入生产之后，必要的单位劳动就会下降，劳动生产率和质量控制都会得到提升。常立农(1995)认为计算机技术的广泛应用，生产自动化水平的不断提高，机器人的出现能够提高生产率，推动了新的产业的出现，带来了经济的繁荣。Graetz 和 Michaels (2015)通过实证研究发现工业机器人提高了劳动生产率和全要素生产率，机器人的使用使得这些国家的经济增长率平均每年提高了 0.37% 。李丫丫和潘安(2017)实证分析了工业机器人的进口对中国制造业生产率的影响，结果显示工业机器人显著促进了制造业全要素生产率的提升，不同类型的工业机器人对于制造业全要素生产率的作用具有显著差异性。乔晓楠和郗艳萍(2018)认为人工智能技术在生产活动中的应用，能够通过对劳动力的“互补效应”和“替代效应”提高企业生产率。陈永伟和曾昭睿(2020)基于中国省级面板数据实证研究工业机器人对全要素生产率的影响，结果发现，工业机器人的应用显著提高了全要素生产率。魏玮等(2020)认为智能化有利于提高生产技术水平，促进规模化生产，从而提高全要素生产率。温湖炜和钟启明(2021)利用 2009～2018 年沪深两市的上市制造业公司的数据研究智能化对全要素生产率的影响，结果发现智能化发展对全要素生产率具有显著的促进作用。

另一类观点认为智能化抑制了制造业全要素生产率的增长，存在生产率悖论。自动化和智能化并不能促进生产率的提高，甚至在过度的情况下会降低生产率，他们认为智能化对生产率的负面影响主要是由滞后效应和要素错配造成的。Cowen(2011)指出互联网和计算机技术的发展对于生产率的促进作用不明显。他认为在一般的认知中，技术进步能够有效促进生产率的提高，进而带来经济发展。但当涉及计算机技术时，这种经验往往被证明是错误的。Brynjolfsson 等(2019)认为人工智能存在生产率悖论的可能解释有四个，错误的预期(false hopes)、测量误差(mismeasurement)、集中化的分配和租金耗散(concentrated distribution and rent dissipation)以及实施与重组的滞后(implementation and restructuring lags)。Acemoglu 和 Restrepo(2019)则认为生产率测算错误和增长滞后等因素并不能合理地解释生产率悖论，过度自动化才是影响生产率增长的主要原因。过度的自动化不仅会直接导致生产效率低，而且可能会通过浪费资源和劳动力错配，间接抑制生产率的增长。叶祥松和刘敬(2018)实证检验了科学创新和技术开发对中国全要素生产率的影响，结果表明科学研究在短期内对中国全要素生产率没有影响，技术开发对全要素生产率有显著的抑制作用。孙早和侯玉琳(2021)研究发现，人工智能的发展对烟草制造业的全要素生产率具有显著的负向影响。

现有的关于制造业智能化对全要素生产率影响的文献已经取得了丰富的成果，但是还有一些不足。首先，现有的制造业智能化对全要素生产率影响的研究对象主要是发达国家，还缺乏像中国这样的发展中国家实证检验。其次，现有研究没有深入分析智能化对制造业全要素生产率产生影响的机理，没有挖掘全要素生产率在智能化的影响下变化的动力源泉。

5.2.3 智能化对全要素生产率的影响机制

本节基于 Malmquist 理论，从技术进步和技术效率两个角度分析智能化对制造业全要素生产率影响的机制。一方面，智能化通过推动企业的知识创造、知识溢出和吸收来促进企业的技术进步；另一方面，智能化通过提高企业单要素生产率和管理水平促进企业技术效率的发展。

1. 技术进步角度

知识创造、知识溢出能够提高企业的创新水平和技术水平，知识的类型主要分为显性知识和隐性知识。其中，显性知识是指通过概括得到的能够表述和呈现的知识；隐性知识是指建立在个人基础上的，通过实践和经验所获得的难以陈述的知识(欧阳智等，2017)。智能化通过人机交互、大数据分析、深度学习等技术推动新知识的产生和溢出，有效促进制造业企业技术平的提高。

一方面，智能化通过促进知识溢出来推动企业的技术进步(Liu 等，2020)。首先，基于人机交互系统的智能化为企业内部的沟通交流提供了便利的平台。在线上和线下，人机交互系统都能识别个体的文字和语言，通过查找识别关键词和关键问题，为企业内部交流提供多种信息渠道和坚实的知识基础。人机交互系统能够提升企业内部沟通的效率，促进隐性知识的溢出。其次，智能化加快了企业之间信息的流通，促进区域内部知识溢出。基于移动互联网和物联网技术，智能化能够加强区域内部制造业企业之间的联系，降低企业之间信息传递的成本，一定程度上削弱了企业之间的技术壁垒，促进了区域内部的知识溢出和技术溢出，推动了制造业企业技术进步。另一方面，智能化通过促进知识创造来推动企业的技术进步。首先，智能化能够通过大数据分析帮助企业处理大量的数据，创造丰富的显性知识。传统的信息管理系统难以处理海量的跨领域数据，而智能化基于大数据分析能够辅助制造业企业轻松处理大量的数据。同时，借助信息数据的发展，企业能够获得消费者数据、物联网数据等以前难以获得的数据。基于新获得的数据，智能化通过实时关联与预测分析，能够创造丰硕的显性知识。其次，通过神经网络算法，智能化能够对隐形知识提取标签信息，进而通过深度学习和特定的规则实现对隐性知识的显性表达，从而将隐性知识转化为显性知识(Olden and Jackson, 2002)。借助人机交互系统参与知识的分析和讨论，企业内部不仅能够沟通更加快捷，还能有效提升隐性知识产生的速度。

2. 技术效率角度

智能化除了通过推动企业生产前沿面向前发展的方式提高全要素生产率，还可以通过提高企业的单要素生产率和管理水平的方式，缩短企业生产效率与生产前沿面的距离，促进全要素生产率的进一步提高。

1) 智能化提高了企业的单要素生产率

先进的技术、管理方法无法绕过单生产要素直接作用到全要素生产率的提高上，技术和管理方法必须通过提高投入要素的生产率的途径促进全要素生产率的增长(尹向飞和段文斌，2016)。一方面，智能化通过劳动力的替代效应和互补效应提高了企业的劳动生产率(李廉水等，2019)。实现智能化的企业用工业机器人替代了从事程序性、重复性工作的工人，节约了在劳动力方面的投入。同时，高技能劳动力与智能化相互配合，借助智能化的机器学习和自动分析，能够更快地完成譬如设计类的工作，提高工作效率。另一方面，智能化能够降低企业固定资产折旧率，提高机器生产率，有效促进企业资本回报率的增长。在竞争激烈的市场中，企业为了紧跟市场需要，会不断地更新生产设备，造成了企业固定资产的损耗。智能化机器人与传统的自动化机器相比，在产品基本结构不变的情况下，能够继续生产新的产品，减少了资本在生产设备上的损耗。在机器生产效率方面，智能机器通过算法分析和机器学习优化生产流程，简化生产步骤，提高了生产效率。总之，智能化通过提高劳动生产率和资本回报率的方式促进了全要素生产率的增长。

2) 智能化提高了企业的管理水平

企业通过智能管理系统和决策支持系统，可以有效地提高企业的运营管理水平和决策水平，实现生产管理和运营管理的高效化。在生产计划的制定方面，智能化和人工智能技术能够有效地促进生产与需求的匹配，提高产品线的柔性。智能化通过大数据分析能够较为精准地预测市场趋势，科学安排生产计划。在满足市场最大需求的情况下，始终保持较低的库存。在生产过程的监控方面，管理人员借助智能化管理系统，对生产原料、生产进度、生产机器等方面实施监控，实现精细化的管理工作。智能化在生产的各个环节实时监控，提高了企业对生产过程和产品质量的监管和控制能力，促进了生产效率的提升。在企业进行风险投资、转变生产模式等方面的决策时，使用智能化技术对企业未来的走向、市场趋势、利润估计进行仿真分析，降低了企业经营的风险，使用数据分析计算得出的决策结果也更具科学性。总之，智能化能够优化企业的生产计划，提高监管水平和决策质量，促进企业技术效率进步，提高企业全要素生产率。

基于以上分析，智能化对制造业全要素生产率的影响机制可用图 5-1 描述。同时本节提出假说：智能化能够显著促进中国制造业全要素生产率的提高。

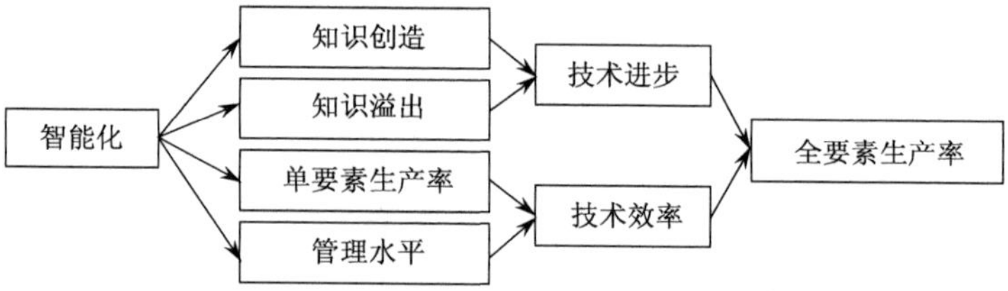

图 5-1　智能化对制造业全要素生产率的影响机制

5.2.4　制造业全要素生产率测算

1. 测算方法

本节选取由Färe等（1994）构建的DEA-Malmquist指数法来测算全要素生产率的变化。它的优点在于能够将全要素生产率的变动分解，便于研究全要素生产率变动的源泉。Malmquist 指数表示相邻两期全要素生产率的变动，如果 Malmquist 指数大于 1，说明全要素生产率在相应时期提高了；如果该指数小于 1，则说明全要素生产率降低了；如果该指数等于 1，则说明全要素生产率不变。DEA-Malmquist指数法将全要素生产率的变动分解为技术效率变动（EFFCH）和技术进步变动（TECHCH）。EFFCH 表示当期技术效率与最佳生产前沿面的距离。TECHCH 代表技术进步变化，表示最佳技术前沿面的变动。其中，技术效率变动还可以进一步分解为纯技术效率（PECH）和规模效率（SECH）。

2. 数据的来源和处理

本节借鉴邱爱莲等（2014）的做法，选取 2003～2015 年中国制造业总产值、制造业固定资产净值和制造业年平均用工数作为测算 Malmquist 指数的产出和投入指标。

1）制造业总产值。《中国工业经济统计年鉴》统计了 27 个工业行业的分地区的数据，本节用工业总产值减去其中 6 个非制造业行业[①]的产值代替制造业总产

① 6 个非制造业行业：电力热力的生产和供应业、非金属矿采选业、黑色金属矿采选业、煤炭开采和洗选业、石油和天然气开采业、有色金属矿采选业。

值。为了规避价格对测算结果的影响，本节用工业生产者出厂价格指数对制造业总产值作指数平减。

2)制造业固定资产净值。由于统计年鉴中统计的是固定资产净值，所以就不需要做折旧处理。与制造业总产值的计算方法相同，制造业固定资产净值通过工业固定资产净值减去非制造业行业固定资产净值所得，同样本节用固定资产投资价格指数对制造业固定资产净值作指数平减。

3)制造业年平均用工数。与前两项数据相同，本节用工业年平均用工数减去非制造业行业年平均用工数代替。

本节研究对象包括中国 30 个省份(未包括西藏及港、澳、台)①规模以上工业企业，研究期为 2003～2015 年，数据来源于《中国工业经济统计年鉴》《中国工业统计年鉴》和《中国统计年鉴》。

3. 制造业全要素生产率的测算结果

本节使用 DEAP2.1 软件测算中国制造业全要素生产率的变动，测算的结果见表 5-6。从中国制造业 2003～2015 年全要素生产率的整体变动来看，在研究期内平均每年增长了 8.2%，这一结果与李丫丫等(2018)、石腾超和邹一南(2014)的 8.1%和 8.2%相仿。虽然中国制造业全要素生产率在总体上不断增长，但从图 5-2 可以看出中国的制造业全要素生产率的增长速度呈现波动下降的态势。从全要素生产率的分解上来看，技术效率对于全要素生产率的增长几乎没有贡献，技术进步贡献了全部的全要素生产率的增长。技术进步的增长是中国制造业全要素生产率进步的主要动力，这与许多的学者结论一致。从技术效率变动分解来看，规模效率平均每年有 0.3%的增长，同期纯技术效率每年下跌 0.4%。这说明中国制造业技术效率中剔除规模效率的贡献，其实是限制了全要素生产率的发展。

表 5-6　2003～2015 年中国制造业全要素生产率变动及其分解

年份	TFPCH	TECHCH	EFFCH	PECH	SECH
2003～2004 年	1.160	1.114	1.042	1.071	0.972
2004～2005 年	1.108	1.079	1.027	1.035	0.992
2005～2006 年	1.123	1.161	0.967	0.982	0.985
2006～2007 年	1.162	1.123	1.035	1.032	1.003
2007～2008 年	1.047	1.059	0.989	0.966	1.024
2008～2009 年	1.048	1.032	1.016	0.984	1.032

① 由于数据缺失严重，未将西藏地区纳入研究范围。

续表

年份	TFPCH	TECHCH	EFFCH	PECH	SECH
2009～2010 年	1.066	1.065	1.002	0.977	1.025
2010～2011 年	1.156	1.14	1.014	1.002	1.012
2011～2012 年	0.953	0.992	0.961	0.95	1.011
2012～2013 年	1.075	1.057	1.017	1.025	0.993
2013～2014 年	1.046	1.077	0.971	0.971	1.000
2014～2015 年	1.052	1.097	0.96	0.969	0.990
平均	1.082	1.082	1	0.996	1.003

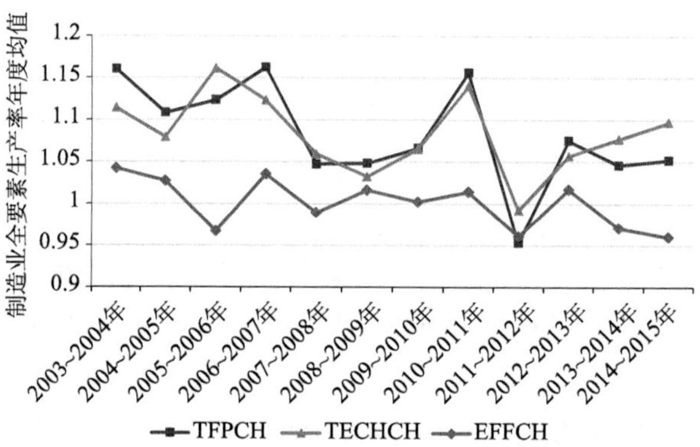

图 5-2 2003～2015 年中国制造业全要素生产率及分解指标折线图

东中西部地区[①]的制造业全要素生产率发展各异。总体来看，西部地区的全要素生产率增长速度最快，平均每年增长 9.2%，东部地区与中部地区制造业全要素生产率[②]的增长速度差距较小，分别是 7.6% 和 7.5%(表 5-7)，这一结果与田磊(2015)和郭春娜(2019)的结论相似。西部地区的制造业全要素生产率增速比东中部地区快的原因可能是东部地区和中部地区相对于西部地区制造业的发展更成熟，制造业全要素生产率的基数较高，而西部地区受国家政策的扶持，新技术的引进和管理方法的改进导致了制造业全要素生产率的较快发展。结合图 5-2 和图 5-3 可以看出，东中西部地区制造业全要素生产率变动趋势与全国整体的变动

① 东部地区包括北京、天津、河北、辽宁、上海、江苏、浙江、福建、山东、广东、海南 11 个省份，中部地区包括黑龙江、吉林、山西、安徽、江西、河南、湖北、湖南 8 个省份，西部地区包括内蒙古、广西、重庆、四川、贵州、云南、陕西、甘肃、青海、宁夏、新疆 11 个省份。

② 基于 SBM 模型，本节测算了三大地区制造业全要素生产率的绝对值，结果表明东部地区制造业全要素生产率年均 0. 84，中部地区年均 0. 59，西部地区年均 0. 52，符合中国制造业发展现状。

基本一致。同时，技术进步也是东中西部地区制造业全要素生产率增长的动力源泉，这一点与全国总体也是一致的。

表 5-7　2003～2015 年分区域制造业全要素生产率平均变动及分解

区域	TFPCH	TECHCH	EFFCH	PECH	SECH
东部地区	1.076	1.080	0.996	0.998	0.998
中部地区	1.075	1.075	1.000	1.000	1.000
西部地区	1.092	1.089	1.003	0.992	1.011

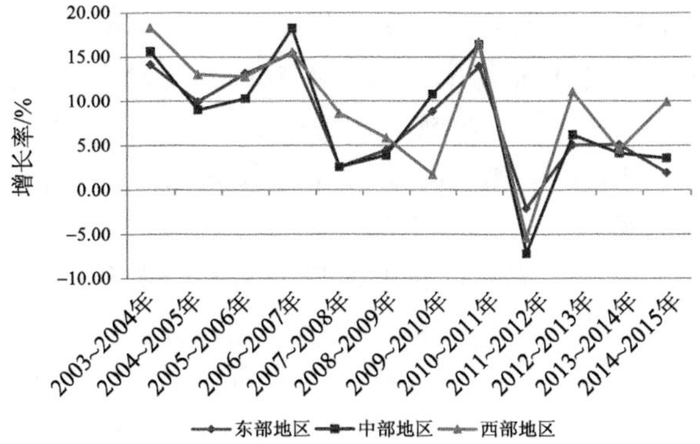

图 5-3　2003～2015 年分区域制造业全要素生产率变动折线图

5.2.5　智能化对全要素生产率影响的实证检验

1. 计量模型的构建

借鉴李小平和朱钟棣(2006)做法，本节将智能化指数(Int)引入柯布–道格拉斯生产函数中，公式表达为

$$Y = AL^{\alpha}K^{\beta}\mathrm{Int}^{\gamma} \tag{5.7}$$

定义制造业全要素生产率为 $\mathrm{TFP} = Y / L^{\alpha}K^{\beta}$，将公式(5-7)代入则为 $\mathrm{TFP} = A\mathrm{Int}^{\gamma}$，为了消除异方差的影响，对函数取对数:

$$\ln \mathrm{TFP} = \alpha_0 + \alpha_1 \ln \mathrm{Int}_{it} + \varepsilon_{it} \tag{5.8}$$

现实中对制造业全要素生产率影响的因素很多，本节选取城市化、外资依存度、产业结构和政府干预度为控制变量，公式表达即为

$$\ln \mathrm{TFP} = \alpha_0 + \alpha_1 \ln \mathrm{Int}_{it} + \alpha_2 \ln \mathrm{Urb}_{it} + \alpha_3 \ln \mathrm{Fdi}_{it} + \alpha_4 \ln \mathrm{Str}_{it} + \alpha_5 \ln \mathrm{Gov}_{it} + \varepsilon_{it} \tag{5.9}$$

为了探究智能化对制造业全要素生产率作用的具体路径，本节将 Malmquist

指数的分解项技术效率(EFF)和技术进步(TECH)分别作为被解释变量，其他变量不变，构建模型：

$$\ln \text{EFF} = \alpha_0 + \alpha_1 \ln \text{Int}_{it} + \alpha_2 \ln \text{Urb}_{it} + \alpha_3 \ln \text{Fdi}_{it} + \alpha_4 \ln \text{Str}_{it} + \alpha_5 \ln \text{Gov}_{it} + \varepsilon_{it} \quad (5.10)$$

$$\ln \text{TFCH} = \alpha_0 + \alpha_1 \ln \text{Int}_{it} + \alpha_2 \ln \text{Urb}_{it} + \alpha_3 \ln \text{Fdi}_{it} + \alpha_4 \ln \text{Str}_{it} + \alpha_5 \ln \text{Gov}_{it} + \varepsilon_{it} \quad (5.11)$$

除了上述变量，模型中 i 和 t 分别为地区和年份；其他字母表示常数项，变量系数和残差。

2. 变量说明

被解释变量：制造业全要素生产率(TFP)。由于 Malmquist 指数法测算的全要素生产率是相对于上一年的变化率，所以本节将全要素生产率的变化率转换为绝对全要素生产率[①]，然后将制造业绝对全要素生产率选作被解释变量。

核心解释变量：智能化指数(Int)。本节从投入角度衡量智能化，主要分为智能化研发经费以及设备投入、智能化开发人员投入两方面。智能化研发经费及设备投入是实现智能制造、发展智能化的基础，研发经费和设备投入为制造业企业实现数字化、智能化提供了有力支撑，本节用电信固定资产投资作为其代理变量。智能化开发人员是中国制造业发展智能化的智力保证，企业研发人员数量的增加有利于企业智能化水平的提高，本节用软件开发人员数替代智能化开发人员投入。本节把电信固定资产投资和软件开发人员数用熵权法处理，测算中国各地区的智能化指数，指数越大则该地区的智能化程度越高。

其他控制变量：城市化(Urb)。城市化程度高的地区经济水平和技术水平相对较高，有利于制造业全要素生产率的增长。本节用地区年末城镇人口在总人口中的比例衡量城市化，预计城市化对制造业全要素生产率有显著的正向影响。

外资依存度(Fdi)。地区引入外商投资不仅仅意味着额外资本的投入，外商投资还带来了境外先进的生产技术和最新的管理方法，有利于制造业全要素生产率的提高。本节用外商直接投资与地区生产总值的比值衡量外资依存度，预计外资依存度对制造业全要素生产率有显著的正向影响。

产业结构(Str)。产业结构反映了一个地区的经济结构，地区第二产业发展程度越高，制造业作为第二产业的主要产业也就越发达。地区制造业发展程度越高，越有利于形成良好的产业集聚，催生生产率高的企业形成，进而促进区域制造业全要素生产率的提高。本节用第二产业的增加值和地区生产总值的比值衡量产业

① 借鉴程惠芳和陆嘉俊(2014)的做法，假设基期 2003 年的 TFP 为 1，2004 年的 TFP 等于 2004 年的 Malmquist 指数乘以 2003 年的 TFP，其他年份以此类推做累乘，技术进步(TECH)和技术效率(EFF)也作相同处理。

结构，预计产业结构对制造业全要素生产率有显著的正向影响。

政府干预度(Gov)。政府对于市场的调控的影响分为两种情况。第一，当经济发展水平较低时，市场对于资源的配置可能会出现失灵，政府的宏观调控能够帮助地区制造业健康发展，进而推动全要素生产率的提高。第二，当经济发展水平到一定程度时，地区内部市场发育成熟，过多的政府干预会限制企业的创新和技术水平的提高，抑制全要素生产率的提高。本节用政府财政支出占地区生产总值的比值衡量政府干预度，政府干预对制造业全要素生产率的影响还需要实证检验。

3. 数据来源

本节数据来源于《中国统计年鉴》(2004～2016 年)、《中国工业经济统计年鉴》(2004～2012 年)、《中国工业统计年鉴》(2013～2016 年)、《中国高技术产业统计年鉴》(2004～2016 年)、《中国信息产业年鉴》(2004～2016 年)以及国务院发展研究信息网。

4. 实证结果分析

为了全面分析智能化对中国制造业全要素生产率的影响，探究制造业全要素生产率变动的源泉，本节的实证分析主要分为以下两部分：一是对智能化影响中国制造业全要素生产率总体回归，以及对全要素生产率分解项的回归；二是对智能化影响中国东中西地区制造业全要素生产率的回归，探究智能化对中国制造业全要素生产率影响的区域异质性。

1) 总体回归分析

本节选用可行的广义最小二乘法(FGLS)[①]对模型进行估计，回归软件为 Stata 14.0，回归结果在表 5-8 中汇报。

观察表 5-8 可以发现，智能化对制造业全要素生产率和技术进步的影响为正且显著，对技术效率的影响为负。这说明智能化能够有效地促进制造业全要素生产率的增长，验证了本节的理论假说。智能化促进了技术进步并抑制了技术效率，这可能是因为中国现阶段制造业企业更偏向于将智能化技术视为先进的生产方式，忽视了智能化对于企业的管理水平和决策水平的促进作用。同时，随着近几

① 本节对模型分别进行了固定效应(FE)、随机效应(RE)和可行的广义最小二乘法(FGLS)分析处理。Hausman 检验结果显示，固定效应模型优于随机效应模型，而固定效应模型与 FGLS 回归结果的解释变量符号一致，由于 FGLS 在一定程度上能够解决可能存在的异方差和序列相关问题，所以最终选择 FGLS 分析模型。限于篇幅，此处不具体列出回归结果。

表 5-8　全国总体回归结果

解释变量	全要素生产率(TFP)	技术效率(EFF)	技术进步(TECH)
ln Int	0.0429**	−0.0457***	0.0799***
	(2.41)	(−4.64)	(5.18)
ln Urb	0.6253***	−0.0352	0.7436***
	(9.37)	(−0.87)	(12.93)
ln Fdi	−0.0190	0.0348***	−0.0589***
	(−1.15)	(2.98)	(−4.31)
ln Str	0.4649***	0.1718***	0.3262***
	(5.32)	(3.40)	(4.45)
ln Gov	0.6167***	0.0645**	0.5116***
	(15.19)	(2.33)	(15.49)
常数项	2.1818***	0.5310***	1.6951***
	(14.91)	(5.95)	(14.39)
样本量	390	390	390

注：括号内的值为 t 值；***、**、*分别表示变量系数通过 1%、5%、10%的显著性检验；表 5-9～表 5-11 同

年智能化热潮的兴起，有一些企业过分迷信智能化对于生产效率的促进作用，要素配置倾向于智能化，配置扭曲抑制了规模效应的产生，从而导致了技术效率的退步。

对于其他控制变量来说，城市化对制造业全要素生产率和技术进步的影响都为正且显著，对技术效率的影响不显著，表明城市化通过促进制造业技术进步推动了全要素生产率的增长；外资依存度对制造业全要素生产率的影响为负但不显著，表明外商直接投资对于制造业全要素生产率的提升作用不明显。这可能是因为中国规模以上制造业企业的技术水平与一般的外资企业差距不明显，外商投资并不能帮助制造业全要素生产率的提高(程惠芳和陆嘉俊，2014)。产业结构、政府干预度对制造业全要素生产率及其分解项的影响都为正且显著，表明第二产业的发展、政府的有效扶持都能促进制造业技术进步和技术效率的增长，推动全要素生产率的进一步发展。

2)东中西区域异质性回归分析

为了探究智能化对中国东中西三大地区制造业全要素生产率影响的异质性，本节分别以东中西地区的样本数据进行回归，回归的计量模型及软件与前文一致，具体的回归结果在表 5-9 汇报。

表 5-9　东中西分区域回归结果

变量	东部地区			中部地区			西部地区		
	TFP	EFF	TECH	TFP	EFF	TECH	TFP	EFF	TECH
ln Int	–0.0243	–0.0640***	0.0421	0.1135**	–0.0028	0.1152***	0.1407***	0.029	0.1054***
	(–0.99)	(–4.85)	(–1.59)	(–2.23)	(–0.08)	(–3.53)	(–5.09)	(–1.14)	(–4.79)
ln Urb	0.1954	–0.0741	0.2619**	0.5382***	0.2555	0.6015***	0.9450***	–0.0123	0.9683***
	(–1.16)	(–1.02)	(–2.18)	(–2.72)	(–1.48)	(–4.62)	(–7.47)	(–0.14)	(–10.41)
ln Fdi	–0.0821***	0.0730***	0.2691**	0.5382***	0.2555	0.6015***	–0.0546**	0.0072	–0.0713***
	(–2.80)	(–4.21)	(–2.18)	(–2.72)	(–1.48)	(–4.62)	(–2.45)	(–0.43)	(–4.37)
ln Str	0.4559***	0.1953***	0.3764***	0.5793***	0.4679***	0.3782***	0.2890	0.2235	0.0802
	(–3.8)	(–2.82)	(–3.3)	(–3.14)	(–3.2)	(–3.01)	(–1.5)	(–1.64)	(–0.59)
ln Gov	0.9167***	0.1202**	0.7922***	0.4662***	–0.1946*	0.4871***	0.5310***	–0.0179	0.5515***
	(–9.28)	(–2.35)	(–8.5)	(–3.36)	(–1.74)	(–5.21)	(–8.26)	(–0.38)	(–11.31)
常数项	2.6209***	0.8082***	1.8725***	2.0949***	0.345	1.6988***	1.755***	0.1558	1.6000***
	(–8.97)	(–5.76)	(–6.6)	(–6.92)	(–1.46)	(–8.26)	(–9.56)	(–1.14)	(–11.3)
样本	143	143	143	104	104	104	143	143	143

观察表 5-9 可以发现，智能化对东部地区的制造业全要素生产率影响不显著。表明智能化对东部地区制造业全要素生产率的促进作用不明显，结合智能化和制造业发展现状分析，主要因为现阶段中国智能化在制造业中的应用还处于初级阶段，而中国东部地区制造业发达，区域内部技术水平高，管理方法先进，要素禀赋结构完善，东部地区制造业全要素生产率基数较大，较为初级的智能化难以显著促进东部地区制造业全要素生产率的增长。

智能化对中部地区制造业全要素生产率、技术进步的影响为正且显著，对技术效率的影响不显著，表明智能化显著促进了中部地区制造业全要素生产率的提升，而这种提升主要是通过促进技术进步实现的。中部地区制造业发展水平相较于东部地区处于欠发达的状态，智能化在制造业中的应用能够有效地促进制造业企业技术水平的提高。智能化对中部地区的技术效率影响不显著，这可能是因为中部地区制造业技术效率本身就较高，同时，中部地区制造业企业可能未能充分发挥智能化对技术效率的促进作用。

智能化对西部地区制造业全要素生产率和技术进步的影响都为正且显著，对技术效率的影响不显著，表明智能化对西部地区制造业全要素生产率的增长有显著的促进作用，且这种促进作用是通过提高西部地区制造业企业的技术水平实现的。相较于东、中部地区，西部地区制造业企业的技术水平、技术效率都处于较为落后的状态，智能化在制造业中的应用能够有效地改善这种状况。智能化对西部地区的技术效率影响不显著，这可能和智能化水平较低、智能化利用不全面等原因有关。

总体比较东中西三大地区的回归结果可以发现，东部地区智能化对全要素生产率影响的系数最小，西部地区最大，中部地区第二，呈现东中西依次递增的趋势，表明初级的智能化对制造业越发达的地区的全要素生产率的促进作用就越小。此外，从全要素生产率的分解项的回归结果可以发现，智能化对于中西部地区的制造业全要素生产率的正向作用都是通过促进技术水平的提高实现的，智能化对于技术效率的提高没有显著作用，中国制造业企业还未充分发挥智能化对于全要素生产率的促进作用。

3）稳健性检验

为了检验回归结果的稳健性，本节从产出角度衡量智能化，并对模型做稳健性检验，本节选用电子及通信设备制造业不变价总产值作智能化水平的代理变量，其他变量不变，计量模型依旧选用可行的广义最小二乘法，回归结果在表 5-10 和表 5-11 汇报。

表 5-10　全国及东部地区稳健性检验结果

变量	全国总体			东部地区		
	TFP	EFF	TECH	TFP	EFF	TECH
ln Int	0.0358***	–0.0034	0.0283***	0.0241	–0.0230**	0.0592***
	(5.69)	(–0.66)	(4.53)	(1.61)	(–2.40)	(3.67)
ln Urb	0.4834***	–00432	0.7409***	–0.0584	0.0369	–0.1597
	(6.83)	(–0.90)	(114.14)	(–0.36)	(0.50)	(–1.03)
ln Fdi	–0.0263***	0.0355***	–0.0653***	0.0645**	0.0897***	0.1436***
	(–1.65)	(3.03)	(–4.73)	(–2.40)	(5.05)	(–4.93)
ln Str	0.3645***	0.2002***	0.2330***	0.3610***	0.2699***	0.2201**
	(4.38)	(4.01)	(3.12)	(2.90)	(4.04)	(1.96)
ln Gov	0.6658***	0.0662**	0.5181***	1.0006***	–0.1070**	0.9169***
	(16.55)	(2.32)	(14.71)	(10.04)	(2.23)	(9.88)
常数项	1.9858***	0.4330***	1.6967***	2.3636***	0.9041***	1.5241***
	(13.87)	(4.47)	(13.85)	(7.65)	(5.96)	(5.14)
样本量	390	390	390	143	143	143

表 5-11　中西部地区稳健性检验回归结果

变量	中部地区			西部地区		
	TFP	EFF	TECH	TFP	EFF	TECH
ln Int	0.0782***	0.0129	0.0478***	0.0383**	0.0152***	0.0268***
	(5.08)	(0.89)	(4.03)	(5.09)	(2.71)	(3.91)

续表

变量	中部地区			西部地区		
	TFP	EFF	TECH	TFP	EFF	TECH
ln Urb	0.5064***	0.2124	0.6012***	0.9447***	–0.0737	1.0235***
	(2.91)	(1.29)	(4.60)	(7.20)	(–0.90)	(10.18)
ln Fdi	0.0176	0.0127	–0.0317	–0.0492***	0.0103	–0.0711***
	(0.48)	(0.43)	(–1.15)	(–2.24)	(0.66)	(–4.39)
ln Str	0.3013*	0.4303***	0.1860	0.0532	0.2446*	–0.0209
	(1.83)	(3.02)	(1.49)	(0.30)	(1.95)	(–0.16)
ln Gov	0.4784***	–0.1899*	0.5118***	0.5747***	0.0077	0.5367***
	(3.93)	(–1.74)	(5.69)	(8.63)	(0.18)	(10.24)
常数项	1.6399***	0.2043	1.6094***	1.8772***	0.1897	1.7320***
	(5.93)	(0.82)	(7.41)	(10.36)	(1.59)	(12.66)
样本量	104	104	104	143	143	143

观察表 5-8～表 5-11 可以发现，全国总体和分区域回归结果的变量符号和显著性基本未变，表明全国总体和分区域回归结果都是较为稳健的，即智能化促进了中国制造业全要素生产率的增长，且这种促进作用主要是通过提高制造业企业的技术水平实现的。

5.2.6　研究结论

本节基于 2003～2015 年中国制造业面板数据，通过 DEA-Malmquist 模型测算了中国制造业全要素生产率，并基于面板数据模型从全国和分区域两个角度实证分析了智能化对中国制造业全要素生产率、技术效率、技术进步的影响。研究结果表明：一是中国制造业全要素生产率在研究期内年均增长 8.2%，全要素生产率的增长主要是技术进步贡献的；二是西部地区的制造业全要素生产率的增长速度最快，年均增长 9.2%，东部地区和中部地区分别年均增长 7.6%和 7.5%；三是智能化显著促进了制造业全要素生产率的增长，并且这种促进作用是通过推动技术水平的提高实现的；四是智能化对于东中西三大地区的制造业全要素生产率的影响有显著的异质性，智能化对东部地区制造业全要素生产率的影响不显著，对中部地区和西部地区制造业全要素生产率的增长有显著的促进作用。智能化投入每增加 1%，中部地区和西部地区制造业全要素生产率分别增长 0.113%和 0.141%，智能化对于经济发展越落后地区的制造业全要素生产率的促进作用越大；五是智能化对于全国整体以及东中西地区制造业技术效率都没有促进作用。

5.3　制造业智能化政策与企业绩效

5.3.1　引言

随着全球新一轮科技革命和产业变革的兴起，智能制造在全球范围内快速发展，已成为制造业的重要发展趋势。发达国家纷纷把智能制造作为未来制造业发展的主要方向，并且给予政策支持以抢占先机。例如：2013 年，德国政府与产业界、学术界共同设立“工业 4.0”平台；2015 年，日本提出超智能 “社会 5.0”概念，力图通过将日本优势技术组件与各系统要素进行组合，确保日本制造业的优势地位；2014 年，美国建立了“工业互联网联盟”，2016 年，推出了“国家制造业创新网络战略计划”；2017 年，英国政府提出了“发展英国人工智能产业”的计划(Hall and Pesenti, 2017)。2015 年，中国公布了《中国制造 2025》，将智能制造作为两化深度融合的主攻方向，旨在进一步提升企业在研发、生产、管理和服务等方面的智能化水平。但在中国这样一个地域广阔，存在较大区域差异的国家，政策在全国推广前往往需要先在小范围内进行试点(刘伟，2015)。自 2015 年以来，工信部为响应国家战略，结合中国国情，启动了“智能制造试点示范项目”计划，旨在坚持以智能制造为主攻方向，优化智能制造标准体系，推动我国智能制造产业的发展，并以试点政策为国家将来提出全国性的智能化政策提供经验和教训。然而，自智能化政策实施以来，该政策对制造业企业经济绩效有何影响？这种影响是否存在区域差异？这些问题的相关研究还比较少见。这正是本节研究的重点。本节分析智能化政策对制造业企业绩效的影响机理；采用双重差分法(difference- in-difference, DID)实证检验智能化政策对制造业上市公司绩效的影响、程度及其异质性。

5.3.2　智能化对企业绩效影响的研究现状

关于智能化对经济绩效影响的文献并不多见，相关研究主要集中在智能化对经济增长的影响方面。学者们主要通过理论研究和实证分析两个方面，对智能化对经济增长的影响进行了研究。

在理论研究方面，Hanson(2001)尝试利用新古典经济增长模型研究机器智能对经济增长的影响，研究发现随着自动化水平的不断提高，经济增长率能得到大幅提升。庞卫敏和高若水(2017)认为企业中的绩效考核管理存在刚性不强、时效性不足等诸多问题，但通过智能化运行管理系统与管理平台，可以提升企业绩效的考核管理水平。Aghion 等(2019)认为人工智能会促进经济增长，在考虑了市场结构、部门重新分配以及公司组织结构等问题的基础上，研究发现人工智能对经济增长的影响是技能偏向的。Acemoglu 和 Restrepo(2018)通过改进 Zeira(1998)的模型，并在模型中引入自动化技术，研究发现智能化已经成为影响经济增长的重要影响因素，其同时具有替代效应和生产力效应。

在实证分析方面，Brynjolfsson 等(2011)基于 179 家大型上市公司的调查数据，研究发现采用数据决策的公司，在控制其他投资和信息技术使用情况下，其产出和生产率之比较于其他公司能够高出 5%～6%；Kromann 等(2011)利用制造业行业面板数据，研究自动化程度的提高对生产率的影响，结果表明在生产过程中控制 ICT 资本和非 ICT 资本的情况下，大规模地使用工业机器人对劳动生产率有显著的促进作用；Graetz 和 Michaels(2015)利用 1993～2007 年间 17 个国家的行业面板数据进行研究，发现工业机器人提高了劳动生产率和增加值，其中工业机器人自动化促使经济增长速度提高 0.37%，同时提升了全要素生产率。李丫丫等(2018)基于 WIOD 数据和 KPWW 方法，从产业层面入手测算我国信息产业与物流产业融合程度(即物流产业智能化水平)，并考察其对产业绩效的影响，研究发现随着信息产业对物流产业的融合渗透程度不断加深，物流产业智能化水平也不断提升，即物流产业智能化的发展可以促进产业绩效的提升。韩箫亦等(2020)基于 166 份有效问卷获取的大样本数据，并采用多重线性回归分析方法，研究了制造企业动态能力、智能服务平台质量与其服务智能化绩效之间的关系，实证结果表明，制造企业较高的动态能力可以提升其智能服务平台质量和服务智能化绩效，且智能服务平台质量在动态能力与服务智能化绩效之间起部分中介作用。李倩和潘玉香(2020)以我国典型的智能制造上市公司 2016～2018 年的数据为样本，实证检验了智能制造企业无形资产构成现状及其与经营绩效的关系，研究结果表明无形资产对经验绩效具有积极的促进作用，且其贡献性大于固定资产；其中土地使用权占比、商标权占比以及高学历人才占比与经营绩效显著正相关。Liu 等(2021)借助战略纯度模型，研究了技术标准对勘探战略和开发战略与财务绩效的调节作用，结果发现在采用新技术标准的情况下，这两种策略的协调可以更好地提高财务绩效。孟凡生等(2021)通过问卷调查数据进行了实证检验，研究结果表明，“智能+”“U”形影响制造企业创新绩效，“智能+”“U”形影响集成创新，集成创新正向影响创新绩效。楼永等(2021)基于 2015～2019 年沪深两市 785 家应用工业智能的 A 股制造业上市企业的面板数据，实证检验了工业智能化对企业绩效的影响，并构建了多重中介效应模型，从平均薪酬和薪酬差距两个角度研究影响路径，结果表明工业智能化发展能够显著提升企业绩效；企业平均薪酬在工业智能化与企业绩效的关联中表现为“遮掩效应”，薪酬差距则在其中发挥中介作用。李婉红和王帆(2020)基于价值共创和要素集聚视角，并采用文本挖掘方法，以 2011～2019 年沪深 A 股上市公司中的传统制造企业为样本，验证智能化转型是否提升传统制造企业绩效，研究发现智能化转型对传统制造企业的绩效水平具有显著的正向作用，且智能化转型能够通过降低成本黏性提升传统制造企业的绩效水平。

综上可知，学者们关于智能化对经济增长的影响研究方面已取得一定成果。但在智能化政策对上市公司经济绩效影响的研究并不多见。

5.3.3 智能制造试点示范项目的政策背景

智能制造试点示范项目是中国推进智能制造的一次重要实践。智能制造试点示范项目是由工信部统筹规划，各省、自治区、直辖市工业和信息化主管部门每年推荐上报，工信部装备工业司统一筛选并批示的项目。截至 2018 年 12 月，工信部已批准公布 4 批共 305 家智能制造试点企业，其中，2015 年，46 家；2016 年，63 家；2017 年，97 家；2018 年，99 家。该计划的实施旨在实现多方面目标：①坚持以智能制造为主攻方向，②优化智能制造标准体系，③促进国际合作，④扎实有序地扶持、推动我国智能制造产业的发展，⑤推动中国制造业的发展。

智能化政策对制造业企业经济绩效的提升，主要体现在评选和验收考核两个阶段对制造业企业的双重激励作用。在评选阶段，工信部制订了智能化试点项目的评审要求，这些评审要求可归纳为 3 个方面：第一，在智能制造管理上，要求企业实现全流程数字化管理，运用数字化模型进行总体布局模拟仿真，并建立健全各类管理与监控系统。第二，企业需要利用关键技术与系统互联，对其操作设备进行自动化和数字控制，以便共享信息。其中，强调制造装备数控化率超过 70%，生产工艺数据自动数采率达到 90%以上，工厂自控投用率达到 90%以上。第三，企业需要建立网络生产资源的云平台，实现部门间和企业间网络化协同生产。因此，平台化是生产资源和需求有效对接的重要途径。平台化可以通过创新资源共享、创新能力互补，优化企业生产资源分配，使企业能够沿着制造过程各环节和供应链实现生产优化。在验收考核阶段，工信部制定了具体的考核要求，主要包括：通过比较试点企业在智能化项目实施前后的运营成本、产品研制周期、生产效率、产品不良品率、能源利用率五个指标的变化情况，考核试点企业在智能管理、智能设备和协同制造上的改进情况；同时，根据试点企业在围绕产品全生命周期环节中所提炼出的可复制、可推广的典型应用场景解决方案，对其成长性进行分析，从而衡量其项目示范推广的价值。这表明在获评试点示范项目后，智能化政策对试点企业的持续考评会进一步激励制造业企业改进其在智能管理、智能装备和协同制造上的不足，按照项目考核要求进一步优化提升，使试点企业继续提升生产效率；同时，智能化政策通过试点考评，能够向全制造业企业总结并推广先进经验，从而提高制造业企业整体的生产效率。

综上所述，智能化政策通过评选和验收考核等两个阶段的双重激励，引导并促使试点企业主动提升其智能管理、智能装备和协同制造水平，从而提升生产效率，进而提高企业的经济绩效，由此本节提出假说 1。

假说 1：智能化政策对制造业企业绩效有积极影响。

同时，通过对先入选试点企业的考评，智能化政策能够将其先进经验向全制造业企业推广，从而产生学习效应，逐渐提高后入选的试点企业，以及制造业整体的绩效水平。这样也使政府在未来能够进一步制定更能帮助企业的评选与考核规定，从而增强智能化政策对后入选的试点企业的影响效益。由此本节提出假说 2。

假说 2：智能化政策对经济绩效的影响存在时间差异，后入选的试点企业，智能化政策对其经济绩效的影响更为显著。

2015～2018 年，工信部共遴选出 305 个智能制造试点示范项目，覆盖 92 个行业类别、31 个省(自治区、直辖市)，其区域分布如图 5-4 所示。

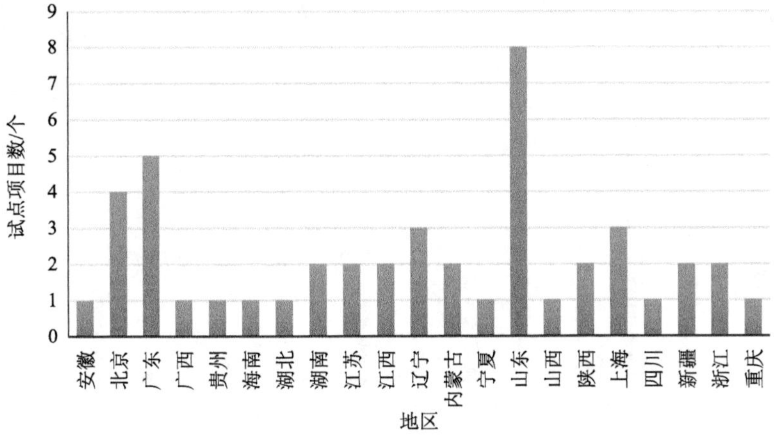

(a) 2015年

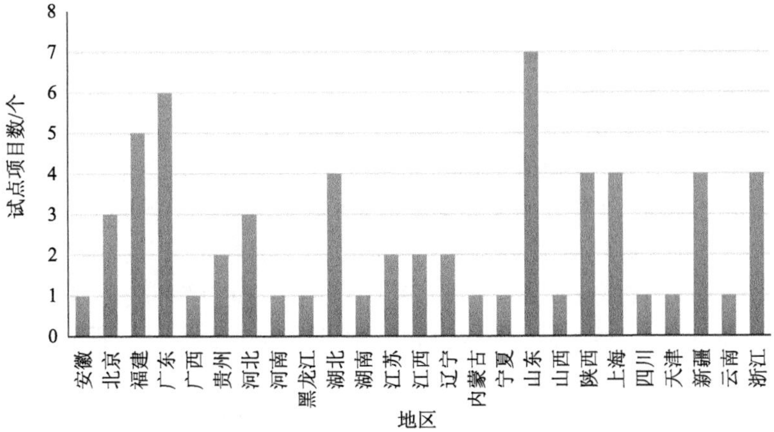

(b) 2016年

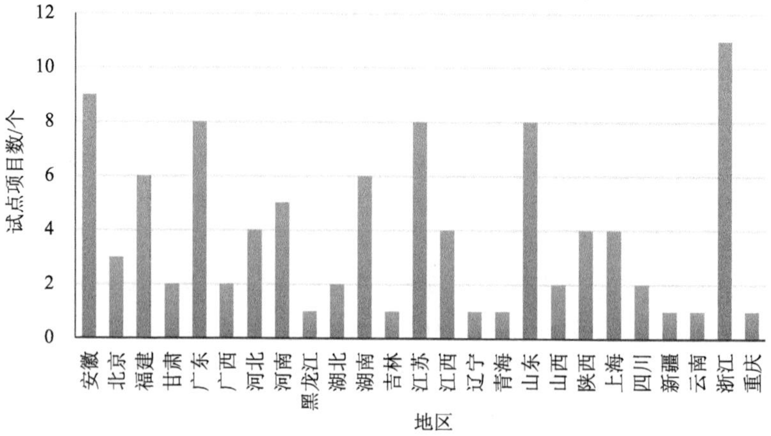

(c) 2017年

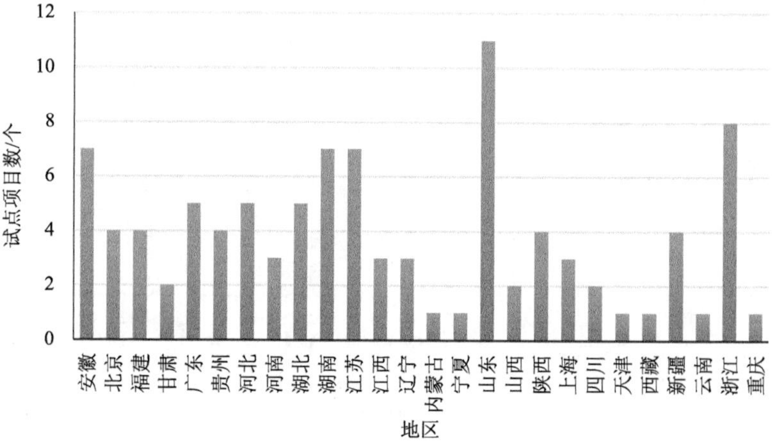

2018年

图 5-4　工信部智能制造试点企业区域分布

每个图形均基于当年数据制作

由图 5-4 可知，智能制造试点企业在空间分布上最初较为平均，东部沿海地区略微密集，其中以山东省为最。随着时间的推移，试点企业的空间分布越来越向东部偏移。目前，智能化试点企业主要集聚在东部地区。以 2018 年的数据为例，东部地区平均每个省份有 5 家智能制造试点企业，而中西部地区平均每个省份只有 2 家试点企业；同时，东部地区只有海南省没有试点企业，而中西部地区的吉林省、黑龙江省、广西壮族自治区和青海省都没有。

从图 5-4 中可以看出，试点企业的空间分布存在区域异质性，而这同样也可能在智能化政策的影响效益中体现。由此本节提出假说 3。

假说 3：智能化政策对制造业企业经济绩效的影响存在区域异质性，区域智能化程度的高低对制造业经济绩效的影响存在差异。

5.3.4　智能化对企业绩效影响的模型构建

1. 计量模型设定

评估政策效应的传统计量方法，主要是通过设置一个政策发生与否的虚拟变量进行回归。这种方法往往不太准确，同时还会存在内生性问题。与传统方法相比，双重差分法更准确和科学，可以在很大程度上避免内生性问题(Baker et al., 2008)。因此，本节参考 Zhang 等(2019)的做法，基于上述理论假说，采用双重差分法评价智能制造试点政策对制造业上市公司绩效的影响效果。基于上交所和深交所公布的上市公司财务数据，选取 2011～2017 年的企业面板数据，将实验分组变量(intel)分为“处理组”和“对照组”。本节将 89 家智能制造试点上市公司设定为“处理组”，赋值为 1，上交所中抽取的 100 家制造业上市公司设定为“对照组”，赋值为 0。在剔除与处理组重复的企业之后，对照组仅剩余 92 家企业。此外，根据智能制造试点政策实施的具体时间，将实验分期变量(time)取执行之前或之后的值。考虑到智能制造试点企业确认的时间存在先后差异，本节将确定为智能制造试点企业当年及以后的赋值为 1，确定之前赋值为 0。因此，总体样本可分为四个部分：政策实施之前的处理组(intel=1，time=0)、政策实施之后的处理组(intel=1，time=1)、政策实施之前的对照组(intel=0，time=0)和政策实施之后的对照组(intel=0，time=1)。其中实验分组与实验分期两个虚拟变量的交互项 intel×time 就是政策实施所带来的净效应，由此生成智能制造试点政策的虚拟变量 did。借鉴姚俊等(2004)的研究，设定 1 个计量模型检测智能制造试点政策对制造业上市公司经济绩效的净效应。为了消除企业个体特征等干扰参数对模型整体稳健性的影响，采用固定效应模型进行回归分析(Wang, 2015)。 该模型的设置如下：

$$\begin{aligned}\mathrm{roa}_{it} = \alpha + \beta_1 \mathrm{did}_{it} + \beta_2 \mathrm{lcv}_{it} + \beta_3 \mathrm{debt}_{it} + \beta_4 \mathrm{manage}_{it} + \beta_5 \mathrm{ocf}_{it} + \beta_6 \mathrm{top1}_{it} \\ + \beta_7 \mathrm{age}_{it} + \beta_8 \mathrm{tang}_{it} + \delta_{it}\end{aligned} \tag{5.12}$$

式中，roa_{it} 为被解释变量，表示企业在地区 i 和年份 t 的资产收益率；did_{it} 为核心解释变量，表示智能制造试点示范项目政策虚拟变量；lcv_{it}、debt_{it}、manage_{it}、ocf_{it}、$\mathrm{top1}_{it}$、age_{it}，以及 tang_{it} 为控制变量，分别表示资产负债率、负债权益比、资产管理能力、经营现金流比、股权集中度、公司年龄，以及固定资产比；α、β 和 δ 分别表示常数项、变量系数和随机误差。

2. 变量说明

1) 被解释变量：企业绩效(roa)

对于绩效的研究，通常有 4 种经济绩效指标：销售增长或销售收益率(ros)、资产收益率(roa)、投资收益率(roi)和净资产收益率(roe)(姚俊等，2004)。Li 和 Wong(2003)认为在新兴市场上，由于管理者短期行为影响和外部环境波动的不确定，采用 roa 要比销售增长或 ros 来衡量企业经济效益更为稳定。因此，在研究智能化问题上，本节选用资产收益率(roa)作为衡量样本公司的绩效指标。

2) 核心解释变量：智能制造试点示范项目政策虚拟变量(did)

由上文可知，本节根据工信部公布的 2015～2017 年智能制造试点示范项目公示名单，并结合财务数据，根据智能制造试点企业的确定时间先后统一赋值。

3) 控制变量

考虑到企业债务水平和偿付能力可能会影响其业绩(Hoyt and Liebenberg, 2011)，本节控制资产负债率(lcv)和负债权益比(debt)。鉴于企业自身资产管理能力对其绩效产生影响的重要性(Forrest and Nightingale, 2017)，本节控制资产管理能力(manage)、经营现金流比(ocf)和固定资产比(tang)，综合衡量企业的资产经营和管理能力。此外，在发展中国家，股权集中与企业绩效之间存在着显著的相关性(Lins, 2003)，企业内部权力的集中和分散往往对企业治理和绩效产生不同影响。因此，本节控制了股权集中度(top1)。此外，当制造企业面临转型升级问题时，企业所属时代造成的转型成本过多、公司结构僵化等缺陷往往会影响企业业绩的增长(Freel, 2003)。 因此，本节控制了企业的公司年龄(age)。变量的计算方法见表 5-12。

表 5-12　主要变量计算方法

变量类型	变量	计算方法
被解释变量	roa	净利润/资产总额
核心解释变量	did	政策虚拟变量
控制变量	lcv	总负债/总资产
	debt	总负债/总权益
	manage	收入/总资产
	ocf	经营活动现金流/总资产
	top1	第一大股东股权比例
	age	企业成立时间
	tang	固定资产/总资产

3. 数据来源与描述性统计

本节采用工信部公开的 2015～2017 年智能制造试点示范项目公示名单，以及经中国证监会核准公布的上市公司年报数据，截取 2011～2017 年共 7 年的年报数据为面板数据(本节选取的数据截至 2017 年，受限于数据的可得性，2018 年的数据未能加入)。数据来源于上海证券交易所官网(http://www.sse.com.cn/)、深圳证券交易所官网(http://www.szse.cn/)、中华人民共和国工业和信息化部官网(http://www.miit.gov.cn/)以及各上市公司官网。处理后的数据的描述性统计结果见表 5-13。

表 5-13　主要变量指标的描述性统计结果

变量	样本量	均值	标准差	最小值	最大值
roa	1236	–0.0074	1.415	–49.51	0.382
did	1236	0.125	0.330	0	1
lcv	1236	0.543	1.900	0.0414	66.89
debt	1236	1.757	8.576	–37.07	205.9
manage	1236	0.683	0.390	0.0041	2.464
ocf	1236	0.0506	0.103	–0.404	1.028
top1	1182	0.332	0.173	0.0009	0.864
age	1236	17.26	4.768	1	36
tang	1236	0.273	0.293	0.0001	3.651

5.3.5　智能化对企业绩效影响的实证检验

1. 基准回归结果

基准回归结果如表 5-14 模型 1 所示。结果显示智能化政策的系数为 0.0221，且通过了 5%的显著性检验。表明智能化政策对制造业上市公司企业绩效有着显著的正向影响，符合假说 1。同时，控制变量的回归结果显示，制造业企业的资产负债率和公司年龄对其企业绩效有着显著的负向影响。此外，制造业企业的负债权益比、资产管理能力、经营现金流比、股权集中度和固定资产比对其企业绩效均无显著作用。

表 5-14　基准回归与反事实检验

roa	(1) 基准回归	(2) 反事实检验 1	(3) 反事实检验 2
did	0.0221** (0.0106)		

续表

roa	(1) 基准回归	(2) 反事实检验 1	(3) 反事实检验 2
did-before		0.0113 (0.0108)	
did-after			0.0290** (0.0119)
lcv	–0.7422*** (0.0005)		
debt	0.0001 (0.0003)		
manage	–0.0264 (0.0598)		
ocf	0.1815 (0.1960)		
top1	–0.0443 (0.0778)		
age	–0.0099** (0.0045)		
tan	–0.0085 (0.0272)		
常数项	0.5889*** (0.1326)	0.5802*** (0.1280)	0.5896*** (0.1326)
N	1175	1182	1175
Adj-R^2	0.9953	0.9953	0.9953

注：括号中数值为标准误；***、**、* 分别表示变量系数通过了 1%、5%、10%的显著性检验；N 表示样本观察值个数；表 5-15 同

智能化政策能够显著促进试点企业绩效。这种促进作用主要来自智能化政策能够引导试点企业提升智能管理、智能装备和协同制造水平。采用智能化管理模式是提高企业生产效率的关键。制造业企业通过优化其智能化管理水平和创造高效的运营管理模式，从而达到生产效率提升的目的(Choi et al., 2015)。智能化政策能从数字化管理、集成管理、可视化管理三个方面引导企业实现智能管理。

在数字化管理方面，一方面，智能化政策能够引导制造业企业在资源投入前建立数字化模型进行模拟仿真分析，从而提高决策的科学性；另一方面，智能化政策通过引导制造业企业建立企业资源计划系统(ERP)，令企业在供应链、物流和成本等经营管理问题上更加高效。这种方式减少了交易成本，同时改善了企业

内部和与供应商、客户之间的信息流，能够使企业获得更高的劳动生产率（Biagi and Falk, 2017）。因此，它能最大限度地发挥现有设备、资源、人、技术的作用，从而提升企业绩效，实现数字化管理。通过数字化管理，企业往往仅需少量的员工，就能达到甚至超越绝大多数公司的生产规模，从而攫取更多的利润（Currie et al., 1999）。

在集成管理方面，智能化政策能够引导制造业企业建立产品数据处理系统（PDM）。因此，企业在产品设计中可以效率与效果并重。Niu（2010）研究证明，在当今越来越复杂的企业环境下，以分工为基础的传统企业运行模式已经开始制约企业的发展。为此，通过使用集成管理，企业才能适应当今的整体经济格局。每个产品数据处理系统（PDM）都表示一种可用于管理所有与产品及产品过程相关信息的技术，它有利于产品的全生命周期管理，加强了数据的高效利用，使工作流程规范化，令企业能够在产品设计上将过程中的各个元素互相渗透吸纳，集成为一个新的整体，从而提升企业的生产效率。

在可视化管理方面，智能化政策能够引导制造业企业建立数据采集与分析系统，通过对生产进度、现场操作、质量检验、设备状态和物料运输等方面数据的采集分析，形成可视化管理。可视化管理透明度高，便于现场人员互相监督，发挥激励作用，对生产作业的各种要求做到公开化，从而提高生产效率，提升经济绩效。

企业对智能设备的投资直接提高了企业的生产效率。智能化政策引导试点企业投资于控制系统和关键装备技术，提升其生产效率。首先，在控制系统方面，智能化政策引导企业建立先进的控制系统，以便它们能够智能、安全、有效地控制制造设备和过程的整体运行。智能制造试点示范项目在遴选时对制造业企业的制造装备数控化率、生产工艺数据自动数采率和工厂自控投用率都有要求，这些要求可以刺激制造业企业加大对智能控制系统的投入，从而反过来提高制造业企业的生产效率。其次，在关键装备技术方面，智能化政策引导制造业企业在制造装备上提升智能化水平。这使企业能够将高端数控机床与工业机器人相结合、智能传感与控制装备相结合、智能检测与装配装备相结合、智能物流与仓储装备相结合的关键智能装备技术之间的信息互联互通与集成，从而促使制造业企业在生产产品的关键装备上完善制造技术，提高装备智能化水平。Davis 等（2015）已经证明，在智能制造过程中，利用先进智能制造装备，可以使设备进行自感知、自分析、自决策等智能活动，从而减少设备响应问题的时间，实时反馈并优化生产物流信息，从而提升企业生产效率。

企业间协同生产对提高相关企业的生产效率起着重要作用（Wang et al., 2012）。智能化政策通过引导制造业企业建立并优化协同云平台，推动制造业企业实现网络化协同制造，从而提高企业生产效率。网络化协同制造是在云计算、物联网、虚拟化和面向服务技术支持下的先进制造模式，它能够将制造资源转化为可以在成员公司之间全面共享和流通的服务，从而提高生产效率（Ren et al., 2017）。协同云平台能够从资源和产品两个方面提高制造业企业生产效率。在资源方面，每个云平台都可以帮助发现、互补与共享新的资源。因此，制造业企业可以实现信息互通与资源高效利用，从而提高生产效率。此外，制造业企业间同样能通过云平台共享资源与技术，实现协同制造，提高整个制造业产业的生产效率。在产品方面，通过云平台，制造企业可以通过提供基于现有互补技术和并行生产的特定产品，轻松满足市场需求。因此，这些企业可以自然地提高其生产效率。此外，制造业企业还能通过建立围绕全生产链协同共享的产品溯源体系，使得制造业企业间共享产品信息，提供协调的客户服务和维护。因此，制造业企业能够进一步加强其动态分析能力和灵活配置其产品和客户服务的能力，从而促使企业协同制造，共同提高生产效率。

2. 稳健性检验

1）反事实检验

反事实检验即对对照组与处理组进行共同趋势假说检验，来考察未颁布智能制造试点示范项目政策时，政策虚拟变量 did 对制造业上市企业经济绩效的影响。若政策虚拟变量 did 对制造业上市经济绩效的影响不显著，则说明对照组与处理组之间不存在其他的系统性误差，这就证明了在颁布智能制造试点示范项目政策之前，智能制造试点示范项目对制造业上市企业绩效没有影响。另外，如果政策虚拟变量 did 对制造业上市企业经济绩效的影响显著，则说明在颁布智能制造试点示范项目政策之前就已有政策影响了制造业上市公司的绩效，那模型中检验的智能化政策，其效果可能得益于其他政策的实施。因此，模型所得出的结论不可信。本节将整体数据分别提前 2 年（did-before）和延后 2 年（did-after）进行验证。结果分别如表 5-14 模型 2 和模型 3 所示。

根据表 5-14 模型 2 可知，将智能制造试点示范项目政策公布时间提前 2 年后，其对制造业上市企业经济绩效无显著影响，说明在颁布智能制造试点示范项目政策之前，政策虚拟变量 did 确实未给制造业上市企业经济绩效带来任何影响，不存在系统性误差。同时，根据表 5-14 模型 3 可知，将智能制造试点示范项目政策公布时间延后 2 年后，其对制造业上市企业经济绩效的影响依然显著，证明了颁布政策后智能化政策确实对制造业上市企业经济绩效有正向影响。因此，基准模型所得出的智能化政策的影响是可信的。

2）试点企业入选时间异质性检验

通过对工信部评选的智能制造试点示范项目企业的相关数据进行整理与筛选，本节发现样本中的智能制造试点企业在不同年份没有重复入选的现象。因此本节通过将 2015、2016 和 2017 年入选的试点企业分别进行回归，从而观察智能化政策对这 3 年入选的试点企业经济绩效的影响，具体结果见表 5-15 的模型(1)、(2)和(3)。结果表明，在 2015 和 2016 年入选的试点企业中，智能化政策对其经济绩效的影响均未通过显著性检验。在 2017 年入选的试点企业，智能化政策对其经济绩效的影响系数为 0.0240，并通过了 5%的显著性检验。这表明智能化政策对 2015 和 2016 年入选的试点企业影响并不显著，而对 2017 年入选的试点企业出现显著的积极影响，这与假说 2 一致。

智能化政策对 2017 年入选的试点企业经济绩效的正向影响更为显著。一方面，因为中国最初的智能化政策主要是纲领性文件，还较为缺乏引导企业如何进行智能化转型的指导性文件。这使得后获批的试点企业通过学习效应，能够学习前几批试点企业的经验，享受经过进一步修订的智能化政策。因此，它们可以更有效地提高智能化与经济绩效水平。另一方面，智能化政策能够引导企业加大智能化投入，但这样的投入往往具有高风险性，企业不仅需要政策优惠，更需要政府项目来分担其投入成本(Shiller, 2017)。随着时间的推进，中国各级政府对企业智能化项目的扶持力度逐渐加大，使得智能化政策的影响效益更为明显。

表 5-15　异质性检验

roa	(1) 2015	(2) 2016	(3) 2017	(4) 中西部	(5) 东部
did	0.0189	0.0169	0.0240**	0.0213*	0.0318
	(0.0150)	(0.0119)	(0.0118)	(0.0113)	(0.0241)
lcv	−0.7420***	−0.7421***	−0.7420***	−0.7423***	−1.1064***
	(0.0005)	(0.0005)	(0.0005)	(0.0008)	(0.3443)
debt	0.0000	0.0000	0.0001	−0.0000	0.0094
	(0.0003)	(0.0003)	(0.0003)	(0.0002)	(0.0071)
manage	−0.0498	−0.0429	−0.0363	0.0401*	−0.1124
	(0.0750)	(0.0704)	(0.0653)	(0.0214)	(0.0846)
ocf	0.1951	0.1933	0.1949	−0.0116	0.3055
	(0.2389)	(0.2277)	(0.2062)	(0.0482)	(0.1890)
top1	−0.0805	−0.0651	−0.0431	0.0412	−0.0308
	(0.0902)	(0.0950)	(0.0859)	(0.0832)	(0.0623)
age	−0.0115**	−0.0107**	−0.0103**	−0.0064**	−0.0156*
	(0.0050)	(0.0048)	(0.0047)	(0.0026)	(0.0084)
tang	−0.0206	−0.0178	−0.0172	0.0167	0.1224
	(0.0353)	(0.0324)	(0.0286)	(0.0327)	(0.1095)
常数项	0.6529***	0.6182***	0.5986***	0.4689***	0.8451**
	(0.1561)	(0.1502)	(0.1418)	(0.0629)	(0.3282)
N	772	902	1044	711	464
Adj-R^2	0.9958	0.9958	0.9955	0.9986	0.6076

3）区域异质性检验

为了检验智能化政策对不同区域试点企业经济绩效影响的异质性，本节将中国 31 个省份（除港澳台）分为中西部和东部两个区域[①]，对智能化政策影响的区域异质性进行检验。回归结果见表 5-15 的模型（4）和（5）。根据结果显示，对于中西部地区，智能化政策影响的系数为 0.0213，并通过了 10%的显著性检验；而对于东部地区，智能化政策的影响并不显著。这说明智能化政策的影响效益存在区域异质性，对中西部地区的试点企业经济绩效有着更显著的积极影响，符合假说 3。这主要是因为中国经济发展的区域差异较大，东部地区经济发展水平较高，中西部地区经济发展水平较低。同样的，相比于中西部地区，中国东部地区的智能化水平较高（孙早和侯玉琳，2019）。因此，从边际效益的角度来看，对于智能化水平相对较低的中西部地区，企业本身智能化程度较低，其生产效率也相对较低，需要新政策的优惠与扶持来提高智能化水平，提升经济绩效，因而智能化政策的边际贡献相对较高。对于智能化水平较高的东部地区，企业本身智能化水平较高，生产效率也相对较高，新出台的智能化政策对其智能化水平的边际贡献相对较低，因而智能化政策对其经济绩效的提升作用并不显著。

5.3.6　研究结论

本节研究了智能化政策对制造业企业经济绩效的影响及其机理。结果表明，智能化政策对制造业企业经济绩效有显著的积极影响，这与目前最新的智能化研究结论类似。然而，与已有研究的不同之处在于，本节发现智能化政策对制造业经济绩效的影响主要是通过引导企业优化智能管理、加强智能装备投入、引导企业推进协同制造来实现。对于试点企业来说，智能化政策对企业绩效的影响存在时间差异，智能化政策对后入选的试点企业经济绩效的影响更为显著。同时，智能化政策的影响效益存在区域异质性，智能化程度较低的地区，智能化政策对制造业企业绩效的积极影响更为显著。

5.4　本章小结

本章研究了智能化对中国经济增长的影响。

5.1 节从理论和实证两方面研究了智能化对中国经济增长的影响及作用机制。研究得出智能化对中国经济增长具有显著且稳健的正向影响，其中，智能化对东

① 东部地区包括北京、天津、河北、辽宁、上海、江苏、浙江、福建、山东、广东和海南 11 个省份；中西部地区有 20 个省级行政区，分别是山西、吉林、黑龙江、安徽、江西、河南、湖北、湖南、四川、重庆、贵州、云南、陕西、甘肃、青海、宁夏、西藏、新疆、广西、内蒙古。

部地区的经济增长促进作用更大。提高生产效率和技术创新能力是智能化促进经济增长的两种重要途径。

5.2 节基于中国制造业面板数据，从全国和分区域两个角度实证分析了智能化对中国制造业全要素生产率、技术效率、技术进步的影响。研究得出智能化显著促进了全要素生产率的增长，且智能化是通过促进技术进步增长的方式实现对全要素生产率的促进作用，智能化对制造业技术效率没有明显的促进作用；智能化显著促进了中西部地区制造业全要素生产率的增长，且对西部地区促进作用更大，但对东部地区没有显著的促进作用。

5.3 节研究了智能化政策对制造业企业经济绩效的影响及其机理。结果表明智能化政策能够通过引导企业优化智能管理、加强智能装备投入、引导企业推进协同制造等方式显著提高制造企业的经济绩效。实证得出，智能政策对经济绩效的影响在时间上是不同的。在后期选择的试点企业中，智能政策对其经济绩效的影响更为显著。智能政策对制造业经济绩效的影响存在区域异质性，在低智能化地区，智能化政策对制造业经济绩效的积极影响更为显著。

据此本章提出 3 点政策建议。

(1) 企业应增加研发投入，促进智能化水平的进一步提高，强化智能化对制造业全要素生产率的促进作用。中国现阶段智能化的发展还处于初级阶段，较低程度的智能化对于东部地区的制造业全要素生产率难以有显著的促进作用。东部地区制造业企业应该加大对智能化的研发投入，突破核心技术，通过推动智能化进一步发展实现全要素生产率的提升。中西部地区制造业的重点应该放在推动智能化与制造业的融合之中，在设计、生产、管理等各个环节应用智能化技术，提高制造业企业智能化的普及率和使用率。

(2) 企业应建立完善的智能管理系统和决策支持系统，促进企业技术效率的增长。企业应借助智能管理系统和决策支持系统，制定科学完善的发展战略和生产计划，提升日常生产的质量监控水平，提高产品的附加值，通过智能化技术提高企业技术效率，推动全要素生产率增长模式由技术进步单轮驱动向技术效率和技术进步双轮驱动转变。

(3) 增强智能化政策的引领，提升企业智能化水平。为了保持制造业企业绩效的稳定增长，政府应发挥政策对企业的引导激励作用，进一步细化智能化政策中对企业智能管理、智能装备和协同制造上的标准与要求，结合试点企业的经验，出台关于如何具体发展智能制造的指导性文件，并加大相关政策与政府项目的扶持力度，大力提升企业智能化水平，提高企业经济绩效。

第6章　制造业智能化对中国产业结构的影响

本章研究制造业智能化对中国产业结构的影响：一是制造业智能化对三次产业结构的影响。从产业结构高度化和合理化角度探究智能化影响产业结构的内在机制，实证分析智能化对产业结构的影响，揭示东中西部地区智能化对产业结构影响的空间异质性。二是制造业智能化对制造业结构的影响。从技术创新、生产模式、生产效率以及需求结构角度出发，探究智能化影响制造业结构优化的内在机制，并进行实证检验。

6.1　制造业智能化与三次产业结构

6.1.1　引言

人工智能革命是继第三次工业革命后的新一次工业革命，我国必须在新一轮竞争中抓住机遇，加快发展新一代人工智能，实现产业结构转型优化。美国、德国、日本等发达国家对人工智能高度重视，将发展人工智能作为产业结构升级的重要战略。德国在2013年提出“工业4.0”战略，提出了智能工厂概念，运用智能化设备创造不同的生产方式，并逐渐改变产业结构。美国在2016年提出《国家人工智能研究和发展战略计划》，确定了7个发展人工智能的战略，并在2019年更新此政策，不仅对前面提出的7个重点战略进行调整细化，还增加了“扩大公私合作，加速人工智能发展”战略，为产业结构转型奠定了良好基础。日本在2015年公布《机器人新战略》，将机器人和人工智能结合起来，以提高第二产业和第三产业的竞争力，增加产品新的附加值，促进产业结构升级。我国也对人工智能发展给予高度重视，《促进新一代人工智能产业发展三年行动计划(2018—2020年)》提出“人工智能是产业变革的关键因素”。人工智能正与经济社会的各个领域渗透融合，它可以重构经济活动各环节，优化产业结构。《关于促进人工智能和实体经济深度融合的指导意见》提出要将人工智能与各个产业相结合，激发相关产业发展动力，促进产业结构升级，形成智能经济形态。

我国对智能化的重视，使得智能化能够快速发展，同时也对产业结构产生了一定影响。那么，智能化究竟是如何影响我国产业结构的？这种影响是否存在区域差异？这些问题目前相关研究还比较少见，而这正是本节所要探究的重点。本节主要从产业结构高度化和合理化角度探究智能化影响产业结构的内在机制；实证分析智能化对产业结构的影响，揭示了东中西部地区智能化对产业结构影响的空间异质性。

6.1.2　智能化对产业结构影响的研究现状

智能化是信息化发展的必然趋势，但我国智能化发展还处于早期阶段，就目前而言，相关研究主要集中在信息化对产业结构的影响上，关于“智能化对产业结构的影响”这一方面的研究并不多见。首先，一部分学者认为信息化通过加快要素流动推动产业结构升级。Kim 和 Park（2009）从动态角度研究韩国 20 世纪 80 年代初至 90 年代中期的产业间技术知识结构，认为信息化的快速发展能加速技术和知识在产业间的流动，增加产业间的交流，推动产业结构升级。刘克逸（2003）认为信息化会影响经济主体的组织结构和行为方式，并带动生产要素的流动速度，进而促进产业结构转型升级。郭凯明（2019）认为人工智能服务能力的提高以及技术的提高都会加速各种生产要素在产业内部的流动，促进产业结构升级。宣旸和张万里（2021）认为智能化会加速生产要素的转移，产业智能化对高端人才需求增加，能更好地发挥智能化技术的作用，提升产业结构高级化。陈岩等（2020）认为智能服务能够促进生产要素流动和区域协调一体化发展，促进产业高端化、智能化升级，实现经济高质量发展。其次，一些学者认为信息化通过“两化融合”推动产业结构升级。谢康等（2012）利用 2000～2009 年省级面板数据，研究信息化与工业化的融合质量，结果发现中国工业化与信息化的深度融合将促进产业结构升级。韩先锋等（2014）发现信息化在不断渗透到其他产业的过程中，会对原来的传统技术造成冲击，改变传统的生产经营方式，推动新一代产业快速发展，进而带动产业结构升级。张辽和王俊杰（2017）认为“两化融合”不仅降低了产业的边际成本，提高了生产率，还带动了整个产业结构优化。Kwon 等（2018）认为信息技术应用及“两化”融合正向影响产业结构合理化、知识资本积累与劳动力质量提升。谢康等（2021）采用 2000～2016 年中国省际面板数据发现，“两化”融合水平能够显著降低产业结构偏离度，即“两化”融合提高产业结构合理化水平，且同时提高劳动力质量水平。最后，一些学者认为信息化通过创造新业态推动产业结构升级。赵玉林和谷军健（2018）认为信息化能够催生出新的产业，同时加剧传统市场的竞争，推动产业体系变革，促进产业结构升级。周振华（2016）认为人工智能在科技创新和产业升级中发挥着引领作用，而其所创造的人工智能产业能够成为未来的朝阳产业，推动产业结构优化。胡俊和杜传忠（2020）认为人工智能可以为产业发展提供一个更高的平均生产率水平，而在此种水平下，人工智能更能催生新业态，为产业升级创造新的空间，促进产业结构优化升级。Acemoglu 和 Restrepo（2019）认为智能化技术催生了一大批新业态新模式，创造了大量知识和技术密集型工作职位，促进产业结构升级。王文（2020）认为计算机作为一种通用技术，在多种新技术的驱动下呈现出深度学习、跨界融合、人机协同等新特征，进而释放出多次产业变革所积蓄的巨大能量，催生了一大批新业态和新模式，推动产业结构优化升级。张恒梅和李南希(2019)认为智能化可以促进制造业转型升级，并带来新业态和新模式。梁俊(2021)提出随着人工智能、区块链等新一代信息技术的快速发展，新产业、新业态、新商业模式层出不穷，并为中国产业转型升级提供不竭动力。

6.1.3 智能化影响三次产业结构的机制分析

本节借鉴干春晖等(2011)的研究，从高度化、合理化角度研究智能化对产业结构的影响。智能化是以认知为中心，利用机器学习、计算机视觉、深度学习、机器人等一系列技术增强、延伸和替代人的智力(Liu et al., 2020)。产业结构高度化是指一、二、三产业比例关系的变化，第一产业比例逐渐下降，第二产业和第三产业比例逐渐增高(韩永辉等，2017)。产业结构合理化是指产业间相互联系的程度得到提高，社会资源得到合理配置的动态化过程(于骥，2017)。本节从高度化和合理化两个角度对智能化影响产业结构的机理进行分析。

智能化主要从两个方面推动产业结构高度化。一方面，智能化可以通过提高人力资本水平来提高产业结构高度化。原先劳动力的知识储备和技能结构已经无法适应当今时代发展的要求，尤其是智能化与各个行业深度融合后，各行业能够使用机器人代替人类完成重复机械的工作(Acemoglu and Restrepo, 2019)，迫使劳动者去完善现有技能、学习新技能，使得企业工人的资质越来越高。由于一般情况下，第二产业和第三产业工人的收入远高于第一产业，所以高技能劳动力就会逐渐从第一产业向第二产业和第三产业转移(曹芳芳等，2020)，使得第二产业和第三产业得到进一步发展，促进产业结构高度化。另一方面，智能化可以通过创造新业态来实现产业结构高度化(刘军等，2019)。企业可以利用机器学习提高自主创新的能力。实践证明只有自主创新，提升自主吸收能力，才能为后期更深层次的创新和模仿奠定基础(焦勇和杨蕙馨，2020)，实现创新发展，最终形成一种新的产业形态。而这种新兴技术产业主要集中在第二产业和第三产业，这就使得第二产业和第三产业的比例增高，促使产业结构向高级化方向发展。

智能化主要从两个方面推动产业结构合理化。一方面，智能化通过合理配置资源促进产业结构合理化。现代消费者的需求呈现出精细化、差异化等特征，智能化可以借助智能视觉系统，及时识别消费者需求，并利用机器学习快速作出分析，实现实时生产、精细管理以及柔性定制(刘斌和潘彤，2020)，避免出现资源错配的情况，提高供给体系的质量，同时使得要素市场与信息市场不断完善，三次产业间协调程度越来越高，引领产业结构向合理化方向发展。另一方面，智能化通过技术融合促进产业结构合理化。人工智能具有通用性(Brynjolfsson et al.,

2018)，能够广泛渗透、扩散、融合到三次产业的其他技术中，进化为一种新的技术，增加产业之间以及产业内部联系，模糊各个产业的生产边界，使产业间的生产运营出现融合趋势，提高产业的共同协作能力，最终推动产业结构向合理化方向发展。基于上述分析提出假说。

假说：智能化将显著促进产业结构高度化和合理化。

6.1.4　模型建立、变量说明及数据来源

1. 模型建立

本节在借鉴袁航和朱承亮(2018)研究的基础上，选取固定资产投资、对外开放程度、政府干预、基础设施水平、金融发展水平作为控制变量，建立计量模型：

$$\begin{aligned}\text{indus}_{i,t} &= \alpha + \beta_1 \ln \text{int}_{i,t} + \beta_2 \ln \text{sal}_{i,t} + \beta_3 \ln \text{open}_{i,t} + \beta_4 \ln \text{gov}_{i,t} \\ &\quad + \beta_5 \ln \text{infra}_{i,t} + \beta_6 \ln \text{fin}_{i,t} + \varepsilon_{i,t}\end{aligned} \tag{6.1}$$

式中，indus 表示产业结构转型升级水平；int 表示智能化水平；sal 表示固定资产投资；open 表示对外开放程度；gov 表示政府干预；infra 表示基础设施水平；fin 表示金融发展水平；i 和 t 分别表示地区和年份；其他表示常数项、变量系数和随机误差项。

2. 变量说明

1)被解释变量：产业结构转型升级水平(indus)

从产业结构高度化(TS)和合理化(Theil)角度来衡量产业结构升级。

用各产业占生产总值比例乘以其劳动生产率的加权值来衡量产业结构高度化，其计算公式为

$$\text{TS}_{i,t} = \sum_{m=1}^{3} y_{i,m,t} \times \text{lp}_{i,m,t}, m = 1,2,3 \tag{6.2}$$

式中，$y_{i,m,t}$ 表示 i 地区 t 时期第 m 产业占生产总值的比例；$\text{lp}_{i,m,t}$ 表示 i 地区 t 时期第 m 产业的劳动生产率，其计算公式为

$$\text{lp}_{i,m,t} = Y_{i,m,t} / L_{i,m,t} \tag{6.3}$$

式中，$Y_{i,m,t}$ 为 i 地区 t 时期第 m 产业的增加值；$L_{i,m,t}$ 表示 i 地区 t 时期第 m 产业的就业人数。采用标准化方法消除 $\text{lp}_{i,m,t}$ 的量纲。

现有文献大多选取结构偏离度来衡量产业结构合理化，但是结构偏离度的算法无法体现各产业在经济体中的重要程度，且绝对值这样的算法相对来说比较繁杂，而泰尔指数(Theil)不仅保留了结构偏离度的经济意义，还一并考虑到不同产业在经济体中所占的不同重要性(干春晖等，2011)。因此，这里采取泰尔指数

(Theil)来测度产业结构合理化。其计算公式如下：

$$\text{Theil}=\sum_{i=1}^{n}\left(\frac{Y_i}{Y}\right)\ln\left(\frac{Y_i}{L_i}/\frac{Y}{L}\right) \tag{6.4}$$

式中，Y代表总产值；L代表就业人口；Y_i和L_i分别代表第i产业的总产值与就业人口。

2)核心解释变量：智能化水平(int)

目前，国内外对智能化水平测度的研究成果较少，且尚未形成统一的衡量标准和体系，缺乏从相对全面的研究视角构建指标体系，也未合理运用现有数据进行指标测度。因此，本节借鉴孙早和侯玉琳(2019)、李廉水等(2019)的研究，构建智能化评价指标体系，主要从基础投入、生产应用、市场效益3个层面测度智能化水平(表4-1)。

3)控制变量

固定资产投资(sal)。固定资产投资将带动产业结构升级，随着投入的固定资产不断增多，这些产业将以不同的速度加快发展，进而对产业结构产生影响(林毅夫，2014)，用固定资产投资与国内生产总值比率来表示。预期固定资产投资对产业结构产生正向作用。对外开放程度(open)。我国实行对外开放政策以后，吸引了外资流入，使国内投资水平得到提高，进而促进经济增长，带动产业结构调整(陈继勇和盛杨怿，2009)，用外资企业投资总额与国内生产总值比率来衡量。预期对外开放程度对产业结构产生正效应。政府干预(gov)。政府利用自身的调控能力，通过产业政策来调控市场，填补市场信息，缓解市场摩擦，使得特定资源能够合理配置市场，促进产业结构合理化(韩永辉等，2017)，用财政支出与国内生产总值比率来衡量。预期政府干预对产业结构产生正向作用。基础设施水平(infra)。地区的基础设施水平越高，交通越便利，所吸引的投资就越高，而越高的投资将会带来更多的要素集聚，进而产生规模效应，影响产业结构(梁树广，2014)，用各省份铁路里程、公路里程和内河航道里程的总和与各省份区域面积比率来衡量。预期基础设施水平对产业结构产生正效应。金融发展水平(fin)。金融发展首先通过降低交易成本来降低信息获取难度，并使得资源配置更加合理化，其次通过网络经济效应使当地不仅产业结构得到升级，还能使周边地区产业结构得到升级(于斌斌，2017)，选取金融机构贷款余额、两股交易额、保险总额等指标，采用熵权法计算。预期金融发展水平对产业结构产生正向作用。

3. 数据来源

本节选取2010～2016年30个省份的面板数据进行分析。变量数据来源于《中国统计年鉴》以及各省份统计年鉴。变量的描述性统计结果见表6-1。

表 6-1　主要变量的描述性统计

变量	样本量	平均值	标准差	最小值	最大值
ln TS	210	0.007	0.244	–0.547	0.623
ln Theil	210	–0.713	0.804	–4.079	–0.254
ln int	210	0.157	0.117	0.02	0.852
ln sal	210	9.321	0.779	6.924	10.884
ln open	210	–1.495	0.809	–3.012	0.58
ln gov	210	–1.477	0.381	–2.217	–0.441
ln infra	210	–0.298	0.775	–2.423	0.781
ln fin	210	–2.059	0.302	–2.875	–1.255

6.1.5　智能化对三次产业结构影响的实证检验

1. 总体回归结果

本节采用固定效应模型(FE)、随机效应模型(RE)和 FGLS 法对模型进行估计，回归结果见表 6-2。

产业结构高度化分析。根据 Hausman 检验，选择固定效应。在此基础上，进行 FGLS 检验，可以看出各系数符号与固定效应一致，且 FGLS 能在一定程度上消除异方差性和序列相关性，所以在方程 3 的基础上分析回归结果。由方程 3 可以看出，智能化的影响系数 0.654，且通过了 1%的显著性检验。当智能化水平提高 1%时，产业结构高度化将提高 0.654%。这表明智能化的快速发展显著了促进产业结构高度化，验证了本节的假说。智能化成为促进我国产业结构高度化的重要因素，主要是因为智能化应用提高了人力资本水平，而高技术人才大多数进入第二产业和第三产业，促进了第二产业和第三产业的发展；同时，智能化对传统产业进行改造升级，衍生出新兴产业，增加了第二产业和第三产业的产值比例，推动产业高质量发展，促进了产业结构高度化。对于控制变量，固定资产投资、对外开放程度、金融发展水平、政府干预的系数都显著正，说明它们都显著促进了产业结构高度化。

产业结构合理化分析。根据 Hausman 检验，选择固定效应。同样选择 FGLS 对模型进行估计，在方程 6 的基础上分析回归结果。由方程 6 可以看出，智能化的影响系数为–0.748，且通过了 5%的显著性检验。说明智能化显著促进了产业结构合理化，验证了本节的假说。智能化成为促进我国产业结构合理化的重要因素，主要是因为智能化发展有利于促进技术扩散。而技术在产业间的渗透、扩散、融合将促进产业之间的交流沟通、利益共享，进一步提高生产要素的配置效率，促进产业结构合理化。对于控制变量，对外开放程度、基础设施建设、金融发展水平系数都显著负，表明它们有利于促进产业结构合理化。

表 6-2　智能化对产业结构高度化与合理化的回归结果

变量	产业结构高度化			产业结构合理化		
	方程 1	方程 2	方程 3	方程 4	方程 5	方程 6
	FE	RE	FGLS	FE	RE	FGLS
ln int	0.764***	0.717***	0.654***	–0.691*	–0.620	–0.748**
	(0.144)	(0.142)	(0.135)	(0.420)	(0.396)	(0.319)
ln sal	0.159***	0.170***	0.154***	–0.015	0.016	–0.012
	(0.026)	(0.021)	(0.021)	(0.077)	(0.059)	(0.050)
ln open	0.024	0.077***	0.089***	0.040**	–0.138*	–0.299***
	(0.026)	(0.025)	(0.022)	(0.076)	(0.071)	(0.047)
ln gov	0.005	0.121**	0.072*	–0.297	0.061	0.074
	(0.078)	(0.062)	(0.039)	(0.227)	(0.174)	(0.104)
ln infra	0.318**	–0.089*	–0.140***	–0.454	–0.376***	–0.228***
	(0.139)	(0.048)	(0.029)	(0.406)	(0.138)	(0.064)
ln fin	0.053	0.132***	0.139***	–0.244**	–0.347***	–0.301***
	(0.041)	(0.039)	(0.038)	(0.120)	(0.110)	(0.073)
常数项	–1.348***	–1.154***	–1.101***	–2.575***	–2.705***	–2.457***
	(0.309)	(0.250)	(0.206)	(0.902)	(0.705)	(0.496)
Husman	0.0001			0.0455		
R^2	0.0418			0.2128		
N	210	210	210	210	210	210

注：***、**和*分别表示在 1%、5%和 10%的统计水平上显著；括号内为 t 值；表 6-3～表 6-5 同

2. 区域异质性检验

为进一步研究智能化对产业结构影响的区域异质性，本节将 30 个省份分为东部和中西部两大区域，将中西部地区作为参照组，东部地区 East 取值为 1，中西部地区取值为 0(刘军和徐康宁，2010)。与前文分析类似，基于 FGLS 的估计结果进行分析。表 6-3 报告了产业结构高度化和合理化的区域异质性回归结果。

由表 6-3 中方程 7 可以看出，智能化对产业结构高度化的影响系数显著为正，与前面的分析一致，东部和中西部地区智能化发展对产业结构高度化有显著的促进作用。中西部地区的影响系数为 0.483，通过 1%的显著性检验；而东部地区的影响系数为 0.497，该系数是中西部地区的系数与东部地区的系数之和。东部地区

智能化程度高，可以通过智能技术对传统产业进行改造升级，对原有基础设施进行加强优化；还可以通过在职进修、在岗培训等方式对原有高素质人才进行专业的智能化培训，因此，东部地区智能化程度对产业结构高度化的影响程度较大，更易推动产业向高端化、服务化方向发展。中西部地区的基础设施水平、人力资源等相对不如东部地区，无法为智能化发展提供良好的环境，因此智能化程度对产业结构高度化的影响较小。

由表 6-3 中方程 8 可以看出，东部地区智能化对产业结构合理化的影响系数为–0.541，通过了 1%的显著性检验，而中西部地区智能化对产业结构合理化的影响系数并不显著。这可能是由于中西部地区的经济发展相对较为落后，人工智能在产业中的应用并不广泛，智能化与各个产业的融合程度相对较低，智能化对产业结构合理化的影响不明显。

表 6-3　区域异质性检验回归结果

变量	方程 7 产业结构高度化 FGLS	方程 8 产业结构合理化 FGLS
ln int	0.483***	–0.470
	(0.143)	(0.324)
East*ln int	0.014*	–0.071***
	(0.007)	(0.021)
ln sal	0.144***	0.007
	(0.021)	(0.048)
ln open	0.128***	–0.280***
	(0.022)	(0.044)
ln gov	0.079*	0.087
	(0.041)	(0.104)
ln infra	–0.146***	–0.235***
	(0.027)	(0.063)
ln fin	0.119***	–0.299***
	(0.039)	(0.074)
常数项	–0.948***	–2.600***
	(0.194)	(0.472)
N	210	210

3. 内生性检验

由于不可观察的遗漏变量和联立性误差，模型可能存在内生性问题。一方面，智能化与产业结构可能存在双向因果关系；另一方面，智能化与产业结构可能同时受某一因素的影响，或是遗漏了与解释变量相关的因素，从而导致系数估计存在一定的误差。本节借鉴林伯强和谭睿鹏(2019)的做法，选择各省份的地形起伏度作为工具变量缓解可能存在的内生性问题。首先，各省份的地形起伏度取决于该省份的最高和最低的海拔之差、平原面积等客观的地理因素，与产业结构高度化和合理化并无直接关系，满足了工具变量的外生性要求；其次，各省份发展智能化，需要建设大量配套的基础设施，地形起伏度高的地方，不利于基础设施的建立，发展智能化难度较大，因此地形起伏度与智能化的相关性较高。

本节采用 2SLS 对模型进行估计，结果见表 6-4。Cragg-Donald Wald F 统计量是 23.223，大于 Stock 等(2005)的 10%临界值，拒绝弱工具变量检验的原假设。Anderson-Rubin Wald F 的检验值为 21.195，说明本节选择的工具变量与内生变量之间存在较强的相关性。方程 9 表明本节选择的工具变量与内生变量显著相关，满足相关性假设；方程 10 显示智能化水平系数显著为正；方程 11 显示智能化水平系数显著为负，结果与基准回归结果一致。

表 6-4　工具变量回归结果

解释变量	一阶段回归	二阶段回归	
	方程 9	方程 10(TS)	方程 11(lnTheil)
ln int		3.1512***	–4.7818***
		(4.76)	(–3.03)
IV	0.8557***		
	(6.23)		
控制变量	YES	YES	YES
N	210	210	210
弱工具变量检验		23.223***	23.223***
Cragg-Donald Wald F 统计量		(16.38)	(16.38)
不可识别检验 Anderson-Rubin Wald F 检验		21.195***	21.195***

4. 稳健性检验

为了进一步增强上述回归结果的稳健性，本节用孙早和侯玉琳(2019)测度的智能化数据替换智能化指标，依旧选用 FGLS 进行估计。从表 6-5 结果看出，无论是总体稳健性检验还是分区域稳健性检验，智能化系数的符号均与前文一致，在显著性上与前文略差别，也验证了上述结果的稳健性，同时说明本节构建的智能化指标体系具有一定的合理性和科学性。

表 6-5　稳健性检验

变量	总体稳健性检验		分区域稳健性检验	
	方程 12	方程 13	方程 14	方程 15
	TS	lnTheil	TS	lnTheil
ln int	0.314***	–1.097***	0.312***	–1.050***
	(0.045)	(0.092)	(0.040)	(0.090)
East*ln int			0.025***	–0.082***
			(0.008)	(0.021)
ln sal	0.085***	0.205***	0.061***	0.229***
	(0.023)	(0.048)	(0.021)	(0.045)
ln open	0.018	–0.123**	0.040*	–0.113**
	(0.024)	(0.054)	(0.022)	(0.052)
ln gov	–0.039	0.427***	–0.048	0.429***
	(0.043)	(0.095)	(0.041)	(0.091)
ln infra	–0.152***	–0.047	–0.170***	–0.035
	(0.029)	(0.049)	(0.023)	(0.046)
ln fin	0.090**	–0.093	0.087**	–0.111
	(0.042)	(0.086)	(0.041)	(0.081)
常数项	–1.584***	–0.366	–1.343***	–0.687*
	(0.228)	(0.436)	(0.196)	(0.415)
N	180	180	180	180

6.1.6　研究结论

本节研究了我国智能化对产业结构的影响。机制分析表明，智能化通过提高人力资本水平以及创造新业态促进产业结构高度化，又通过合理配置资源、技术融合促进产业结构合理化。实证结果表明，智能化显著促进了产业结构的合理化和高度化，且东中西部地区智能化都能促进产业结构升级，但东部地区促进作用要明显大于中西部地区。

6.2 制造业智能化与制造业结构

6.2.1 引言

作为新一代信息技术与先进制造业技术的深度融合，智能制造已经成为全球制造业发展趋势(周济，2015)，发达国家对此格外重视，例如，美国发布“先进制造业战略计划”，德国实施“工业 4.0”，日本出台《机器人新战略》和“互联工业”倡议等。同时，中国也非常重视智能制造：2015 年，国务院正式印发《中国制造 2025》；2017 年，人工智能被写入十九大报告，目的在于推动人工智能在实体经济中的应用与发展；同年，政府又发布了《促进新一代人工智能产业发展三年行动计划(2018—2020 年)》，对新一代人工智能发展规划等相关任务进行了进一步的细化和落实，主要目的都在于推动制造业智能化。我国在人工智能领域已取得一定优势。在技术开发领域，多项技术处于国际领先地位，包括百度的人脸识别、科大讯飞的语音识别；在技术应用层面，巨大的潜在市场空间，庞大的人口基数带来的大数据支持等，都对人工智能发展具有很大的影响(杜传忠等，2018)。人工智能在制造业中的应用，不断衍生出新的智能终端产品领域、新的智能制造技术和新的智能制造方式，对我国制造业发展产生重要影响(张曙，2014)。同时，制造业结构优化亦受其影响。

关于智能化对制造业结构优化的影响的研究，已经取得了一些成果。肖静华等(2016)对智能制造与制造业转型升级进行了研究，认为以互联网和大数据为基础的智能制造新体系在制造业企业生产中的应用，可以提高制造业企业的转型升级能力，促进中国制造业发展。李涛(2018)对我国智能制造的发展路径进行了研究，认为智能制造有利于促进传统制造业转型升级，为中国实现制造业在全球价值链的攀升提供了新的契机，制造业的发展需以智能制造为重要突破口。王振(2018)从人工智能与产业发展的角度进行了研究，认为人工智能主要是通过提高企业生产效率推动经济结构的转型升级。苏海涛等(2018)分析了人工智能对于我国产业结构的影响，认为人工智能主要通过提高设计与生产效率、制造业工况的主动感知，以及自动控制能力等，促进制造系统由资源驱动型向信息驱动型转变，显著促进产业升级。尹靖等(2019)认为人工智能的出现在扩大相关产业规模和推动产业结构升级的同时，对传统产业的发展与转型升级产生冲击。周济等(2018)认为人工智能技术在制造业生产中的应用与融合，能提高企业的生产效率和产品质量，也能提升企业对消费者的服务水平，同时也驱动了新一轮工业革命，是制造业转型升级的重要路径之一。

分析现有文献可知，聚焦智能化对中国制造业结构优化影响的研究相对较少。

基于智能化角度，本节研究人工智能对我国制造业结构优化的影响，从合理化和高度化两个方面揭示智能化对制造业结构优化影响的内在机理，并提出相关政策建议，这对于促进制造业智能化和不同层次的制造业结构优化，以及制造业向高质量发展具有重要的理论价值和现实意义。与已有文献相比，本节贡献主要体现在以下两个方面：一是分别从技术创新、生产模式、生产效率以及需求结构角度出发，探究智能化影响制造业结构优化的内在机制；二是采用熵权法对制造业智能化指数进行处理，并基于省级面板数据，实证分析智能化对制造业结构优化的影响。

6.2.2　智能化促进制造业结构优化的机制分析

本节主要从制造业结构的合理化和高度化两个方面分析制造业结构优化，智能化则主要通过以下 4 种方式对制造业合理化和高度化产生影响，并促进制造业结构优化(Hu et al., 2010)。

1. 智能化通过提高技术创新能力促进制造业结构优化

智能化有利于提高制造业企业的技术创新能力，从而对制造业结构优化产生促进作用。首先，智能化通过提高技术创新能力，推动新产品的产生促进制造业结构高度化。通过互联网和大数据等高级分析工具的利用，加快了企业的知识获取和利用；并通过企业间技术和信息网络的搭建，促进了知识和技术的溢出，从而促进技术创新的产生与扩散。新技术被不断开发与利用，并取代原有的旧产品和旧工艺，加快推动新产品产生，促进制造业结构高度化。其次，智能化通过提升技术创新能力，提高高技术产业比例促进制造业结构高度化。智能化取代了传统生产过程中的部分人力劳动，由此不断优化生产流程和生产工艺，降低生产成本，提高市场竞争力，从而导致高技术、高生产率部门不断扩张，低技术、低生产率部门逐步减退，使得高端技术企业的比例不断上升，从而促进制造业结构高度化，继而驱动制造业结构优化。

2. 智能化通过改进生产模式促进制造业结构优化

智能化推动了制造业生产模式的改进(周济等，2018)，并促进制造业结构优化。智能化对生产模式的改进体现在制造业生产制造的全过程。首先，在产品的生产初期，智能化通过改进研发和合作模式促进制造业结构合理化。利用深度学习、机器学习等人工智能的相关技术，制造业企业可以快速有效地对市场信息进行分析与研究，并通过智能化研发设计工具快速高效地进行产品的合作研发和设计。这种改进后的研发合作模式能有效提高企业间的协同化程度，提升企业间的协调能力和关联水平，从而促进制造业结构的合理化。其次，在产品的生产制造过程中，智能化通过高效的个性化生产促进制造业结构高度化。智能机器人、智能车间以及智能工厂等智能设备和技术的应用不断提高制造业企业的智能化水平(Hu et al., 2010)，将原有单一、低效、简单重复的流水线作业转向为多种类、高效的个性化生产，促进高技术产业的出现，从而促进制造业结构的高度化。最后，在产品流通和售后环节，智能化通过个性化服务，加快信息反馈，促进制造业结构高度化。通过智能化的个性化服务能力，企业与消费者之间的交流可以快速而便捷，企业能够实时获取消费者对产品的评价，并根据反馈信息研究开发新的产品和技术，加快新产品的出现，从而推动制造业结构高度化。综上所述，智能化通过改进生产模式促进制造业结构优化。

3. 智能化通过提高制造业生产效率推进制造业结构优化

智能化在制造业生产过程中的应用，可不断提高制造业生产效率(Camerer, 2019)，并以此推动制造业结构的优化。首先，智能化通过提高生产效率，提升资源利用程度促进制造业结构合理化。通过开展远程交流和维护技术，智能制造企业衍生出企业间新的生产分工和协作方式。通过合作生产提高生产效率，同时对生产要素的资源进行合理的配置和整合，避免资源的浪费，提高资源利用程度，从而促进制造业结构合理化。其次，智能化通过提高生产效率，推动生产要素转移促进制造业结构优化。智能制造企业通过智能机器人等智能设备形成的智能化生产流程，不断完善生产流程和提高工艺技术，显著提高企业生产效率(冯春晓, 2009)。在生产率上的不同会导致生产单位之间收益的差距，并导致生产要素在生产部门之间的转移，使得生产要素在制造业间得到合理有效的配置，从而促进制造业结构合理化。此外，生产要素在向生产效率较高的生产部门转移后，推动了高技术产业的发展，提升高技术产业比例，进而促进制造业结构高度化。因此，智能化通过提高制造业生产效率推进制造业结构优化。

4. 智能化通过改变需求结构促进制造业结构优化

需求结构是影响制造业结构优化的重要因素之一(冯春晓，2009)，智能化主要通过两个方面改变需求结构，进而促进制造业结构优化。一方面，智能化通过影响生产需求结构促进制造业结构优化。智能化的出现衍生出一系列相关产品与产业的发展，例如智能家居、智能驾驶、智能设备等，使得社会资源向这类生产制造部门流动，为研发、生产提供投资，有利于制造业技术密度的提高和制造业规模的扩大，进而促进制造业结构高度化。除此之外，网络众包、大规模个性化定制等智能化技术，能从实际数据中获取信息，并利用这些信息对商业和消费者行为进行预测，及时发现市场的潜在需求；并协助生产者做出最佳的商业决策，刺激生产需求，促进市场与生产趋于同步，从而促进制造业结构合理化。另一方面，智能化通过影响消费需求结构促进制造业结构高度化。智能化带来的新产品不仅影响生产需求结构，也会刺激消费者需求，推动消费需求结构的变化。另外，智能化通过提高生产率可降低产品价格，又进一步地促进消费者需求增长，同时也促进制造业新产品的产生以响应市场的变化，从而促进制造业结构高度化的发展。因此，智能化通过升级生产需求结构，引导消费需求结构促进制造业结构优化。

6.2.3　模型构建与数据说明

1. 模型选择

通过构建计量模型，并选用中国 30 个省级行政区(除西藏、台湾、香港、澳门)的面板数据进行实证分析，以检验智能化对中国制造业结构优化产生的影响。具体模型设定如下：

$$\text{Upindustry}_{i,t}=\alpha_0+\alpha_1\text{int}_{i,t}+\alpha_2\text{gov}_{i,t}+\alpha_3\text{fin}_{i,t}+\alpha_4 k_{i,t}+\alpha_5\text{hum}_{i,t}+\alpha_6\text{open}_{i,t}+\varepsilon_t+\mu_i+\varepsilon_{i,t} \tag{6.5}$$

式中，$\text{Upindustry}_{i,t}$ 为被解释变量，表示制造业结构优化水平，从制造业结构合理化和制造业结构高度化两个维度对其进行测度；$\text{int}_{i,t}$ 为解释变量，表示智能化水平；$\text{gov}_{i,t}$ 为政府支出；$\text{fin}_{i,t}$ 为金融发展水平；$k_{i,t}$ 为研发投入；$\text{hum}_{i,t}$ 为人力资本；$\text{open}_{i,t}$ 为开放程度；ε_t，μ_i 和 $\varepsilon_{i,t}$ 分别为时间固定效应，各省份的个体固定效应和随机干扰项。

2. 变量说明

被解释变量：制造业结构优化(Upindustry)。如前文所述，本节从制造业结构合理化(Theil)和高度化(ais)两个维度对其进行测度。

制造业结构合理化则主要表现为企业间协调程度和关联水平，能反映资源有效利用的程度，以及要素投入和产出的耦合程度(袁航和朱承亮，2018)。本节选取泰尔指数(Theil)来测度各省份的制造业结构合理化水平(傅元海等，2016)，具体公式为

$$\text{Theil}=\sum_{j=1}^{n}(Y_j/Y)\ln\left[(Y_j/L_j)/(Y/L)\right] \tag{6.6}$$

式中，Y 和 L 分别表示各省级行政区的制造业生产总值和就业人数；j 和 n 分别表示各省份的制造业行业及行业数。泰尔指数(Theil)与结构合理化呈负相关，若指数为 0，则说明制造业结构处于绝对均衡水平，制造业结构处于合理状态；反之，数值越大则说明制造业结构偏离均衡状态，制造业结构不合理。

制造业结构高度化主要表现在制造业不断向高水平状态发展，制造业行业内的技术密集度不断上升，高技术比例不断增加，因此，本节采用各地区高端制造生产总值与中端制造生产总值之间的比例来衡量制造业结构高度化（傅元海等，2018），比值越大，说明制造业技术密集度高，制造业结构高度化水平也相对较高。其中，傅元海等（2014）将制造业产业分为三大类，分别是低端、中端及高端制造业。基于上述并结合 OECD 的分类方法，本节将制造业分为高端、中端和低端三类技术水平行业①。

解释变量：智能化水平（int）。基于投入角度来衡量智能化，包括智能设备投入和智能人才投入。智能设备投入是智能化发展的基础，为企业发展智能技术提供有力的支撑，采用电信固定资产投资作为其代理变量；智能人才投入是制造业智能化发展的重要保证，加大智能人才投入有助于提高智能化水平，本节采用软件开发人员数作为其代理变量。借鉴石喜爱等（2018）的思路，本节采用熵权法对电信固定资产投资与软件开发人员数进行了归一化处理，并将二者相乘，用乘积衡量各省份的智能化水平，乘积的数值越大，则表明智能化水平越高。

控制变量：根据上述计量模型，本节的控制变量包括研发投入、开放程度、人力资本、政府支出和金融发展水平。

研发投入（k）。技术创新是制造业结构优化的重要因素，而研发投入的增加恰能有效促进技术创新的产生，并以此提高制造业生产效率，从而促进制造业结构优化。本节采用各省 R&D 投入与区域生产总值的比例衡量研发投入，预期其对制造业结构优化具有正向作用。

开放程度（open）。随着中国对外开放水平的不断提高，对外开放程度越深的省份，外资相对容易流入，外资企业先进的技术和知识溢出能影响制造业企业技术创新水平，并以此促进产业结构优化。本节采用各省份年度实际进出口总额占生产总值的比例来衡量该省份的对外开放程度，预期开放程度对制造业结构优化具有正向影响。

人力资本（hum）。人力资本水平对制造业企业的研发能力与生产效率都具有促进作用，有利于促进制造业结构高度化和合理化。本节借鉴刘军等（2017）的思路，选取各省份平均受教育年限来衡量人力资本。平均受教育年限=6 年×小学文

---

① 高端制造业包括：通用设备制造业，专用设备制造业，汽车制造业，铁路、船舶、航空航天和其他交通运输设备制造业，电气机械和器材制造业，化学纤维制造业，化学原料和化学制品制造业，医药制造业，计算机、通信和其他电子设备制造业，仪器仪表制造业；中端制造业包括：金属制造业，橡胶和塑料制造业，非金属矿物制造业，石油加工、炼焦和核燃料加工业，黑色金属冶炼和压延加工业，有色金属冶炼和压延加工业；低端制造业包括：农副食品加工业，食品制造业，酒、饮料和精制茶制造业，烟草制品业，纺织业，纺织服装、服饰业，皮革、毛皮、羽毛及其制品和制鞋业，木材加工和木、竹、藤、棕、草制品业，家具制造业，造纸和纸制品业，印刷和记录媒介复制业，文教、工美、体育和娱乐用品制造业。

化程度就业人员比例+9 年×初中文化程度就业人员比例+12 年×高中文化程度就业人员比例+15×大专文化程度就业人员比例+16 年×本科文化程度就业人员比例+19 年×研究生文化程度就业人员比例。本节预期人力资本对制造业结构优化具有正向影响。

政府支出(gov)。政府通过财政拨款、专项扶持、研发机构建立等政策，有效推动制造业技术创新能力的提升，并以此对制造业结构优化产生影响。采用当地政府支出与 GDP 的比例来衡量政府支出，预期对制造业结构优化具有正向影响。

金融发展水平(fin)。资本是经济发展的重要因素之一，尤其是对需要巨额投资的制造业而言，金融发展水平越高，便越可以为制造业企业的研发投入、技术引进等提供资金支持，并帮助分散风险，以此促进制造业结构优化(季玉良，2018)。本节采用各省份金融业增加总值与第三产业增加值的比值衡量金融发展水平，预期具有正向作用。

3. 数据来源

因西藏等省份部分数据不可得，采用中国 30 个省级行政区地区(不包括港澳台)2009～2015 年的面板数据进行实证分析，数据主要来源于《中国统计年鉴》《中国信息产业统计年鉴》《中国高技术产业统计年鉴》《中国工业统计年鉴》。处理后的数据的描述性统计结果见表 6-6。

表 6-6　主要变量指标的描述性统计结果

变量	样本量	均值	标准差	最小值	最大值
ais	210	1.4048	1.0643	0.2056	5.8217
Theil	210	0.0391	0.0560	0.0003	0.3871
gov	210	0.2350	0.0927	0.0964	0.6268
fin	210	0.1271	0.0386	0.0564	0.2445
k	210	91.8859	51.3368	8.6844	214.8580
hum	210	948.9314	105.0603	704.5421	1343.9300
open	210	0.0497	0.0565	0.0077	0.5460

6.2.4　智能化对制造业结构影响的实证检验

基于固定效应(FE)、随机效应(RE)和可行的广义最小二乘估计法(FGLS)，采用动态空间面板方法进行估计。

1. 智能化对制造业结构优化影响的总体回归分析

首先，采用中国 30 个省级行政区 2009～2015 年面板数据对解释变量的系数进行估计。表 6-7 为以制造业结构合理化和高度化为被解释变量，固定效应(FE)、随机效应(RE)、最小二乘法(FGLS)和动态面板估计的解释变量系数估计值。

表 6-7　总体回归分析

解释变量	合理化				高度化			
	方程 1 (FE)	方程 2 (RE)	方程 3 (FGLS)	方程 4 (动态面板)	方程 5 (FE)	方程 6 (RE)	方程 7 (FGLS)	方程 8 (动态面板)
$L_{i,t-1}$				−0.1299				0.9344**
				(−0.83)				(13.25)
int	−0.0209**	−0.0247***	−0.0227***	−0.2713***	0.4682***	0.5090***	0.5196***	0.5810***
	(−2.24)	(−3.22)	(−3.70)	(−3.85)	(4.68)	(5.47)	(4.77)	(4.79)
gov	−0.2420**	−0.1281**	−0.0143	−0.0438	2.3742**	0.8522	−0.5012	0.0602
	(−2.35)	(−2.04)	(−0.29)	(−0.79)	(2.15)	(0.97)	(−0.58)	(0.06)
fin	−0.0784	−0.1188	−0.3972***	−0.290***	1.1980	1.8990*	6.3513***	6.2595***
	(−0.73)	(−1.21)	(−4.07)	(−2.63)	(1.04)	(1.69)	(3.67)	(3.30)
k	−0.0001	−0.0001**	−0.0003***	−0.0003***	0.0019*	0.0021**	0.0004	0.0005
	(−1.13)	(−2.02)	(−3.62)	(−3.36)	(1.69)	(1.98)	(0.27)	(0.30)
hum	−0.0001	−0.0001	0.0007**	0.0001	−0.0001	0.0001	0.0024***	0.0024***
	(−1.51)	(−0.82)	(2.07)	(1.50)	(−0.33)	(0.37)	(3.87)	(3.66)
open	0.1926***	0.2437***	0.5784***	0.5493***	0.6684	0.8978*	2.9821***	3.2113***
	(3.95)	(5.16)	(9.41)	(8.39)	(1.28)	(1.69)	(2.74)	(2.85)
常数项	0.2258***	0.1981***	0.9587***	0.1508***	−0.8704*	−1.0600**	−3.4506***	−1.2977***
	(3.77)	(4.42)	(2.31)	(2.94)	(−1.87)	(−2.00)	(−4.69)	(−2.30)
样本量	210	210	210	180	210	210	210	180
R^2	0.2983	0.2865			0.3602	0.3511		
Hausman	0.0116				0.1054			

注：***、**和*分别表示在 1%、5%和 10%的水平上显著；括号内为 t 值；表 6-8 同

在以制造业结构合理化为被解释变量中，通过先比较方程 1 和方程 2 的估计结果发现，根据 Hausman 检验，p 值为 0.0116，显示固定效应优于随机效应。虽然方程 3 的 FGLS 模型在一定程度上消除了可能存在的异方差性和序列相关性，

但在方程 4 中，我们使用动态面板模型，增加了被解释变量的($L_{i,t-1}$)，能够在一定程度上缓解了可能存在的内生性问题。因此，本节主要对方程 4 的估计结果进行分析。

通过观察方程 4 的结果，发现智能化的系数为负，且通过了 1%的显著性检验。表明智能化水平的提高会导致泰尔指数的下降，智能化有利于促进制造业结构的合理化。这主要在于智能化设备和人才在生产过程中的投入促进了企业间的交流与合作，使得生产要素在制造业企业间的配置趋于最优状态，能有效促进产业间关联度和行业间协调能力的不断提高，从而促进了制造业结构合理化。此外，金融发展水平和研发投入系数都为负，且都通过 1%的显著性检验，表明这两者有利于促进制造业结合理化。

在以制造业结构高度化为被解释变量中，同样主要对方程 8 的动态面板估计的结果进行分析。结果表明智能化的系数为正，且通过了 1%的显著性检验，表明智能化显著促进了制造业结构的高度化。这主要是因为智能化通过提高技术创新能力，加快了新产品的产生，不断提升高技术产业的比例。在产品生产初期、生产过程以及流通售后环节改进生产模式，提高了制造业生产效率，从而促进制造业结构高度化；另外，智能化通过改变消费需求和生产需求结构，促进了制造业结构向更高层次演进，从而促进制造业结构高度化。在控制变量中，金融发展水平、人力资本、开放程度的系数都为正，且都通过 1%的显著性检验，说明金融发展水平、人力资本和开放程度都对制造业结构高度化具有显著的正向影响。因此，智能化对中国制造业结构合理化与高度化都具有显著正向影响，都显著促进了制造业结构优化。

2. 智能化对中国制造业结构优化影响的分区域回归分析

为进一步分析智能化对中国制造业结构优化的影响，本节将 30 个省级行政区按照合理化与高度化的高低程度分别分组[①]，分别分析智能化对各组地区的影响。与前文分析类似，本节仍然通过增加被解释变量的滞后一期($L_{i,t-1}$)来构建动态面板模型，对估计结果进行分析，估计结果如表 6-8 所示。

① 制造业结构合理化较高省份包括：四川、云南、内蒙古、吉林、重庆、贵州、湖南、湖北、辽宁、宁夏、河南、黑龙江、上海、安徽、广西；制造业结构合理化较低省份包括：山东、广东、江苏、浙江、青海、河北、山西、福建、天津、陕西、江西、北京、新疆、甘肃、海南；制造业结构高度化较高省份包括：北京、上海、吉林、重庆、江苏、广东、浙江、四川、湖北、山东、安徽、福建、湖南、天津、辽宁；制造业结构高度化较低省份包括：广西、陕西、河南、黑龙江、贵州、江西、海南、内蒙古、河北、云南、青海、山西、宁夏、新疆、甘肃。

表 6-8 分类回归分析

解释变量	合理化		高度化	
	方程 9	方程 10	方程 11	方程 12
$L_{i,t-1}$	0.4034***	0.2003	1.3511***	0.8672***
	(3.46)	(1.03)	(9.45)	(3.94)
int	–0.0078***	–0.0364***	0.2543**	0.0196
	(–3.07)	(–3.99)	(2.08)	(0.51)
gov	–0.1046***	–0.1700**	3.6449**	–0.4651*
	(–3.85)	(–2.48)	(2.25)	(–1.69)
fin	–0.0097	–0.4627**	1.7587	3.900***
	(–0.28)	(–2.54)	(1.02)	(5.02)
k	–0.0001**	–0.0007***	–0.0035*	–0.0006
	(–2.56)	(–6.17)	(–1.88)	(–0.62)
hum	–0.0001**	0.0001	0.0060***	0.0002
	(–2.40)	(1.46)	(8.28)	(1.06)
open	0.1459***	0.7911***	–2.2560	–0.2109
	(3.10)	(5.69)	(–1.23)	(–0.54)
常数项	0.0699***	0.1826**	1.3866***	0.1195*
	(3.87)	(3.58)	(2.71)	(1.78)

根据方程 9 和方程 10 的估计结果显示，智能化对制造业结构合理化较高和较低地区的影响系数为负，且通过 1%的显著性检验，说明智能化显著促进制造业结构合理化，对地区间的关联水平、资源有效利用程度都具有显著的正向影响。根据方程 11 的估计结果显示，智能化对制造业结构高度化较高地区的影响系数为正，且通过了 5%的显著性检验，说明智能化对于该地区的制造业结构高度化具有显著的正向影响，有利于提高高端技术产业比例，促进制造业的高水平发展。根据方程 12 的估计结果显示，智能化对于制造业结构高度化较低地区的影响系数虽为正，但并不显著。这主要因为在制造业高度化排序中处于低水平的地区多为中西部省份，这些省份的经济发展相对较为落后，其制造业多以传统制造业为主，大多为原材料开采和加工组装企业，处于制造业产业链的末端；与此同时，智能化与制造业生产之间的融合程度相对较低，人工智能在制造业中的应用并不广泛，所以智能化对其制造业高度化的影响相对较弱。

6.2.5 研究结论

本节针对智能化对中国制造业结构优化的影响进行了研究，机制分析表明智能化通过提高技术创新能力，改进生产制造模式，提高制造业生产效率以及改变需求结构促进中国制造业结构优化。实证分析表明智能化对中国制造业结构的合理化与高度化都具有显著正向影响，智能化有利于促进中国制造业结构优化。此外，金融发展水平对制造业结构的合理化与高度化都具有显著的正向影响，有利于促进制造业结构优化；人力资本和开放程度有利于促进制造业结构高度化，研发投入仅对中国制造业结构合理化具有正向影响。按照制造业结构合理化与高度化程度分组进行的实证结果显示，在制造业合理化程度相对较高和较低的省份，智能化对其制造业合理化具有显著的正向影响；在制造业结构高度化程度较高地区，智能化对该地区的制造业结构高度化影响更为显著。

6.3　本 章 小 结

本章研究了制造业智能化对中国产业结构的影响。

6.1 节从产业结构高度化和合理化角度，实证研究了智能化对产业结构的影响。机制分析表明，智能化通过提高人力资本水平以及创造新业态促进产业结构高度化，通过合理配置资源、技术融合促进产业结构合理化。实证结果显示，智能化对产业结构高度化和合理化均有正向影响，显著促进了产业结构升级，并且东部地区智能化发展对产业结构转型升级的影响大于中西部地区。

6.2 节从机制和实证两方面探究智能化对中国制造业结构优化的影响。机制分析表明，智能化通过提高技术创新能力，改进生产制造模式，提高制造业生产效率以及改变需求结构促进中国制造业结构优化。实证研究结果显示，智能化对制造业结构的合理化与高度化都具有显著的正向影响，明显促进了制造业结构优化；在制造业结构合理化水平高和水平低的地区，智能化都对其合理化具有显著的正向影响；在制造业结构高度化水平高的地区，智能化对其高度化的影响更为突出。

据此本章提出 3 项政策建议。

(1)提升自主创新能力，促进企业智能化转型，带动产业结构升级。首先，政府应加强专业高精尖人才的培养力度，为人工智能发展创造有利环境，为企业自主创新奠定坚实基础；其次，通过税收优化、资金补助等方式鼓励有条件的企业进行自主创新，并开展一系列与人工智能技术有关的活动，不断提升科技研发水平；最后，支持企业主动参与与人工智能有关的国际研发分工，并设立人工智能海外研发中心，促进产业结构升级。

(2)制定差异化的区域智能化战略，促进产业结构升级。各地区智能化程度不同，产业结构高度化和合理化程度也不同，政府应结合各地区自身特点，提出差异化的区域智能化政策，推动产业结构升级。一方面，东部地区在拥有良好的智能化基础设施、人力资本的基础上，应借助高校、科研院所积极研发人工智能新技术，为智能设备的产生与运用提供技术支持，鼓励三次产业使用智能化设备，提高三次产业智能化水平；另一方面，应借助完备的产业基础，积极建立智能产业园区、人工智能创新发展试验区，加速智能产业集聚，率先实现产业智能转型，促进产业结构升级。中西部地区要进一步完善智能化发展的基础设施，为发展智能化产业奠定基础；优化智能化发展的政策环境并加大资金扶持力度，对智能化企业进行财政补贴，促进产业结构升级。

(3)加大对制造业结构高度化水平较低地区的投入，推动制造业结构高度化。在制造业结构高度化水平较高的地区，智能化对其高度化的促进作用更为显著，应加大对制造业结构高度化水平较低地区的资金与技术支持，推动其高度化水平的提高。鼓励高技术产业带动低技术产业共同发展，加强技术交流与合作，共同提高技术水平，不断提升高技术产业比例。同时，加快制造业智能化，促进制造业向高水平状态发展，推动制造业结构高度化。

第 7 章　制造业智能化对技术创新的影响

本章通过逻辑推理和实证建模分析人工智能对技术创新的影响。从知识创造、知识溢出、学习吸收能力、研发经费和人员投入 4 个方面阐述智能化影响技术创新的机理；并基于国际机器人联合会(IFR)提供的工业机器人数据和中国 14 个制造业行业面板数据实证检验智能化对技术创新的促进作用及存在的行业异质性特征。

7.1 引　　言

智能化在中国及世界各国的不断应用与发展，对技术创新可能会产生一定的影响。然而，关于智能化对技术创新影响的研究仍然相对较少，只有少数学者在其著作中提及。周济(2012)认为制造智能化不仅为机械产品创新提供了一种共同的使能技术，而且为制造技术创新提供了一种使能技术；使制造业向数字化、智能化的一体化发展，提高产品设计、生产和管理的整体水平。Brynjolfsson 和 Mcafee (2014)认为，智能化、数字化等支撑下的第二次机器时代将实现前所未有的技术进步。Markoff(2015)认为智能化领域包括两个方面，一个是试图复制人类能力，另一个是通过利用计算机的能力来扩展人类做出更好决策的能力。Aghion 等(2019)认为决定智能化如何影响社会经济增长的关键因素是前者如何影响创新和知识的创造。Agrawal 等(2019)在很大程度上将知识创造的过程视为已知知识的重组过程，而智能化的发展不仅帮助人们发现新的知识，也帮助人们有效地将已知的知识进行组合。因此，这些学者认为智能化的引入促进了知识的不同组合和显著的经济增长。

从现有文献来看，关于智能化对技术创新影响的研究还处于起步阶段，理论主要集中在对相关概念的界定上。关于智能化与技术创新关系的研究相对较少，还有很多问题有待进一步探索和解决。本章主要研究智能化对技术创新的影响机制，实证检验了智能化对技术创新的作用、程度和行业异质性。

7.2　智能化与技术创新的研究现状

7.2.1　人工智能的相关研究

在人工智能的各种定义中，包括以下共同元素：人工智能是指类人的智能活动、被编程执行特定的任务(Russell and Norvig, 2016；Goodfellow et al., 2016)。Goralski 和 Tan(2020)以及 Coccia(2019)认为人工智能具有像人类一样思考的能力,可以被用来执行在公共场所和社会生活中最初由人们执行的特定角色和任务。这种能力正在不断增加，可以和人类媲美，甚至在某些情况下比人类更好。例如，AI 深度学习在癌症诊疗中的应用，可以帮助病理学家在癌症发展的早期阶段对癌症进行检测和分类，使患者得到及时治疗，增加病人生存或康复的机会(Coccia, 2020)。渠慎宁和杨丹辉(2020)认为人工智能技术为应对疫情提供了有力保障，百度开发的线性时间算法 LinearFold，可以将对新型冠状病毒的全基因组二级结构预测从 55min 缩短至 27s，提速 120 多倍，节省了两个数量级的等待时间。Russell 和 Norvig(2016)认为人工智能是指具有人类属性的系统，如学习、说话和其他认知功能。Agrawal 等(2019)认为人工智能包括一系列技术，包括机器学习、深度学习、自然语言处理、机器人等，可以定义为先进的预测技术。Lee 等(2018)认为人工智能是一门融合了图像处理、自然语言处理、机器人、机器学习等技术的认知科学。人工智能与工业物联网、大数据分析、云计算等新兴技术相结合，应用于工业生产，可以形成灵活、高效、绿色的运营方式，同时也为工业应用提供解决方案。Iafrate(2018)认为人工智能是一种可以完成最初需要人类参与的复杂任务的技术。它的主要优点是，即使在非常复杂的数据分析环境中，它也可以在短时间内进行分析和决策。Kaplan 和 Haenlein(2020)认为人工智能有能力通过灵活学习现有数据来完成特定任务。Hildmann 和 Hirsch(2018)认为人工智能主要包括计算智能和感知智能两个方面。计算智能具有快速计算和存储内存的能力，涉及数据和算法的应用。感知智能是指人类的感知能力，如视觉、听觉和触觉，可以捕捉和分析周围环境的信息，并通过各种传感器做出合理的响应。Vocke 等(2019)认为人工智能在经济和社会的许多领域变得越来越重要，不仅仅是因为它的技术能力持续增长，更重要的是智能化可以通过适应新环境继续自主发展。陆岷峰和马进(2020)认为人工智能通过将最先进的信息技术综合运用，利用软件、设备替代自然人的体力甚至脑力劳动，并且具有计算功能强大、速度快、效率高等优势。Laptev(2019)指出人工智能通过对劳动力的替代效应和互补效应，减少低技能劳动力，企业采取雇用更多高技能人才的方式，降低劳动时间，提高企业生产率。张万里和宣旸(2020)认为人工智能是一种能够改善地区要素结构，降低劳动时间，提高资本深化现象，带动产业结构升级的技术。

基于以上研究，本章认为人工智能是利用机器学习、深度学习、计算机视觉等技术，通过编程和算法处理来实现对人类能力的模仿。智能化具有独立学习、推理、感知和决策的能力。它可以代替部分人力和脑力劳动，为用户提供数据处理、技术分析等高效的辅助功能，可以大大提高工作和生产效率。

7.2.2 技术创新的综述

在创新概念方面，Schumpeter(1982)认为创新是生产函数的变化，代表着经济发展的驱动力。Damanpour(1996)认为创新是一个包括产生、发展和实施新想法或行为的过程。Leonard-Barton 和 Swap(1999)认为创新是知识在新颖、相关、有价值的新产品、流程或服务中的体现、结合和综合。Rowley(2011)认为创新是一种改变，发生在一个产品、服务、过程或更广泛的一个组织中。Dance(2008)列出了 30 多个关于创新的定义并给出了总结，他认为创新是创造价值的新鲜事物(新的、原创的或改进的)，其中"某物"可以是一个过程、产品或服务。

余泳泽和胡山(2018)认为技术创新不但能够促进经济的长期增长，还能有效带动经济结构转型，实现高质量发展。唐松等(2020)认为技术创新是一项系统工程，主要由政策、制度、要素供给等构成，是技术创新活动开展的基础。Coccia(2014)认为特定技术创新是指在特定研究领域或特定技术发展过程中解决特定问题的结果，问题和解决方案的演变导致了创新的出现和发展。Coccia(2017)认为获得市场竞争优势是促进技术创新的主要目的，企业要保持在市场上的竞争优势，就需要不断地找到解决问题的新方法，保持不断的创新。Marzi 等(2017)通过对 1985～2015 年制造业技术创新文献的研究，提出技术创新是制造业企业保持稳定的必要因素。创新，无论是产品或服务、管理操作或生产过程，都是每一个竞争优势的根本指导原则(Forrest et al., 2019)。

也有学者研究了技术创新之间的互动关系。Fisher 和 Pry(1971)认为技术创新是一种以新技术取代旧技术的竞争过程。Nelson(2006)将达尔文主义与技术相结合，用达尔文主义的思想来解释技术进化，提出了技术创新过程中的多学科性质和不同的技术路径。Schuster(2016)认为与不同物种在生态系统中形成食物网类似，技术创新之间形成了相互依赖、复杂的网络。Coccia(2018)认为任何一项技术创新都不是独立的，任何一项创新都是基于其他技术创新的行为，每一项创新都依赖于其他创新，通过互动实现共同进化。Coccia(2019)提出了一种衡量和评估寄生系统中技术相互作用的新视角，证明了比较技术演化路径和进化理论是有效的，不同技术之间存在互惠性。技术作为一种普适性和特殊性的社会工具，不仅不断地满足人类生产和生活的各种需要，而且遵循着客观环境对它的选择。技术通过内因和外因的相互作用不断升级和淘汰，从而实现"优胜劣汰"。

基于以上文献综述，本章对技术创新的定义如下：技术创新是通过一组研发工作(可能是一个特定的或几个同时进行的研发工作)带来了一项新技术，与其他技术相比，能够提高生产率并为企业带来额外价值的原始或改进的技术。与此同时，技术创新也不是独立的。它依赖于其他创新，并通过与其他创新活动的互动共同进化(Coccia, 2018)。由于强调相对增加的价值，这种技术创新的定义包含了概念的许多方面。例如，它暗示非凡的创造力需要时间的积累；创造性必须由内部构思，由当前或预测的环境力量驱动，并由外部采用，如市场接受；必须实施相关的新过程，生产、管理或两者，以实现上述价值；预期的利益和优势得以具体化；除技术相关发明外，本定义还强调利用新技术生产适销新产品。

通过以上分析，我们可以看到智能化是技术创新的结果，不仅是一种具有附加值的新技术，而且与其他技术紧密相连，形成类似于食物网的复杂网络。在这些技术中，智能化不仅成为其他技术创新的内因，而且成为推动其他技术创新的外因。智能化在为技术创新创造条件的同时，也在不断推动新技术创新的产生，形成新的良性循环(Vocke et al., 2019)。

7.3　智能化对技术创新的影响机制

智能化通过加快知识创造，加快知识溢出，提高学习吸收能力以及增加研发投资促进技术创新。具体体现在 4 个方面。

7.3.1　智能化通过加快知识创造促进技术创新

技术创新不仅是单纯的社会性活动过程，更是一种知识认知及整合的创造过程。知识是技术创新的核心，有效的知识创造是进行技术创新的基础。技术创新最终以新知识涌现和新旧知识的融合表现出来。首先，智能化为加速知识创造提供了数据获取方面的支持。智能化的应用显著提高了企业数据采集能力，大数据的快速发展，“云”和“端”的互动，使得知识创造有了新的供给和载体，促进缄默知识的显性化。云端化加快数据获取的速度，提高数据的精确度。其次，智能化带来的更高级别的互联网和云技术等新的高级分析工具，比如深度学习、计算机视觉技术，能更加快速地提供大量的信息来源、新的知识和新的计算方式，加快知识重组的过程(Agrawal et al., 2019)，加快了数据到信息再到知识创造的过程。例如，日本富士通株式会社和理化学研究所在开发锂离子电池的固态电解质新材料时，在引入智能化技术之后，可以控制运算次数，并更合理地对合成化合物进行预测，因此在更短的时间内，预测出高锂离子传导率的最佳材料组合，同时在预测过程中发现效率更强的高锂离子传导率。另外，智能化促进了互联网和平台经济交流方式的普及与应用，打破企业内部或者不同企业之间知识边界，加快了知识传播和扩散，加快了知识交流与整合以创造新知识的过程，这对智能化又起到重要影响(Goldfarb and Trefler, 2018)。因此，智能化通过加快知识创造促进技术创新。

7.3.2　智能化通过知识和技术溢出促进技术创新

首先，智能技术在企业各部门的之间的传播，可推动部门间智能化技术与技术创新的共同发展。如应用部门在享受到智能化带来的高额利润后，会提出更高的智能技术需求；研发部门在从应用部门获取智能技术服务收益后，为满足其需求，会不断开发新的智能技术，持续提升自身技术水平；而新一轮的智能化的应用又会在较大程度上促进研发部门的创新溢出，如此反复，最终推动智能化与技术创新能力的累计循环增长。其次，智能化有利于降低企业间信息传递的成本。知识、技术和信息网络的形成，使得企业间信息交流更加便捷，技术创新在企业间扩散的交易成本能得以降低，企业间知识和技术溢出便更加容易，从而有利于促进技术创新的扩散和传播，进而促进企业间技术创新能力的不断提升。另外，智能化可通过加快移动互联网和物联网协同交互作用促进异地的企业在生产过程中加强联系(吕铁和韩娜，2015)。企业之间可不受地理限制，只需设备正常运转，便能异地遥控指挥并进行生产。在生产过程中，可随时提出要求并修改生产过程。同时促进各种人才、企业和产业聚集在一起或同一条产业链上，在细化分工、信息共享和资源整合等机制的共同作用下，共同完成生产目标。这种变化将会使得传统企业组织边界逐步瓦解，各个企业之间不再是封闭的，而是组成一个模块化的生产网络，极大地便捷了企业之间的交流与合作。在这整个过程中，有效地促进了企业间的信息交流与合作，并产生知识和技术溢出，进而促进技术创新的产生。因此，智能化通过加快知识和技术溢出促进技术创新。

7.3.3　智能化通过提高学习吸收能力促进技术创新

学习吸收作为技术创新的主要依靠力，直接关系着外部的知识进入企业内部的效率，企业的学习能力越高，其技术创新能力也就越高。首先，智能化能帮助员工提高学习吸收能力。主要由于智能化不断带来更多高精尖的设备和仪器，能利用计算机模拟人类的智能活动，取代传统生产系统中的部分脑力劳动，并具有运用知识进行推理、学习、联想以解决问题的能力，带来更高的精确度和可实现度，为员工带来精确而高效的分析工具，帮助员工更有效地进行决策(Camerer, 2019)，从而帮助员工提高吸收能力，提高整个企业的学习吸收能力。其次，智能化促进了企业的学习吸收能力，例如深度学习、图像智能识别，大数据应用等技术，能使得工业机器人自主地判断和行为，独立地完成各种复杂的任务，将所获得信息转化为知识以及进行开发利用，对企业的创新活动发挥积极作用。因此，智能化通过提高学习吸收能力来促进技术创新。

7.3.4 智能化通过增加研发经费和人员投入促进技术创新

研发经费投入是技术创新的有效保证，其对于技术创新的作用，在研发过程各个环节都具有重要意义，包括实验经费的投入、实验设备和仪器的购买等。而科技人才的投入是技术创新的另一重要组成部分，企业科技人才质量及与其他要素的有效结合会对技术创新效率和能力产生显著影响。在企业内部，智能化将为企业提供更多智能工业机器人、高端的智能设备，形成一整套智能化生产流程，一定程度上逐渐替代人力劳动，提高生产效率，节约生产成本，企业可以将更多的人力、物力、财力投入到研究活动中去，有效增加科技研发投入和人员投入。另外，企业通过智能化生产能显著提高生产效率，为企业带来更高的利润。当企业获得较高的利润后，又会加大研发经费和人员投入，促进新一轮的技术创新，并形成新的良性循环。因此，智能化通过增加研发经费和人员投入促进技术创新。

7.4 智能化对技术创新影响的实证检验

7.4.1 模型构建与数据说明

1. 模型设定

除了智能化会影响技术创新外，研发强度(Patterson and Ambrosini, 2015)、外商直接投资(Feng et al., 2019)、所有制结构(Yi et al., 2017)、技术模仿(Zhang and Li, 2015)等也会影响技术创新。为了能够较为精确地探究智能化对技术创新的影响，借鉴上述研究，本章引入以下变量作为控制变量，并将计量模型设定为

$$\ln Y_{i,t} = \alpha + \beta_1 \ln \mathrm{AI}_{i,t} + \beta_2 \ln K_{i,t} + \beta_3 \ln \mathrm{FDI}_{i,t} + \beta_4 \ln \mathrm{STATE}_{i,t} + \beta_5 \ln \mathrm{TETI}_{i,t} + \varepsilon_{it} \quad (7.1)$$

2. 变量说明

被解释变量：技术创新(Y)。在已有研究中学者们多采用专利申请量(Filippetti et al., 2017)、专利授权量(Carree et al., 2015)、新产品项目开发数量(Christiansen, 1999)和新产品销售额(Guan and Gao, 2009)来衡量技术创新水平。专利授权量是申请并获得授权的专利数量，本章认为这一指标优于专利申请量；同时，有的技术创新获得了专利授权，转化为新产品还需要一定时间，但是技术创新确实已经产生，因此，本章认为专利授权量能较为准确地反应技术创新。本章选择各行业专利授权量作为衡量技术创新的指标。若专利授权量数目越大，则表示该行业技术创新能力就越大。

核心解释变量：智能化水平(AI)。如 7.3 节的机制分析所述，智能化主要通

过提高知识创造，促进知识和技术溢出，提高学习吸收能力，增加研发经费和人员投入提升技术创新能力。由于智能化利用机器学习、深度学习、计算机视觉等多种技术，通过编程和算法处理，实现对人类能力的模仿，因此，难以用某个变量衡量。本章借鉴 Acemoglu 和 Restrepo(2020a)的做法，将各行业工业机器人数量作为智能化的替代变量。智能化在制造业中的应用很大一部分是通过工业机器人实现的，通过将计算机视觉与深度学习技术运用到工业机器人中，以实现对客观事物的图像识别、实时控制与预测，并为工业应用提供解决方案。因此，工业机器人数量可以较为客观地衡量行业的智能化水平，工业机器人数量越多代表该行业的智能化水平越高。

控制变量：根据上述计量模型，本章的控制变量分别为研发投入强度、外商直接投资、所有制结构、技术模仿。

研发投入强度(*K*)。研发投入强度是提高技术创新的主要途径之一(Han et al., 2014)，技术创新能力的提升在很大程度上取决于研发投入强度的持续增长。企业通过不断提高研发投入强度，可不断地增加人力、物力，为技术创新创造更合适的研发条件，以此提高自身的研发技术和生产技术，从而促进技术创新。借鉴 Han 等(2014)的做法，本章用 R&D 经费内部支出占总产值的比值衡量研发投资强度，并预期研发投资强度对技术创新具有正向影响。

外商直接投资(FDI)。根据外资技术溢出理论，虽然外资的进入会通过技术溢出效应增加国内企业的技术创新能力，但是同时，外资的进入也可能会对内资企业形成冲击，降低内资企业的利润水平，抑制内资企业的创新能力。大量外资的进入还容易造成行业垄断，重要产业与关键技术被控制，使得内资企业形成对其高度依赖，降低技术创新的积极性，从而导致技术创新能力下降(Hongling et al., 2006)。借鉴 Wang 等(2010)的做法，本章采用各行业中三资企业(中外合资经营企业、中外合作经营企业、外商独资经营企业)总产值占行业总产值的比值衡量外商直接投资，预期外商直接投资对技术创新具有负向影响。

所有制结构(STATE)。所有制结构是影响技术创新的因素之一，国有部门和私有部门比例关系在很大程度上影响了产业的配置效率和技术效率(Sun et al., 2017)。国有企业虽然能够充分发挥产业政策的扶持作用，减小政策扭曲，但是和民营企业在信贷资金的获取上面临着不对称的融资约束。民营企业相对较难获得大额的银行信贷，融资成本远高于国有企业，从而抑制了民营企业的技术创新。借鉴 Bai(2011)的做法，本章采用行业内国有企业产值与行业总产值的比值衡量所有制结构，预期所有制结构对技术创新具有负向影响。

技术模仿(TETI)。技术模仿对技术创新程度落后的行业起着重要的作用，是追赶并实现技术进步的重要手段之一(Tian, 2015)。技术模仿也是一种学习的过程，主要是通过对先进技术的引进、消化并进一步创新，所需成本相对较少，不需要大量的资本、人力、物力，实施起来相对更容易，符合企业发展的需要（Lin and Zhang, 2005）。借鉴 Wang 和 Wang（2019）的做法，本章采用行业中企业技术改造费用占工业总产值的比值衡量技术模仿，预期对技术创新具有正向影响。

3. 数据来源

由于国际机器人联合会提供的工业机器人所属行业与中国工业统计分类中的细分行业的数量和名称有所区别，因此，本章对二者共有行业进行匹配和整理，通过综合二者的分类标准，采用 2008～2017 年 14 个行业的面板数据进行实证分析，包括纺织服装行业，非金属制造业，木材与家具加工行业，橡胶和塑料制造业，金属制造业，造纸和纸制品业，食品与饮料制造业，交通设备制造业，电气机械和器材制造业，计算机、通信和其他电子设备制造业，化学纤维制造业，化学原料和化学制品制造业，医药制造业，电力、热力、燃气、水的生产与供应业。数据主要来源于国际机器人联合会网站、《中国统计年鉴》（2009～2018）、《中国科技统计年鉴》（2009～2018）。对上述所有数据取自然对数，处理后变量的描述性统计结果如表 7-1 所示。

表 7-1 变量的描述性统计

变量	数据量	均值	标准差	最小值	最大值
$\ln Y$	140	8.6088	1.5579	5.0998	12.5215
ln AI	140	5.5012	3.1267	0	11.4758
$\ln K$	140	4.2329	0.8890	2.0496	7.4703
ln FDI	140	1.3702	0.9158	2.0519	8.7978
ln STATE	140	2.2051	1.1271	−3.9185	4.3006
ln TETI	140	0.0832	1.4847	−4.1348	5.1641

7.4.2 回归结果分析

1. 智能化对技术创新影响的基准回归分析

首先，采用 2008～2017 年 14 个行业的面板数据对解释变量的系数进行估计，表 7-2 中方程 1、方程 2、方程 3 和方程 4 分别报告了以专利授权量为被解释变量，固定效应（FE）、随机效应（RE）、最小二乘法（FGLS）和系统 GMM 模型估计的各个解释变量的系数估计值。

表 7-2　总体回归结果

变量	方程 1 (FE)	方程 2 (RE)	方程 3 (FGLS)	方程 4 (系统 GMM)
ln AI	0.2207***	0.2321***	0.1163***	0.1945**
	(5.71)	(6.17)	(3.03)	(2.02)
ln K	1.2435***	1.0599***	0.9802***	0.7586***
	(7.25)	(6.60)	(5.65)	(2.79)
ln FDI	–0.1883**	–0.2316**	–0.4106***	–0.0798
	(–2.09)	(–2.52)	(–2.83)	(–1.08)
ln STATE	–1.0053***	–0.7283***	0.0611	–0.4439*
	(–5.82)	(–4.76)	(0.61)	(–1.82)
ln TETI	0.0874	0.0713	–0.0162	–0.0644**
	(1.66)	(1.33)	(–0.20)	(–0.51)
常数项	9.8512***	9.1119***	6.7583***	6.6466***
	(11.58)	(10.33)	(6.66)	(0.79)
ln $Y_{i,t-1}$				0.2473**
				(4.58)
Hausman 检验	0.0202			
样本量	140	140	140	140

注：***、**和*分别代表 1%、5%和 10%显著性水平；括号内为 t 值；表 7-3，表 7-4 同

首先，根据 Hausman 检验，p 值为 0.0202，小于 0.05，应该拒绝原假设，即固定效应回归结果优于随机效应，因此，本章在方程 1 和方程 2 之间选择方程 1；其次，FGLS 方法在一定程度上能够消除可能存在的异方差性和序列相关性（Wooldridge, 2010；Drukker, 2003）。同时，通过比较方程 3 与方程 1 的估计结果可以发现，智能化对技术创新的影响系数符号一致，本章认为方程 3 的结果优于方程 1。由于系统 GMM 面板模型在一定程度上缓解了可能存在的内生性问题（Roodman, 2009），因此，本章认为方程 4 的结果优于方程 3。通过比较方程 4 和方程 3，可以发现，智能化对技术创新的影响系数符号一致，本章主要基于方程 4 的估计结果进行分析。估计结果显示，智能化对技术创新的影响系数为 0.1945，且通过了 5%的显著性水平检验。说明在控制了研发投入强度、外商直接投资、所有制结构、技术模仿等条件下，智能化对技术创新具有显著的正向影响。这主要是因为智能化的快速发展，智能化技术的不断渗透为技术创新提供了更加智能、高效的技术平台，通过机器学习、深度学习、计算机视觉等技术的应用，加快了知识的流转速度，提升了知识创造、溢出与吸收的能力，并加快了知识转化与开发利用。同时，智能化为企业带来了更为先进的设备与生产方式，显著提高劳动

生产率和管理效率，从而为企业释放了更多的人力、财力到研究开发活动中，进而促进技术创新能力的提升。这表明智能化是推动技术创新的新的动力源泉。

从控制变量来看，研发投入强度系数显著为 0.7586，且通过了 1%的显著性检验，且相较于其他系数，研发投入强度的系数较大。说明提高研发投入强度有利于促进技术创新水平的提升，并且，相比于其他因素，研发投入强度对技术创新的促进效应更为明显。外商直接投资的系数为–0.0798，但没有通过统计意义上的显著性检验，表明外商直接投资对技术创新没有显著影响。所有制结构的系数为–0.4439，且通过了 10%的显著性检验，表明所有制结构对技术创新的提升具有显著的抑制作用，即国有经济在经济结构中占比越大，该行业的创新能力越受到限制。原因在于，国有企业在很大程度上影响了产业的配置效率和技术效率（Sun et al., 2017），从而造成了对技术创新的负向影响。技术模仿系数为–0.0644，且通过了 5%的显著性检验，表明技术模仿对技术创新产生了明显的抑制作用，和本章的预期相反。可能的原因在于当前这 14 个行业中的企业对先进技术的引进可能还停留在模仿应用阶段，尚未进行有效的消化和吸收，在一定程度上抑制了技术创新。

2. 智能化对技术创新影响的行业回归分析

为进一步分析智能化对技术创新的行业异质性，本章分行业研究智能化对技术创新的影响。首先，借鉴 Fu 等（2014）、池仁勇等（2014）、马晶梅（2016）等学者的分类方法，本章将所有行业分为两组，即高技术水平行业与低技术水平行业。高技术水平行业包括：交通设备制造业，电气机械和器材制造业，计算机、通信和其他电子设备制造业，化学纤维制造业，化学原料和化学制品制造业，医药制造业。低技术水平行业包括：纺织服装行业，木材与家具加工行业，橡胶和塑料制造业，金属制造业，非金属制造业，食品与饮料制造业，造纸和纸制品业，电力、热力、燃气、水的生产与供应业。基于上一节的回归分析，本章采用系统 GMM 方法进行回归，表 7-3 中的方程 5 和方程 6 分别报告了高技术水平行业与低技术水平行业的回归结果。

另外，本章还按照智能化技术水平把各行业分为智能化水平较高的行业与智能化水平较低的行业，即按照各行业的工业机人总量排序，数量较多的前 7 个行业列为智能化水平较高的行业，后 7 个即为智能化水平较低的行业。其中，智能化水平较高的行业包括：交通设备制造业，电气机械和器材制造业，金属制造业，化学纤维制造业，橡胶和塑料制造业，计算机、通信和其他电子设备制造业，食品饮料制造业；智能化水平较低的行业包括：非金属制造业，木材与家具加工行业，纺织服装行业，化学原料和化学制品制造业，医药制造业，造纸和纸制品业，电力、热力、燃气、水的生产与供应业。表 7-3 中的方程 7 和方程 8 分别报告了基于系统

GMM 方法的智能化水平较高的行业与智能化水平较低行业的回归结果。

表 7-3　不同技术水平行业回归结果

变量	方程 5	方程 6	方程 7	方程 8
ln AI	0.0586	0.2057*	0.2909***	0.1292
	(0.55)	(1.95)	(2.73)	(1.28)
ln K	2.3213***	0.4230*	2.3294***	0.3581**
	(4.04)	(1.94)	(6.21)	(3.31)
ln FDI	−1.0114**	−0.2032	−0.2581	0.1471
	(−2.20)	(−1.34)	(−0.39)	(1.47)
ln STATE	−0.8586	0.0182	−1.7152*	0.0149
	(−1.32)	(0.12)	(−2.61)	(0.44)
ln TETI	−0.3767***	−0.1609***	−0.1802**	−0.1375**
	(−5.25)	(−3.27)	(−2.21)	(−2.21)
常数项	15.3003*	6.3647***	13.0787***	4.1779***
	(5.83)	(7.06)	(7.65)	(8.48)
ln $Y_{i,t-1}$	0.0930	0.2770**	−0.1197	0.4219***
	(0.284)	(2.42)	(−1.63)	(3.21)
样本量	70	70	70	70

根据方程 5 和方程 6 的估计结果，智能化对高技术水平行业技术创新的影响系数为 0.0586，但是没有通过显著性检验；智能化对低技术水平行业技术创新的影响系数为 0.2057，且通过了 10%的显著性检验。表明智能化显著促进低技术水平行业的技术创新。其可能的原因在于这些行业原有技术水平和技术门槛相对较低，在这些行业进行知识创造的可能相对更加容易。智能化等新技术（深度学习、计算机视觉技术）在低技术水平行业的应用，为这些行业提供了数据获取方面的支持，能快速地提供大量信息来源、新的知识和新的计算方式，加快知识重组过程，进而加快知识创造的过程。新知识的增长以及智能化技术的应用，也使得这些行业在知识获取、知识溢出和学习吸收能力等方面相比之前具有显著的提升，从而显著地提高技术创新能力。同时，智能化技术在纺织服装行业、木材与家具加工业等低技术水平行业的应用，也更容易提高生产效率，替代部分劳动力，可以为企业带来更多的利润用于研发投资，从而促进技术创新，并形成良性循环。而对于高技术水平行业，由于拥有丰富的技术人才和相对完善的科研条件，其技术创新水平本来已经处于非常高的程度，实现进一步知识创造进，推动技术创新的难度相对较大。智能化技术应用到这些行业中，在初始阶段，可能对技术创新的促进作用较小，当智能化水平达到比较高的程度后，对技术创新的促进作用才会显现出来。

根据方程 7 和方程 8 的估计结果，在智能化水平较高的行业，智能化对其技术创新的影响系数为 0.2909，且通过了 1%的显著性检验；而在智能化水平较低的行业，智能化对技术创新影响系数为 0.1292，但没有通过显著性检验。表明智能化水平越高，其对技术创新的影响更显著。这是因为智能化水平越高，深度学习、计算机视觉等技术应用越充分，越能为企业带来更多的知识创造和技术溢出，也越有利于企业提高学习吸收能力，并且能带来更高的生产效率和管理效率，从而为企业释放更多的人力、财力到研究开发活动中，从而对技术创新产生较大的促进作用。

3. 稳健性检验

改变核心解释变量的测量方法是稳健性检验的有效方法之一（袁建国等，2015）。基于智能化的概念，本章使用中国作者在各个制造业领域发表的与智能化相关的中英文论文数量（包括上文提到的机器学习、深度学习和计算机视觉）的总和来代替工业机器人数量进行稳健性测试。经过数据匹配和处理后，稳健性检验的回归结果见表 7-4，具体方法为系统 GMM。因此，方程 9 是整体稳健性检验的结果，方程 10 和方程 11 分别报告了高技术行业和低技术行业的回归结果。方程 12 和方程 13 报告回归结果为智能化水平较高的行业和智能化水平较低的行业。

由表 7-4 的回归结果可知，智能化对技术创新的影响系数为 0.6433，该系数的符号为正，与表 7-2 中方程 4 的结果一致，且通过了 1%的显著性检验。说明上述实证结果较为稳健，智能化促进了技术创新。根据方程 10 和方程 11 的估计结果，智能化对高技术行业技术创新的影响系数为 0.8661，智能化对低技术行业技术创新的影响系数为 0.4024，这两个系数都为正，与表 7-3 中方程 5 和方程 6 的系数的符号一致，并通过了 1%的显著性检验。说明上述实证结果较为稳健，智能化对高技术行业和低技术行业的技术创新均有正向影响。由方程 12 和方程 13 的估计结果可知，智能化水平较高的行业智能化对技术创新的影响系数为 0.8802，智能化水平较低的行业智能化对技术创新的影响系数为 0.3491，这两个系数都为正，与表 7-3 中方程 7 和方程 8 的系数的符号一致，通过了 1%的显著性检验。因此，本章得到的实证结果相对稳健，智能化对智能化水平较高或较低的行业均有正向影响。

表 7-4 稳健性检验结果

变量	方程 9	方程 10	方程 11	方程 12	方程 13
ln AI	0.6433^{***}	0.8661^{***}	0.4024^{***}	0.8802^{***}	0.3491^{***}
	(5.95)	(4.02)	(3.57)	(3.84)	(3.12)
ln *K*	0.8456^{***}	2.0446^{***}	0.4788^{***}	1.8817^{**}	0.4435^{**}
	(4.15)	(3.39)	(2.72)	(3.67)	(2.61)

续表

变量	方程 9	方程 10	方程 11	方程 12	方程 13
ln FDI	−0.1077	−1.2075	−0.1550*	0.7115*	0.1327
	(−0.95)	(−2.89)	(−1.73)	(−1.82)	(−1.40)
ln STATE	−0.3387*	−0.6800	−0.0242	−0.9370**	−0.0655
	(−1.71)	(−1.32)	(−0.23)	(−1.98)	(−0.57)
ln TETI	−0.2304***	0.0234	−0.2117**	0.0058	−0.1685*
	(−2.96)	(0.16)	(−2.49)	(0.05)	(−1.90)
常数项	7.2820*	11.5841***	5.9408***	10.4844***	5.5418***
	(6.74)	(4.14)	(5.35)	(3.95)	(4.88)
$\ln Y_{i,t-1}$	0.1128	−0.1011	0.3007**	10.4844***	0.3794***
	(1.35)	(−0.75)	(2.60)	(3.95)	(3.28)
样本量	140	70	70	70	70

7.5 本 章 小 结

本章的研究结果表明，智能化显著促进技术创新，这与 Aghion 等(2019)和 Agrawal 等(2019)研究类似。本章与已有研究的不同之处在于从知识创造、知识溢出、学习吸收能力、研发经费和人员投入 4 个方面阐述了智能化影响技术创新的机制；并实证检验了智能化对技术创新的促进作用，发现智能化对技术创新的影响具有行业异质性特征：相比于高技术水平行业，智能化对低技术水平行业的技术创新的促进作用更为显著；而智能化水平越高的行业，智能化对技术创新的促进作用越大。这是本章的亮点，也拓展了 Aghion 等(2019)和 Agrawal 等(2019)的研究。

本章基于中国的数据进行研究，对中国创新政策制定具有一定的参考价值，对其他国家也有一定的借鉴意义。根据分行业的实证结果，在低技术水平行业中，智能化对其技术创新能力的提高更加显著；智能化水平越高，对技术创新的影响更显著。因此，对于技术水平发展相对较低的国家，应当根据技术水平和产业发展实际情况，制定发展和应用智能化技术的战略，促进知识创造和技术溢出，以提高技术创新能力。

第8章　智能化对制造业就业的影响

本章从替代效应和创造效应两个方面分析了智能化对就业总量的影响，并从高技能劳动力、中技能劳动力、低技能劳动力的角度探究了智能化对劳动力技能结构的影响机理；实证分析智能化与就业之间存在的“U”形关系；利用中介效应模型和交互项模型检验产业链延伸和技术创新等实现就业创造的途径。

8.1　引　　言

智能制造是制造业发展的未来方向。智能化转型升级对于推进制造业供给侧结构性改革，培育经济增长新动能，促进制造业向中高端迈进，推动经济高质量发展具有战略意义。发达国家纷纷实施“工业4.0”“工业互联网”等一系列制造业振兴计划，中国也已在《中国制造2025》中明确提出“智能制造是新一轮科技革命的核心，是制造业数字化、网络化、智能化的主攻方向”。本章认为制造业智能化是制造业基于工业互联网、大数据、云计算等架构，通过建设智能基础设施设备，运用机器学习、深度学习、计算机视觉等人工智能技术为生产制造的流程赋能，提升生产效率以满足制造业发展需求，并产生市场效益的过程。智能化的生产方式能够替代部分体力和脑力劳动，也能创造更多的就业岗位，对劳动力市场的供求关系产生一定影响，具有鲜明的经济社会效应。智能化已经成为影响经济增长的重要影响因素(Acemoglu and Restrepo, 2018)，人工智能通过提高生产率促进经济增长已受到学术界的认可(曹静和周亚林，2018)。当前，中国人口红利正逐渐消失，劳动力成本不断增长，新生代劳动力从事重复性体力劳动的意愿降低，以廉价劳动力建立比较优势的传统生产方式已不再适应当下国际竞争的新需求。智能化是提升制造业生产效率、降低劳动成本的有效途径，对制造业就业可能会产生较大的影响。

就业是民生之本，企业的一系列“机器换人”的举措引发了政府和公众对于就业与失业的关注和思考。根据清华大学中国科技政策研究中心发布的《中国人工智能发展报告2018》显示，越来越多的人担忧自己的工作会被人工智能技术所取代。与此同时，据工信部教育考试中心调查发现，中国在未来几年对人工智能领域的人才需求可能增至500万。人工智能技术推动的智能化转型对中国制造业就业势必会带来影响，那么，智能化带来的是“机器换人”，还是创造更多的就业岗位，智能化对就业影响的程度有多大，其影响机制是什么，造成影响的具体来源又是什么，这些问题都有待深入研究。

本章研究智能化对制造业就业影响的机制，运用中国省级面板数据进行实证检验，重点探讨其影响途径和来源。本章的边际贡献主要有：①从替代效应和创造效应两方面分析了智能化对就业总量的影响，并从高技能劳动力、中技能劳动力、低技能劳动力的角度剖析了智能化对劳动力技能结构的影响机理，分析视角较已有研究更加全面，一定程度上完善了智能化对就业影响机制的理论框架；②实证研究得出智能化与就业总量之间存在“U”形关系，即智能化对制造业就业会呈现出先“替代”为主，后“创造”为主的趋势；利用中介效应模型验证了产业链延伸和技术创新是实现就业创造的主要途径，是对已有研究的拓展和深化；从就业增长的来源角度进一步检验得出，智能化显著增加了高技能劳动力和中技能劳动力就业，减少了低技能劳动力就业。

8.2　智能化对就业影响的研究现状

已有智能化对制造业就业影响的研究，主要存在三种观点。

第一种观点认为智能化会对就业产生替代效应。智能化的就业替代效应是指“机器换人”，主要通过提高劳动生产率实现，即以生产要素替代的形式对劳动需求产生破坏效应。Frey 和 Osborne（2017）研究发现，美国约有 47%的岗位面临被计算机化削减的失业风险；Acemoglu 和 Restrepo（2020a）发现机器人的使用在一定程度上取代了美国的劳动力就业，实证结果显示机器人和工人的比例每增加千分之一，就业占人口的比重会降低 0.2 个百分点，同时工资也下降 0.42 个百分点。Carbonero 等（2020）和 Chiacchio 等（2018）也认为机器人会对就业产生替代。冯昭奎（2017）认为，机器人与人工智能技术的发展可能会引发机器对劳动力的替代，这是因为智能化的发展极大地降低了劳动力的价值。宋旭光和左马华青（2019）认为，工业机器人对劳动力产生互补式替代的作用，劳动力供给短缺会倒逼企业推动技术创新，促使智能化生产弥补劳动力供给短缺带来的负面影响。孔高文等（2020）的实证结果表明，机器人应用规模扩大会在短期内显著降低劳动力就业水平，尤其是容易被机器替代的行业的就业水平。王永钦和董雯（2020）运用上市企业数据进行实证检验，结果表明机器人应用对企业的劳动力需求会产生替代效应，工业机器人渗透度每增加 1%，劳动力需求下降 0.18%。

第二种观点认为智能化会对就业产生创造效应。古典经济学理论更加认同技术进步的积极作用，在反驳技术进步破坏就业的论调下提出了技术进步的就业补偿效应。Harrison 等（2014）认为智能化会加快产品的创新速度，而新产品需求的增长是创造就业的最大动力。Silva 和 Lima（2017）认为智能化可以通过促进产品和工艺创新等间接途径促进制造业就业。Borland 和 Coelli（2017）发现计算机技术的发展并没有带来工作量的减少，并质疑了“技术进步的就业破坏效应”这一论断。Morikawa（2017）基于 3000 多家日本公司的原始调查数据分析，发现受过高等教育的员工更加倾向于认同人工智能技术能够带来积极影响，跨国企业对人工智能技术的影响也持肯定态度。任保平和宋文月（2019）认为制造业智能化在推进技术进步、促进经济增长的同时，会通过资本化效应创造就业。杨飞和范从来（2020）的研究表明，智能化的影响主要体现为新工作的创造效应和生产率效应，尤其对于从事低技能岗位的劳动力。

第三种观点认为智能化的就业综合效应取决于替代效应和创造效应的强弱对比。人工智能等新技术推动了制造业的发展，但智能化对就业产生的影响不能一概而论，智能化是把“双刃剑”，对就业的影响是替代效应和创造效应共同作用的结果。从宏观视角来看，智能化对不同地区和不同行业的就业影响存在差异；从微观视角来看，智能化对企业内部的不同技能水平的劳动力也会产生影响差异。Acemoglu 和 Restrepo（2018）构建了人工智能对就业影响的理论模型，研究发现自动化的就业替代效应会减少劳动需求和工资，但其也会受到生产力效应的抵消，自动化带来的成本节约和资本积累有利于扩大对劳动力的需求。Kromann 等（2011）研究表明无论是短期还是长期，制造业自动化都对提高劳动生产率有积极影响，尽管在短期内会减少劳动力需求，但是从长期来看反而会增加劳动力的需求。David（2015）认为人工智能和机器人技术仍然还在发展阶段，其应用也存在一定的不确定性，因而对就业的影响有待观察。中国学者普遍认为当前人工智能等新技术的迅速发展不是简单的技术进步，而会引发新一轮的技术革命。邵文波和盛丹（2017）认为智能化对制造业就业存在多种效应，智能化对于不同行业和不同技能水平劳动力的影响存在差异，并建议政府制定差异化的就业和社会保障政策。刘亮等（2020）认为智能化可以通过补充和替代人类劳动执行复杂任务，帮助企业提高生产力，从而促进经济发展。师博（2020）认为智能化在引致相关产业普通劳动力数量规模下降的同时，对劳动力素质和质量的要求有所提升，因此智能化有助于培育高端劳动力。

此外，有学者们研究了智能化对劳动力技能结构极化效应的影响。人工智能技术是典型的技术偏向型技术进步。相比以往的技术进步，人工智能技术影响范围更广，具有较强的就业空间极化效应（程承坪和彭欢，2018）。Wolfgang 等（2017）、Graetz 和 Michaels（2018）认为目前还没有证据表明机器人会导致失业，但它确实会影响技能结构，尤其减少了低技能工人的就业份额。Kaivo-Oja 等（2017）认为智能化的冲击会因工作岗位不同而产生差异，对于低技能的程序性工作影响更为明显。Chiacchio 等（2018）认为中等受教育水平的劳动者更容易被替代，而对于高技能劳动力而言，由于其智力密集型的特点不易被替代，能够承受调整成本的冲击。因而需积极应对高低技能劳动力的不平等，确保对低技能劳动进行充分的再培训(Arntz et al., 2016)。Decker 等(2017)研究了机器人的普及对不同技能劳动者心理影响，结果发现职业经理人等高技能劳动力对机器人的恐惧程度小于受教育程度较低的低技能劳动力，间接表明低技能劳动力更容易被自动化的机器人取代的事实。李舒沁等(2021)的研究结论表明，随着工业机器人的使用增多，高技能劳动力就业规模上升，低技能劳动力就业规模下降，而中技能劳动力所受影响并不显著。孙早和侯玉琳(2019)的结论则为，智能化能替代中技术劳动力，并增加对高、低教育程度劳动力的需求，总体呈现极化特征。智能化并不必然会降低总体的劳动力需求(郭凯明，2019)，但结构性冲击不可避免(蔡跃洲和陈楠，2019)。由于智能化偏向对常规性劳动产生替代，造成常规性劳动向高技能劳动和低技能劳动分化，会使就业结构向极化趋势发展(Goos et al., 2014)。

综上，智能化对就业影响的研究已取得了一定成果，但整体尚处于初步的研究阶段。一方面，多数研究以发达国家为主，而将智能化亟需深入推进的发展中国家作为分析对象的研究相对较少。另一方面，国内的相关研究刚刚起步，反映中国现实状况的定量研究不够充分，所得结论不统一，还需要大量的研究进行论证。因此，本章探究智能化对中国制造业就业的影响机制并进行实证分析，以期得出相对明确的结论，为解决智能化不断加深影响下的中国制造业就业问题提供有力参考。

8.3　智能化对制造业就业的影响机制

首先从替代效应和创造效应两方面分析智能化对制造业就业的影响机制，然后从劳动力技能结构角度，进一步阐述智能化对高技能劳动力、中技能劳动力和低技能劳动力的影响机制。

8.3.1　智能化对制造业就业总量的影响机制

智能化对制造业就业的影响体现为替代效应和创造效应。

1. 智能化对制造业就业的替代效应

人工智能技术在制造业企业的生产运作中逐渐普及，以工业机器人为代表的智能技术正渗透制造业企业的产品设计、生产制造、仓储物流等环节，对就业产生直接与间接的替代。直接替代效应，主要是指“机器换人”，制造业行业中使用工业机器人等智能化设备的投入增加，原本由人完成的工作会更多地由机器人完成，智能生产技术与智能化设备的使用直接替代了传统劳动力，造成劳动力比例的下降。间接替代效应，是指智能化通过提高企业劳动生产率，间接替代了劳动力。工业机器人等智能化设备的广泛使用，提高了制造业企业的劳动生产率(曹静和周亚林，2018)，企业在生产过程中更多地使用智能化设备，单位产品生产所需的劳动力数量下降，形成了对传统劳动力的间接替代。

智能化对制造业就业的直接与间接替代效应，主要体现在研发设计、生产工具和生产流程的智能化方面。①研发设计的智能化会降低劳动力的需求。智能化进程中大量采用机器学习技术，学习历史样本，选择和提取相对固定的特征构建和优化模型，通过建立模型和知识库，运用计算机辅助设计为产品研发人员提供辅助(邵婧婷，2019)，减轻了研发设计的工作量和难度；借助三维图形软件、虚拟现实等计算机视觉技术，智能化在仿真的数字环境里对产品进行协同设计，提高了产品设计质量和一次研发成功率(周济，2019)，缩短了研发设计周期，提高了工作质量和效率，减少了对研发设计工作者的需求。②生产工具的智能化会降低劳动力的需求。智能化的基本特征是在替代体力劳动的基础上，实现对脑力劳动更高级别的替代(贾根良，2016)。人工智能技术为生产工具赋能，使其具有独立学习、推理、感知和决策，以解决实际问题的能力，传统的生产工具向智能化转变，解放了劳动者的双手和大脑。例如，工业智能机器人中应用范围最广泛的焊接机器人，相较于传统的手工焊接，智能机器人的焊接精度高且完成速度快。再如，仓储物流环节中，自动导引车能省去反复的人工交接程序，减少了仓库内物料转运、货物调度等工作的人力需求。③生产流程的智能化会降低劳动力的需求。利用工业机器人等自动化设备设施以及自动控制系统对生产加工流程进行智能化改造，促进了生产流程的智能化升级(任保平和宋文月，2019)，常规性、程序性较强的工作岗位因其工作内容简单且大量重复，可用工业机器人替代，生产线上的操作工人、物料人员等工作岗位的需求大量减少。如制表单、统计汇总、审核验证等具有一定规则或程序的工作任务，人工智能系统完成的速度和准确性比人高很多，提高了产品生产效率，减少了生产流程上的劳动力需求。

2. 智能化对制造业就业的创造效应

智能化对制造业就业的创造效应主要体现在新就业岗位的出现(杨飞和范从来，2020)，进一步扩大了就业需求。一方面，智能化催生智能产品的研发生产，通过智能产业和一般制造产业的产业链拓展和延伸，扩大就业规模；另一方面，智能化促使企业提升自主创新能力，通过专利研发激发创新活力，带动技术型人才高质量就业。

首先，智能化有利于产业链延伸从而扩大就业规模。于制造业企业而言，智能化能提高生产效率，缩短产品生产周期，如计算机视觉技术通过模拟人的视觉功能，以速度快、信息量大的特点运用在产品生产过程的实际检测和控制中，使产品的生产周期更短、性能更高(邵婧婷，2019)，同时引发市场对产品更新换代速度的需求提高，促使企业加强产品创新和扩大生产规模，实现就业创造。更深层次的，智能化激发新产品、新服务的出现，加快行业细分，催生新的生产服务部门，提高新产品的生产销售，扩大企业的生产领域和业务范围，为社会提供更多的就业岗位。对于制造业行业而言，根据产业关联理论和竞争理论，在制造业智能化的过程中，一个企业的产品或服务创新会给同行业的其他企业的生产活动带来影响，产生合作或竞争效应，引发相关企业对生产规模进行调整，提供更广泛的就业岗位。由于智能化程度的加深，催生出更多智能产品的设计、研发、制造等相关的上下游企业，同时新兴产业应运而出开拓新的就业领域，带来新的就业需求(高翔等，2018)。行业整体的生产规模和组织规模扩大，通过延伸产业链的方式扩大劳动力的需求，实现就业创造。

其次，智能化有利于技术创新从而扩大就业规模。首先，智能化有利于技术创新，智能技术的应用影响知识创造的过程，能加快知识创造、加速知识和技术外溢、提高学习和吸收运用的能力，从而促进技术创新(Liu et al., 2020)。然后，技术创新的过程需要大量技术型、复合型人才的投入，能创造丰富的就业岗位。机器学习是人工智能的核心，应用遍及人工智能的各个领域，掌握专业技能的技术型人才不断进行创新活动，加速知识创造与外溢的过程，有利于推进智能化。作为涉及多领域的交叉学科，机器学习的发展与运用也对相关人才提出了更高的要求，不仅是算法工程师、软硬件工程师、数据分析师等技术研发人员，也是能跨学科领域和专业领域，将技术落地的人才。此外，智能设施设备的投入促进了制造业企业对复合型技术人才的需求，为保障智能设施设备的安全运行，离不开具备专业经验的操作人员的管理和维护，以及拥有综合知识背景和专业分析能力的职业经理人(师博，2020)，技术支持及售后工程师等技术性岗位的需求均会有所增加。因此，智能化通过技术创新创造大量新的就业需求，扩大就业规模。

综上所述，智能化对就业总量的影响取决于替代效应和创造效应的综合作用，影响程度如何取决于两种效应的强弱对比。从短期来看，人工智能等新技术的导入和扩散期会替代较多的普通劳动力，而技术型人才的供给在短期内无法满足需求，使就业总量出现小规模下降；从长期来看，智能化水平的提升需要更多的技术人才，创造大量的就业岗位，技能劳动力的供需基本已持平衡甚至出现供大于求的状态，整体上增加就业。因此，在智能化发展的初期，其就业替代效应可能发挥主导作用，制造业就业总量小幅下降；随着时间推移，技术更加成熟、成果转化更为有效、产业链更加完善，智能化产生的就业替代作用逐渐减弱，就业创造效应与替代效应相当，此时，制造业就业总量达到最小；在智能化发展的高级阶段，其对就业的创造逐渐发挥主导作用，表现为制造业就业总量的增加。因此，从长期来看智能化有利于增加就业。

由此，提出假说 1：智能化与就业总量之间存在“U”形关系，随着智能化程度的加深，对就业的影响由以替代效应为主逐渐转变为创造效应为主，就业总量呈先下降后上升的趋势。

8.3.2　智能化对制造业就业结构的影响机制

从技能水平的角度看，智能化对不同技能劳动力的替代和创造可能存在差异，而不同技能劳动力的增加或减少都会对就业总量产生影响。为探究智能化对就业总量产生影响的具体来源，从智能化对高技能、中技能和低技能劳动力的不同影响分别阐述。

1. 智能化对制造业高技能劳动力的影响

智能化对制造业高技能劳动力的影响主要表现为创造效应。一方面，在实践范围内，人工智能具有通用性特点，能广泛应用于制造业的各个细分行业。企业推进智能化的过程，也是不断提高技术创新水平和运用能力的过程，在这个过程中，各类岗位的性质与工作任务因新技术与新设备的引进而重塑，新技术与技术工人之间产生互补作用，教育、知识及天赋等个体差异使人力资本具有异质性，导致对高技能劳动力的需求增加(杨蕙馨和李春梅，2013)，尤其是对于熟练掌握人工智能相关技术的科研工作者、技术工程师、管理人员等高技能劳动力的需求。另一方面，智能化带来的间接影响是能有效激励偏向型技术进步，提升生产效率，加速劳动力结构的分化进程，扩大对高技能劳动力的需求。尽管如此，也不能忽略智能化对高技能劳动力的替代作用，主要是复杂型和认知型高技能劳动岗位(王林辉等，2020)。但总体而言，智能化对高技能劳动力的需求会显著提升，以积极的创造效应为主。

2. 智能化对制造业中技能劳动力的影响

智能化对制造业中技能劳动力的影响主要表现为替代效应。首先，由于工业机器人等智能技术的特点限制，目前智能化技术主要应用于生产领域中规则性强、程序性强、简单易操作的环节，这类工作在制造业企业中一般由中低技能劳动力从事，工业机器人等新设备的引入使企业对该类劳动力的需求直接下降；此外，智能机器设备的应用提升了非生产性劳动岗位的工作效率，对制造业企业中的采购、营销及人力资源等工作岗位的替代作用也逐渐突显。其次，智能化促进了企业生产率的提高，对相关工作的劳动力技能提出了更高要求，不仅会使中技能劳动力原有的知识和技能失去一定效用(赵渊博，2019)，也会导致短期内就业市场的劳动力供需不平衡，给中技能劳动力带来更大的就业压力。最后，中技能劳动力的成本逐渐上升也是企业寻求机器替代这部分劳动力的原因之一。在中技能劳动成本较低的情况下，以劳动投入替代资本或技术研发来完成工作是企业的最优选择(郝楠，2017)。随着技术成熟和机器价格下降，劳动力价格失去了优势，尤其是生活成本和薪资要求逐渐提高的中技能劳动力。因此，企业通过智能化改造升级提高了劳动生产率，对中技能劳动力的市场需求减少。

3. 智能化对制造业低技能劳动力的影响

智能化对制造业低技能劳动力存在双重影响。一方面，智能化直接对低技能劳动力产生替代。在智能化加深的过程中，低端制造业被冲击的可能更大，使这些行业中的低技能从业者失业(蒋南平和邹宇，2018)；制造业行业中从事常规性的普通工作，尤其是流水线工作的低技能劳动力同样会被机器人等智能设备取代，由于技能水平更低，智能化对低技能劳动力的替代会比对中技能劳动力替代的概率更大。不过，一些根据场合需要实时沟通和情景处理等服务型低技能岗位，可能并不容易被机器替代(李爱和盖骁敏，2019)。另一方面，低技能岗位可能会有来自中技能劳动力的转移和补充。智能化的加深无疑会促进劳动力从落后的劳动密集型产业转移到技术密集型产业和新兴产业，但技术发展的速度往往快于劳动力技能提高的速度，在制造业企业生产技术水平不断提升的作用下，被替代的中技能劳动力如果无法获得技能培训或再教育的机会，无法适应岗位的新要求，就不得不选择在低技能的岗位中就业；且中技能劳动力中存在一部分自身受教育程度低的劳动力，其在制造业行业中的岗位被智能机器设备替代后，只能从事技术含量更低的制造业岗位或某些服务类行业。因此，中技能劳动力的转移可能会使低技能劳动力的数量有所上升。总体而言，智能化水平的提高对低技能劳动力可能产生较大的替代作用，但也会有中技能劳动力的转移补充。

综上所述，智能化对制造业高技能劳动力的需求明显增加；对从事一般程序性工作的中低技能劳动力需求减少，劳动力市场中的中技能劳动力将处于供过于求的状态，一部分通过技能培训转化为高技能劳动力，另一部分则不得不从事低技能劳动；对低技能劳动力而言，既存在替代，也有一定的补充，替代作用可能大于补充作用。因此，结论认为智能化会显著增加高技能劳动力的比例，就业结构向高级化发展。

由此，提出假说 2：智能化有利于制造业劳动力技能结构高级化，即随着智能化水平的提升，高技能劳动力的市场需求快速增长，中技能劳动力的需求下降，而其对低技能劳动力的替代作用会大于补充作用。

8.4　智能化影响制造业就业的实证检验

本节构建计量模型，选用中国 30 个省级地区的面板数据进行实证检验，以判断智能化对制造业就业产生的影响程度及其途径机制。

8.4.1 智能化对制造业就业总量的影响

1. 计量模型设定

参考宋旭光和左马华青(2019)、王文(2020)的做法，本章构建智能化对就业影响的计量模型，考虑智能化与就业之间可能存在的非线性关系，借鉴周云波等(2017)的思路，将智能化水平的平方项纳入方程，得到基本的计量模型：

$$\ln l_{it} = \beta_0 + \beta_1 \ln \mathrm{ai}_{it} + \beta_2 (\ln \mathrm{ai}_{it})^2 + X'_{it}\gamma + \eta_i + \upsilon_t + \varepsilon_{it} \tag{8.1}$$

式中，l 为被解释变量，表示制造业就业总量；ai 为核心解释变量，表示智能化程度；引入智能化的平方项，以验证被解释变量与核心解释变量之间是否存在非线性的关系；控制变量 X'_{it} 包括制造业资本投入、制造业就业人员平均工资、制造业产业结构、人力资本水平以及对外开放程度；η_i 和 υ_t 分别为地区固定效应和时间固定效应；ε_{it} 为随机误差项。

2. 变量说明

被解释变量(l)：用各省级地区的制造业全部从业人员年平均数衡量制造业就业总量。

核心解释变量(ai)：参考孙早和侯玉琳(2021)的做法，以各省级地区制造业份额(制造业销售产值占全国比值)计算得到各省级地区工业机器人安装量的权重，再与国际机器人联合会数据库中的中国制造业行业机器人安装量数据相乘，得到各省级地区制造业的工业机器人投入数据。

控制变量：资本投入(k)，资本投入的增加一定程度上会替代人力需求，使企业减少人力投入，本章选取制造业固定资产净值衡量制造业的资本投入。工资水平(wage)，中国劳动力成本的逐年提升给劳动密集型的制造业企业带来了巨大压力，间接降低了对劳动力的需求，本章选取制造业就业人员平均工资衡量制造业的工资水平。产业结构(str)，不同类型的制造业产业对劳动力的需求不同，产业结构的升级会促进经济总量的增长和规模的扩张，并催生新兴产业的发展，带来更多的就业岗位，本章选取高技术制造业行业的企业数占比来衡量各地制造业产业结构。人力资本水平(hcl)，人力资本水平是促进劳动力就业的主要因素，受教育水平能反映劳动力的综合素质和劳动能力，本章采用平均受教育年限表示人力资本水平。对外开放程度(open)，对外开放程度反映了对外经济关系，进出口贸易的稳定与高质量发展对制造业就业的促进作用也更明显，本章用各省级地区对外直接投资存量衡量对外开放程度。

3. 数据来源与处理

本章采用 2010～2019 年中国 30 个省级地区的面板数据，数据主要来源于历年的《中国统计年鉴》、《中国人口和就业统计年鉴》、《中国工业统计年鉴》、《中国高技术产业统计年鉴》、《中国科技统计年鉴》、中国研究数据服务平台(CNRDS)以及国际机器人联合会(International Federation of Robotics，IFR)，主要变量的描述性统计结果见表 8-1。

表 8-1　主要变量指标的描述性统计结果

变量类别	变量	样本量	均值	标准差	最小值	最大值
被解释变量	$\ln l$	300	4.497	1.069	1.974	6.928
	ln high	300	0.701	0.093	0.306	0.846
	ln mid	300	6.786	1.398	2.984	9.805
	ln low	300	48.00	18.72	8.906	96.14
解释变量	ln ai	300	8.964	0.977	5.888	11.14
	$(\ln \text{ai})^2$	300	2.255	0.079	2.106	2.573
控制变量	$\ln k$	300	10.82	0.326	10.14	11.84
	ln hcl	300	0.072	0.043	0.013	0.273
	ln wage	300	12.90	1.615	6.791	16.81
	ln str	300	0.164	0.026	0.099	0.222
	ln open	300	4.022	0.281	1.708	6.324
	ln hum	300	0.137	0.039	0.056	0.285
	ln urban	300	4.497	1.069	1.974	6.928
	ln fin	300	0.072	0.056	0.014	0.384

4. 实证分析

1) 智能化对制造业就业总量影响的总体回归

本章首先以地区制造业劳动力就业人数作为被解释变量，对解释变量进行回归，为了得出较为可靠和稳健的结论，采用多种方法估计。表 8-2 分别报告了固定效应(FE)、随机效应(RE)估计的解释变量系数估计值。

首先，在(1)和(2)列的回归中，本章用智能化指数本身作解释变量进行估计，结果均显示智能化会显著增加制造业就业的总量，表明就业的创造效应大于替代效应。虽然这与 Acemoglu 和 Restrepo(2018)与 Carbonero 等(2020)持就业替代效应的观点不同，但与 Wolfgang 等(2017)与 Graetz 和 Michaels(2018)的结论相一致。

表 8-2 智能化对制造业就业总量影响的回归结果

	(1)	(2)	(3)	(4)
	FE	RE	FE	RE
ln ai	0.1454**	0.3873***	–0.3348***	–0.0950
	(2.45)	(6.60)	(–3.95)	(–1.03)
$(\ln ai)^2$			0.0269***	0.0264***
			(7.36)	(6.35)
ln *k*	0.2082***	0.2926***	0.3522***	0.4193***
	(3.37)	(4.39)	(5.92)	(6.42)
ln hcl	–0.6857**	–0.1858	–0.5167*	–0.0601
	(–2.13)	(–0.54)	(–1.76)	(–0.19)
ln wage	–0.6702***	–0.5715***	–0.6565***	–0.5778***
	(–3.37)	(–2.87)	(–3.63)	(–3.10)
ln str	2.9036***	3.3065***	2.3494***	2.8327***
	(3.20)	(3.71)	(2.84)	(3.37)
ln open	–0.0134	–0.0031	0.0113	0.0183
	(–0.61)	(–0.13)	(0.56)	(0.83)
常数项	10.2369***	5.9247***	10.0490***	6.2445***
	(4.67)	(2.82)	(5.04)	(3.16)
N	300	300	300	300
F	24.8664		31.5574	
Adj. R^2	0.5239		0.6060	

注：括号中为 *t* 检验值；***、**和*分别表示变量系数通过了 1%、5%和 10%的显著性检验；*N* 表示样本观察值个数

为了进一步探讨当前智能化对中国制造业就业的主要影响是替代效应还是创造效应，在(3)和(4)列加入了智能化的平方项，比较估计结果，根据 Hausman 检验，*p* 值为 0，因此固定效应的结果优于随机效应。因此在模型(3)估计结果的基础上讨论实证研究的发现。

根据模型(3)的系数估计值，发现智能化的系数为负，平方项系数为正，且都通过了 1%的显著性检验，表明智能化与制造业就业之间存在显著的“U”形关系。根据回归方程中的二次项和一次项系数，计算得出当智能化水平为 6.22 时，曲线到达极小值；当智能化程度小于 6.22 时，智能化对制造业就业的替代效应大于创造效应，表现为减少就业，但是随着智能化水平不断提升，其就业替代效应的作用开始递减，就业总量的递减速度逐渐放缓；当智能化程度等于 6.22 时，即在“U”

形曲线的极小值点处，替代效应等于创造效应，就业总量达到极小值；当智能化程度大于 6.22 时，智能化对制造业就业的创造效应大于替代效应，表现为就业总量的增加。综上所述，假说 1 得以验证。

根据智能化的测算结果，中国大部分省级地区 2019 年的智能化水平均超过了 6.22（除个别西部地区省份，如青海、宁夏等），说明中国的制造业智能化对就业的影响已基本越过以就业替代效应为主的阶段。因此，后续的中介效应检验和区域异质性检验都不再加入平方项，只从创造效应的角度分析。从企业的角度看，提高智能化水平的根本目的是提高企业的生产效率，“机器换人”只在短期内对就业产生了相对较大的替代效应。在需要不断创新的企业环境中，无论是在产品研发、生产还是其他环节，对高技能人才的需求都相对较大，而产生的就业替代作用相对比较小，创造就业的作用更加明显。从制造业行业来看，在加深智能化的过程中，新产品的研发、新生产部门的出现以及产业链的延伸，都在不断扩大对智能化相关人才的需求。因此对整个行业来说，智能化对于制造业就业的冲击较为有限，只在短期内减少了部分行业的从业人员；而从长期来看，智能化对制造业就业的影响主要表现为创造效应，成为提高行业整体就业质量的重要因素。

2）智能化对制造业就业总量影响的机制检验

由上述分析可知，智能化对中国制造业就业的创造效应占主导地位，因此本章对理论分析中提出的智能化产生就业创造效应的两种途径机制进行验证，即智能化有利于延伸产业链从而扩大就业规模，也有利于促进技术创新进而提升高技能劳动力需求量。通过这两种途径，企业扩大生产规模，获取更多利润，进行资本积累，并扩大对劳动力的需求。

首先，构建中介效应模型分析智能化对就业总量影响的机制，检验延伸产业链和促进技术创新的中介效应，分别选取规模以上工业企业的新产品开发项目数（lnpro）和有效发明专利数（lnpat）作为代理变量。本章采用温忠麟和叶宝娟（2014）提出的中介效应检验方法，回归方程为

$$\ln l_{it} = \alpha + \beta \ln \mathrm{ai}_{it} + X'_{it}\gamma + \eta_i + \upsilon_t + \varepsilon_{it} \tag{8.2}$$

$$\mathrm{mediation}_{it} = \rho + \varphi \ln \mathrm{ai}_{it} + X'_{it}\gamma + \eta_i + \upsilon_t + \omega_{it} \tag{8.3}$$

$$\ln l_{it} = \phi + \beta' \ln \mathrm{ai}_{it} + \psi\, \mathrm{mediation}_{it} + X'_{it}\gamma + \eta_i + \upsilon_t + \xi_{it} \tag{8.4}$$

式中，mediation 为中介变量（包括 lnpro 和 lnpat）；X'_{it} 为其他控制变量。具体检验步骤如下：第一步检验方程（8.2）的系数 β，如果显著证明存在中介效应，检验继续。第二步依次检验方程（8.3）的系数 φ 和方程（8.4）的系数 ψ，如果两者都显著则中介效应显著，进行第三步；如果至少有一个系数不显著，则用 Bootstrap 法进行假设检验，若显著则中介效应显著，进行第三步，否则停止分析。第三步检验方程（8.4）的系数 β'，如果不显著证明只有中介效应；如果显著则证明直接效应也显著。第四步比较 $\varphi*\psi$ 和 β' 的符号，若同号，计算中介效应占总效应的比例

$\varphi*\psi/\beta'$；若异号，计算中介效应与直接效应比例的绝对值$|\varphi*\psi/\beta'|$。检验结果见表 8-3。

表 8-3　智能化对制造业就业总量影响的机制检验

	(1)	(2)	(3)	(4)	(5)	(6)
	ln l	ln pro	ln l	ln l	ln pat	ln l
ln ai	0.1454**	1.3677***	0.1240**	0.1454**	0.1730**	0.1329**
	(2.45)	(5.33)	(1.98)	(2.45)	(1.99)	(2.23)
ln pro			0.0156			
			(1.08)			
ln pat						0.0724*
						(1.70)
控制变量	YES	YES	YES	YES	YES	YES
地区固定效应	YES	YES	YES	YES	YES	YES
时间固定效应	YES	YES	YES	YES	YES	YES
常数项	10.2369***	31.1159***	9.7500***	10.2369***	11.8986***	9.3750***
	(4.67)	(3.28)	(4.36)	(4.67)	(3.71)	(4.18)
Bootstrap 检验		Z=10.76，P=0.000			Z=6.84，P=0.000	
N	300	300	300	300	300	300
F	24.8664	34.2007	23.4010	24.8664	353.2744	23.6652
Adj. R^2	0.5239	0.6107	0.5242	0.5239	0.9462	0.5274

注：括号中为 t 检验值；***、**和*分别表示变量系数通过了 1%、5%和 10%的显著性检验；N 表示样本观察个数

第一步检验结果表明智能化对制造业就业总量的影响存在中介效应。对于延伸产业链的中介效应，在第二步的依次检验中，智能化对中介变量的系数显著，表明智能化有利于新产品开发，Gregory 等(2016)提出智能化通过降低产品价格和扩大产品需求等途径创造新的就业机会，本章认为新产品被市场认可与接受是扩大需求的表现，智能化激发企业延伸产业链、研发生产新产品，从而扩大就业需求；但第(3)列的中介变量系数不显著，采用 Bootstrap 检验中介效应是否显著，结果拒绝原假设，表明中介效应显著。第三和第四步的检验表明 β' 系数显著且 $\varphi*\psi$ 与 β' 的符号一致，意味着存在部分中介效应。对于技术创新的中介效应，第(5)列结果表明，智能化会显著促进制造业的技术创新(Liu et al., 2020)；第(6)列结果显示，有效发明专利数的系数在 10%水平上显著为正，表明中介变量的中介效应显著。第三和第四步的结果表明存在部分中介效应。于是，理论分析中智能化就业创造效应的两种途径机制均得到验证，说明智能化程度可以通过延伸产

业链和提高技术创新能力促进就业。根据第五步，检验结果可得出中介效应占总效应的比例分别为 17.21%和 9.42%，新产品开发的中介效应更明显，说明企业在加深智能化的过程中主要通过延长产业链的途径激发对劳动力的需求。

综上所述，智能化对制造业就业总量的影响存在比较稳健的“U”形关系，且多数区域已经表现出对就业的创造效应大于替代效应，即智能化促进了就业增长。那么，这种综合的增长效应，主要靠高技能劳动力就业增长的拉动，还是依靠中高技能劳动力增长而低技能劳动力就业下降的共同作用，本章从劳动力技能结构的角度对智能化促进就业总量增长的来源做进一步的检验。

8.4.2　智能化对制造业就业结构的影响

1. 计量模型构建

为研究智能化对制造业就业结构的影响，构建了计量模型：

$$\ln \mathrm{high}_{it} = \beta_0 + \beta_1 \ln \mathrm{ai}_{it} + X'_{it}\gamma + \eta_i + \upsilon_t + \varepsilon_{it} \tag{8.5}$$

$$\ln \mathrm{mid}_{it} = \beta_0 + \beta_1 \ln \mathrm{ai}_{it} + X'_{it}\gamma + \eta_i + \upsilon_t + \varepsilon_{it} \tag{8.6}$$

$$\ln \mathrm{low}_{it} = \beta_0 + \beta_1 \ln \mathrm{ai}_{it} + X'_{it}\gamma + \eta_i + \upsilon_t + \varepsilon_{it} \tag{8.7}$$

式中，被解释变量分别为制造业高、中、低技能劳动力人员数(高技能劳动力 high、中技能劳动力 mid、低技能劳动力 low)；ai 为核心解释变量，表示智能化程度；控制变量 X'_{it} 中包括制造业固定资产净值(k)、制造业从业人员的工资水平(wage)、制造业产业结构(str)、人力资本投资(hum)、城镇化水平(urban)、金融发展水平(fin)；其他字母则分别表示常数项、变量系数和残差。

2. 变量说明

被解释变量为制造业就业技能结构：以受教育年限作为技能劳动力的划分标准被学界广泛认可，而在具体的划分上略有差异。为了尽可能消除劳动力技能划分可能造成的影响，通过二分法将技能水平划分为技能和非技能或高技能和低技能的方法具有局限性，因此根据受教育水平将劳动力分为高技能、中技能和低技能三类。有学者认为大专及以上学历的即为高技能劳动力(赵渊博，2019)，但本章聚焦智能化对就业技能结构的影响，大专学历的从业人员在知识和技能水平上还无法达到智能化所需高技能人才的标准，且这类技能人才的缺口仍十分严重；而近些年来我国的平均受教育年限上升，本科及以上学历就业人员的比例从 2010 年的 4.09%增加至 2017 年的 8.8%，将具有大学本科及研究生学历的劳动力作为高技能劳动力更合理。因此基于已有文献的研究，本章对三类技能劳动力的分类方法为：高技能劳动力人数为大学本科和研究生受教育程度人员，中技能劳动力为大专和高中受教育程度人员，低技能劳动力为初中和小学及以下受教育程度人员。高、中、低技能劳动力(high、mid、low)分别用该技能劳动力占制造业全部从业人员数的比例衡量。

控制变量：资本投入(k)，资本投入的增加一定程度上会替代人力需求，从而使企业减少人力投入，选取制造业固定资产净值衡量制造业的资本投入，并预期资本投入会产生负效应。产业结构(str)，产业结构升级会促进制造业规模扩张并催生新兴产业的发展，并对劳动力产生“结构性增加效应”，本章选取技术密集型制造业行业的产值占比来衡量各地制造业的产业结构，预期制造业产业结构对就业技能结构产生正效应。人力资本投资(hum)，教育经费支出对各省份发展高等教育、职业教育提供了资金支持和保障，为提升地区受教育水平作出贡献，从而改善地区就业结构，采用各省份财政性教育经费占地方财政一般预算支出的比值衡量人力资本投资，预期对就业技能结构具有正向作用。城镇化水平(urban)，城镇化水平的提升吸引了大量第一产业的劳动力转入第二产业，制造业便能吸纳更多劳动力就业，本章用各省份城镇化率表示城镇化发展水平，并预期会促进技能型劳动力就业。金融发展水平(fin)，资本是制造业发展的必然要素，金融发展水平越高，越有利于营商环境优化，资本通过资源优化配置和创新激励作用，为制造业的研发投入、技术引进等提供资金支持，从而扩大制造业对技能人才的需求，促进制造业就业技能结构高级化，本章参考刘军等(2019)的做法，用各地区金融业增加总值与第三产业增加值的比值衡量金融发展水平，预期产生正向作用。

3. 实证分析

1)基准回归

由于制造业高、中、低技能劳动力的数据无法直接获得，本章首先根据受教育程度计算出各省份的三类技能人员占比，再分别与各省份的制造业就业总量相乘得到三类技能人员数。分别以地区制造业高技能劳动力、中技能劳动力、低技能劳动力的人数及其占比作为被解释变量，采用固定效应模型进行估计，表 8-4为回归结果。

表 8-4　智能化对制造业就业技能结构影响的回归结果

变量	(1) 高技能	(2) 中技能	(3) 低技能	(4) 高技能占比	(5) 中技能占比	(6) 低技能占比
ln ai	0.2190***	0.0198	–0.0256	0.0154***	0.0029	–0.0183***
	(5.09)	(0.59)	(–0.83)	(5.90)	(0.46)	(–2.79)
控制变量	YES	YES	YES	YES	YES	YES
地区固定效应	YES	YES	YES	YES	YES	YES
时间固定效应	YES	YES	YES	YES	YES	YES

续表

变量	(1) 高技能	(2) 中技能	(3) 低技能	(4) 高技能占比	(5) 中技能占比	(6) 低技能占比
常数项	0.6083	2.4648***	3.9545***	0.0311	0.1895***	0.7794***
	(1.32)	(6.88)	(11.94)	(1.12)	(2.78)	(11.10)
N	300	300	300	300	300	300
F	40.9380	11.5443	13.0021	36.6481	3.6358	12.3165
Adj. R^2	0.6394	0.2840	0.3174	0.6112	0.0257	0.3021

注：括号中为 *t* 检验值；***、**和*分别表示变量系数通过了 1%、5%和 10%的显著性检验；*N* 表示样本观察个数；表 8-5～表 8-7 同

分别以地区制造业高技能劳动力、中技能劳动力、低技能劳动力的人数占比作为被解释变量。根据表 8-2 对各模型的比较分析，这里直接采用广义的最小二乘法模型(FGLS)进行估计，表 8-4 汇报了回归结果。

观察表 8-4，回归估计的结果显示智能化对高技能劳动力占比的系数显著为正，而对低技能劳动力占比的系数显著为负。这表明智能化对制造业劳动力技能结构的影响呈现出显著向高级化转变的特征，即智能化程度越高，越能促进劳动力技能结构的高级化，即由低转中、由中转高的趋势越明显。对中技能劳动力而言，智能化对其产生的替代效应相对较小，起到积极的促进作用。这可能是因为在劳动力技能水平要求提高的背景下，中技能劳动力的素质和技能可以基本满足当前制造业智能化推进的需求；加之劳动力成本上升，使企业意识到加强技能培训的重要性，中技能劳动力对智能化的适应速度更快；部分中技能劳动力还会转向更高层次的工作岗位，而不是作为低技能劳动的补充。反而是低技能劳动力因受教育程度较低，短期内与岗位的新要求不能直接匹配，只能面临被工业机器人暂时淘汰的风险。

2) 稳健性检验

采用各省份的工业机器人存量衡量智能化水平，替换上述回归中所用的智能化指标进行稳健性检验，对模型重新进行了回归。表 8-5 报告了回归结果，被解释变量分别为就业总量、高技能劳动力占比、中技能劳动力占比及低技能劳动力占比。可以发现智能化对制造业就业的影响仍是稳健的“U”形关系，智能化有利于就业结构高级化的结论同样成立。

3) 内生性问题处理

关于智能化对制造业就业总量及其技能结构的影响，上述回归结果已具有一定的稳健性。但由于不可观察的遗漏变量和因果相关，模型可能存在内生性问题。根据理论分析和实证结果来看，智能化对就业尤其是高技能劳动力就业的创造效应显著，通过扩大高技能劳动力的就业占比提高了整体就业质量。但是，高技能

表 8-5　替换核心解释变量的稳健性检验

变量	(1) 就业总量	(2) 高技能占比	(3) 中技能占比	(4) 低技能占比
ln ai	–0.2273**	0.0128***	0.0031	–0.0158***
	(–2.52)	(6.22)	(0.61)	(–3.05)
(ln ai)^2	0.0197***			
	(6.89)			
控制变量	YES	YES	YES	YES
地区固定效应	YES	YES	YES	YES
时间固定效应	YES	YES	YES	YES
常数项	10.0596***	0.0394	0.1868***	0.7738***
	(4.52)	(1.48)	(2.86)	(11.52)
N	300	300	300	300
F	30.5250	37.3658	3.6492	12.4924
Adj. R^2	0.5973	0.6162	0.0263	0.3061

劳动力的投入也是促进制造业智能化的重要因素。因此，智能化与劳动力就业(特别是高技能劳动力就业)可能存在双向因果关系，导致估计偏差。

首先，本章选择工具变量并用两阶段最小二乘法进行回归，以缓解智能化与高技能劳动力就业之间可能存在的内生性问题。借鉴王永钦和董雯(2020)、杨光和侯钰(2020)的做法，分别使用美国工业机器人安装量(ln arob)以及全球工业机器人安装总量减去中国的机器人安装量(ln wrob)作为工具变量。因为美国或其他国家的工业机器人使用情况可以反映国际工业机器人的发展趋势，中国工业机器人安装量会受到这种趋势的影响，这满足工具变量的相关性要求；但其与中国制造业就业的情况不存在相关关系，满足工具变量的外生性要求。对于就业总量为被解释变量的两阶段回归结果可见表 8-6 的(1)和(2)列，为了结果便于分析，回归中没有加入智能化的平方项；对于高技能劳动力为被解释变量的两阶段回归结果报告在(3)和(4)列。首先，工具变量的不可识别检验、稳健弱识别检验和弱工具变量检验的系数均拒绝原假设，表明选择的工具变量合理。在第二阶段的回归中，智能化的估计系数均显著为正，表明考虑了可能存在的内生性问题后，智能化仍显著促进了制造业就业总量以及高技能劳动力就业。

其次，为了避免样本自选择产生的估计偏误，利用 DID 方法检验智能化政策冲击的效果。为加速制造业提质增效，推进智能制造，中国工业和信息化部自 2015 年启动实施“智能制造试点示范行动”，并公布智能制造试点示范项目。本章选择具有智能制造试点项目的省份为实验组，其他省份为对照组，即试点省份为

(treat =1)，试点开始年份为 $year_X$ (time = 1,time ⩾ $year_X$; time = 0, time < $year_X$)，则 DID = treat*time，构建以 DID 为核心解释变量的模型进行回归估计。

结果可见表 8-6 的(5)和(6)列，检验结果表明在利用政策实施替代工业机器人安装量检验智能化的政策冲击效果后，智能化对高技能劳动力具有创造作用的结论仍然成立。

表 8-6　用工具变量解决内生性问题的回归结果

变量	(1) 1-step	(2) 2-step	(3) 1-step	(4) 2-step	(5) DID (ln *l*)	(6) DID (ln high)
ln ai		1.6333**		0.1919***	0.0305	0.1189**
		(2.17)		(4.45)	(0.72)	(2.17)
IV (ln arob)	0.2509**					
	(2.43)					
IV (ln wrob)			1.7661***			
			(24.82)			
不可识别检验 (LM 统计量)	5.92**		208.80***			
稳健弱识别检验	5.92**		904.09***			
弱工具变量检验	37.45***		18.14***			
控制变量	YES	YES	YES	YES	YES	YES
地区固定效应	YES	YES	YES	YES	YES	YES
时间固定效应	NO	NO	NO	NO	YES	YES
N	300	300	300	300	300	300
F		3.5600		23.1703	23.9850	36.4907
Adj. R^2		–4.5682		0.2499	0.5136	0.6101

8.4.3　区域异质性

为进一步探讨智能化对制造业就业影响的区域异质性，本章将 30 个省份分为东中西三大区域。本章参照杨浩昌等(2016)的做法，以中西部地区为参照系(east 取值为 1，其他地区则为 0)，模型中加入区域虚拟变量与智能化的交乘项(east*ln ai)检验区域异质性。由于前文得出智能化对制造业就业的创造效应更为显著，且为了方便比较不同区域的结果，不加入平方项做回归，回归结果见表 8-7。

表 8-7 替换核心解释变量的稳健性检验

变量	(1) 就业总量	(2) 高技能	(3) 中技能	(4) 低技能
ln ai	0.1446**	0.0116***	0.0099	–0.0215***
	(2.43)	(3.99)	(1.38)	(–2.89)
east*ln ai	0.0097	0.006***	–0.0111**	0.0051
	(0.47)	(2.77)	(–2.08)	(0.92)
控制变量	YES	YES	YES	YES
地区固定效应	YES	YES	YES	YES
时间固定效应	YES	YES	YES	YES
常数项	10.4708***	0.0381	0.1767***	0.7853***
	(4.65)	(1.38)	(2.60)	(11.13)
N	300	300	300	300
F	23.2555	35.6080	3.7257	11.5446
Adj. R^2	0.5224	0.6211	0.0382	0.3017

根据结果显示，智能化对不同区域制造业就业影响的呈现出较大差异。从制造业就业总量来看，中西部地区的智能化系数为 0.1446，且通过了 5%的显著性检验，而东部地区的系数不显著。东部地区的制造业规模和水平在全国处于领先地位，并拥有丰富的人力资源，因此智能化程度的加深对就业的创造效应不明显。而智能化对中西部地区制造业就业总量具有明显的促进作用，这可能因为中西部地区的制造业水平较低，得益于一定的政策支持，使得智能化程度的提高对制造业就业产生较大影响。从就业结构的结果来看，智能化对中西部地区高技能劳动力的影响系数为 0.0116，东部地区的系数为 0.0176（该系数为西部地区系数与东部地区虚拟变量系数之和），表明智能化更有利于东部地区的制造业就业高级化；而智能化对中西部地区中技能劳动力的影响系数大于东部地区，表明中西部地区的制造业在智能化的影响下将扩大中技能劳动力就业规模；此外，智能化对中西部地区低技能劳动力的影响显著为负，但对东部地区低技能劳动力的影响不显著。综合三类技能劳动力的影响系数可以得出，智能化有利于东部地区的制造业吸引更多的高技能劳动力，就业结构向更高级转变，而中西部地区也出现了从低技能劳动力向中技能劳动力转化的趋势，智能化将为中西部的制造业升级提供积极出路。

8.5 本章小结

本章研究了智能化对制造业就业的影响，分析智能化影响制造业就业及劳动力技能结构的机理；基于 2010～2019 年中国 30 个省级地区的面板数据，实证检验智能化对中国制造业就业总量的影响，并对就业创造效应的途径进行机制检验；从技能结构角度就智能化对制造业就业的影响来源做进一步检验，并对内生性问题进行处理；检验智能化对制造业就业的分区域影响。得出 4 点结论：首先，智能化水平与中国制造业就业总量之间存在“U”形关系，即智能化水平较低时以替代就业为主，水平较高后以就业创造效应为主，当前中国的智能化对制造业就业的创造效应已起主导作用。其次，智能化能通过延伸产业链和促进技术创新等中介途径实现就业的创造效应，其中延伸产业链的作用更明显。再次，智能化有利于就业结构高级化。随着智能化水平的提高，劳动力市场的高技能和中技能劳动力的需求会增加，低技能劳动力的需求有所下降。最后，智能化对制造业就业总量及其技能结构的影响存在明显的区域异质性，智能化对东部地区制造业就业结构向高级化转变具有更积极的促进作用，也有利于中西部地区的低技能劳动力向中技能劳动力转化。

据此本章提出 4 个政策建议。

(1)提升中国制造业整体的智能化水平，充分发挥智能化的就业创造效应。智能化水平达到一定程度后，产生的就业创造效应将大于替代效应，对经济的提质增效和社会的稳定发展都具有重要作用。应加强工业互联网基础设施建设、扩大智能技术装备的应用，实现制造业智能化高效稳固的转型升级，使智能化对就业总量影响的拐点上升，促进产出增长和产业结构高级化，实现更广泛的就业。鼓励自主创新，推动企业做好重点产品技术研发与产业应用。加快培育中国人工智能新兴产业，开发智能化过程中所需的各类新产品，通过新技术的自主创新、新产品的设计研发促进制造业产业链延伸，创造更多的就业岗位。

(2)提升高等教育和职业教育质量，扩大智能化所需高技能人才的供给。高技能劳动力优势明显，随着智能化进程的加快，市场对高技能劳动力的需求和缺口将同步加大，需要调整各层次类型教育的方式和重点，充分发挥教育的作用提高高技能劳动力的供给。高校与科研机构需顺应人工智能技术发展趋势及社会需求，完善人工智能专业化教育培养方案，强化人才创新能力与实践能力的同步提升，使其更好适应新一轮科技和产业变革背景下劳动力需求结构的变化趋势。职业技术教育要以提高学生的技能水平为重，最大限度满足劳动力市场的技能要求；完善职业教育体系，完善教学内容，把物联网、大数据、人工智能等技术发展需求融入教学资源和教学的全过程；加强校企合作，培养适应市场导向的高技能劳动力。

(3)优化技能培训的内容与模式，促进低技能劳动力的稳步优质就业。在智能化改造的过程中，低技能劳动力由于受教育程度低，处于被动的弱势地位，应积极促进低技能劳动力实现就业转换，为其提供针对性的培训和再就业服务。制造业企业应对现有培训内容及方式进行优化完善，建立适应智能化发展需要的培训体系，强化技能培训的针对性，尤其是低技能劳动力在智能机器设备操作维护等方面的培训，使低技能劳动力适应高质量就业的需要，降低其被直接替代的风险。有关部门应建立严格的职业技能资格认证机制，提高技能证书含金量，吸引低技能劳动力参加职业技能培训；充分发挥部门间联动作用，实行精准化职业技能培训，构建“技能培训-技能鉴定-劳动就业”的一体化培训模式，促进潜在技能型劳动力的就业转移和优质就业。

(4)强化东部地区制造业的示范带动作用，提高中西部地区的智能化政策扶持。中国三大区域的智能化水平有较大差异，结合各区域的特点，需要提出差异化的智能化发展路径建议与保障制造业就业的应对措施。强化东部地区智能制造试点企业的区域示范和带头作用，发挥沿海省份在提升智能化水平的地理区位优势；在具备产业发展条件、拥有创新资源的地区加强人工智能产业园、智能制造产业园的投资建设，通过技术密集型和资本密集型高技术制造业企业的集聚，促进行业的智能化合作。加强中西部地区制造业的政策扶持和财政支持。通过政策利好进一步完善制造业发展的基础设施，扩大智能制造试点项目在中西部地区的辐射范围；通过财政补贴和税收减免等方式提高中西部地区制造业企业的市场效益和效率，提高其智能化改造的积极性。

第 9 章　制造业智能化对收入差距的影响

本章从高技能劳动力收入水平和低技能劳动力收入水平两个方面，分析制造业智能化对不同技能劳动力收入差距影响的内在机制；并进行制造业智能化对不同技能劳动力收入差距影响的实证检验。

9.1　引　　言

随着新一轮信息革命和工业革命的兴起，智能制造已成为全球制造业发展的趋势。智能制造是人工智能、工业机器人和数字制造技术相结合的制造模式(李廉水等，2019)，对劳动生产率的提高及生产方式的变革具有重要影响。抓住智能制造这一重大战略机遇对加快我国产业结构升级、建设制造强国具有重要意义。我国高度重视智能制造，根据《智能制造发展规划(2016—2020 年)》，到 2025 年基本建立智能制造支撑体系，关键行业完成初步智能化。制造业智能化是发展智能制造的必然路径。当前，受新冠肺炎疫情影响，全球经济面临衰退危机，我国经济发展面临着更严峻的国际竞争和压力。针对我国经济发展新阶段出现的新情况、新要求，中央提出“要推动形成以国内大循环为主体、国内国际双循环相互促进的新发展格局”。既要抓好防疫、恢复生产、扩大消费，形成国内大循环主体；又要提升国际竞争力，使得国内国际双循环相互促进。在此过程中，制造业智能化将发挥重要作用。智能化将提升制造业企业生产效率，促进制造业转型升级(张万里和宣旸，2020)，有力推进内循环；同时，智能化也将提高制造业企业的国际竞争力，促进制造业企业深度参与国际竞争，使得国内国际双循环相互促进。制造业智能化需要新一代人工智能技术的创新和大量高技能人才。随着制造业智能化水平的不断提升，其对高技能劳动力的需求将逐步扩大，并对不同技能劳动力的供求关系产生影响，从而影响高低技能劳动力之间的收入差距(Feng and Graetz, 2015；杜传文等，2018)。

收入差距较大是困扰我国经济社会持续健康发展的主要民生问题之一。根据国家统计局的数据，2018 年，全国居民人均可支配收入基尼系数较上年有所上涨，达到 0.468，持续超过国际公认的贫富差距“警戒线”。随着智能制造的大力推进，我国制造业智能化水平将不断提升，可能会进一步增加高技能劳动力的需求与收入，减少低技能劳动力的需求与收入。尤其是在当前新冠肺炎疫情和经济双循环战略背景下，高技能劳动力所受的不利影响和冲击较小，对其的需求可能还会进一步扩大；但低技能劳动力则面临无法正常复工以及企业经营困难无法维持导致的就业不稳定与失业问题。“贫者愈贫、富者愈富”的现象在短期内可能进一步加剧。那么，制造业智能化对收入差距有哪些影响；是否会加剧我国高低技能劳动力的收入差距；如果加剧，是以何种方式扩大收入差距的；系统探究上述问题，揭示其中的内在机制，并提出针对性的政策建议，对于我国深入推进制造业智能化，并建立防范收入差距扩大的保障机制，具有重要的理论价值和实践意义。

9.2　智能化对收入差距影响的研究现状

制造业智能化从本质上来说，是技术创新和变革的一种形式。历史上技术变革所创造的就业岗位多于其所替代的工作岗位，并从整体上提高了工资和人均收入(Berg et al., 2018)。以人工智能技术为主导的制造业智能化亦是如此，其替代了从事常规生产劳动的低技能劳动力，提高了高技能劳动力的生产率，使得高技能劳动力的工资增长多于低技能劳动力，进而扩大了收入差距(Lankisch et al., 2019)。智能化与劳动力结构产生错配，替代了从事常规生产劳动的低技能劳动力，提高了高技能劳动力的生产率，使得高技能劳动力的工资增长多于低技能劳动力，就业结构的变化转化为技能劳动力间收入差距的扩大(Lankisch et al., 2019；惠炜和姜伟，2020)。

多数学者认为，制造业智能化扩大了不同技能劳动力之间的收入差距。在制造业智能化的过程中，机器大规模替代人力，降低了对低技能劳动力的需求，提高了对高技能劳动力的需求，高低技能劳动力供需不平衡扩大了收入差距(Acemoglu and Autor, 2011)。Berg 等(2016)认为机器人技术会扩大收入差距，其原因有两点：一是随着工业机器人技术的不断成熟和普及，机器人增加了有效劳动力的供应，导致劳动力的工资被压低；二是随着生产率的提高和高技能劳动力收入的稳步上升，低技能劳动力的收入会降低。Wolfgang 等(2017)和王君等(2017)的研究均显示随着计算机、信息技术和机器人等技术的应用，不同技能水平劳动力的收入差距将会扩大。Zhang(2019)研究表明，自动化的快速应用会产生置换效应和资本再分配效应，若机器人生产部门中劳动力与资本之间的替代弹性较大，那么资本再分配效应就不能抵消替代效应，技能与非技能劳动力的工资差距也将会扩大。蔡跃洲和陈楠(2019)认为，人工智能推进过程中，中间层岗位容易被替代，就业结构将呈两极化趋势，伴随结构调整，初次分配中劳动份额将降低，被替代行业中技能水平较低的劳动力受到的损失最大，从而扩大收入差距。王林辉等(2020)基于 2001～2016 年的省级面板数据的实证发现，人工智能技术在引发劳动岗位更迭的同时，非对称地改变不同技术部门的劳动收入分配，使高低技术部门劳动收入差距年均扩大 0.75%。王丽媛(2021)的实证研究发现，智能化提高了技能溢价，加剧了收入不平等，应当优化劳动力供给结构，提高高技能劳动力的比例和质量。

也有学者认为，制造业智能化对不同技能劳动力收入差距的影响需要从时间维度考察，其影响具有阶段性特征。智能化发展初期，工业机器人替代的是机械性、重复性的工作，减少低技能劳动力的需求，从而降低其收入，收入差距扩大；随着智能化水平的不断提高，高技能劳动力也会受到智能化的冲击，收入差距将有所缓和(Acemoglu and Restrepo, 2018)。Hémous 和 Olsen(2014)基于内生增长模型，研究了自动化对高低技能劳动力的需求和收入差异，结果显示自动化对收入不平等的影响分为三个阶段：第一阶段，在低技能劳动力的工资和自动化水平都很低时，不同技能水平的劳动力收入占生产总值的比例不变；第二阶段，随着低技能劳动力工资的增长和自动化的发展，低技能劳动力的需求下降，进而影响其未来工资的增长率；第三阶段，自动化投入趋于稳定，低技能劳动力工资进一步增长，但增长率低于高技能劳动力。Graetz 和 Michaels(2018)研究发现，随着机器人使用比例的提高，劳动力的平均工资均会有所增长，但积极影响会在长期内逐渐下降。Jackson 和 Kanik(2019)认为自动化技术应用会通过增加技能溢价扩大高低技能劳动力的工资差距。研究还基于不同的生产率和工资阈值，考察了技能溢价的动态效应，发现无自动化时，高低技能工人的工资增长率一致，工资差距平稳；在自动化逐渐扩张的阶段，高技能工资增长率高于低技能工资增长率，技能溢价上升；在完全自动化阶段，技术冲击只存在投入产出效应，技能溢价趋于稳定。此外，郭凯明(2019)通过建立多部门的动态一般均衡模型，讨论人工智能发展、产业结构升级与劳动收入份额变动之间的关系，提出人工智能技术的提高会促使生产要素在产业部门间流动，导致产业结构转型，从而引发劳动收入份额变动，但变动的方向是不确定的，这取决于产业部门间在人工智能产出弹性和替代弹性上的差别。

综上所述，已有研究取得了一定的成果，但是制造业智能化对不同技能劳动力收入差距的影响机制尚不明确，也缺少我国制造业智能化对不同技能劳动力收入差距影响的实证检验。本章围绕上述两个问题开展研究，主要贡献体现在：①从高技能劳动力收入水平和低技能劳动力收入水平两个方面，分析制造业智能化对不同技能劳动力收入差距影响的内在机制；②从基础投入、生产应用和市场效益三个层面，构建制造业智能化评价指标体系，测算我国 2010～2016 年 30 个省级地区的智能化水平，并进行制造业智能化对不同技能劳动力收入差距影响的实证检验，研究得出智能化通过提高高技能劳动力的收入水平、降低低技能劳动力的收入水平，加剧了高低技能劳动力的收入差距。

9.3　智能化对收入差距的影响机制

本章从高技能劳动力收入水平和低技能劳动力收入水平两个方面，分析制造业智能化对不同技能劳动力收入差距影响的内在机制，并分别从短期和长期角度进行探讨。短期和长期是相对而言的，短期是指资源配置不可改变的生产阶段，而长期指资源配置可调整的生产阶段，包括知识、技术等无形资源的生产。需要注意的是，智能化对不同技能劳动力供求的影响包括就业创造和就业替代等多种效应，可能并非简单的线性关系，本章研究的重点是智能化对不同技能劳动力收入差距的影响，为更加直观地表达与分析，将智能化对劳动力供求关系的影响简化为线性关系。

9.3.1　制造业智能化对高技能劳动力收入水平的影响机制

从短期来看，制造业智能化水平的提升会扩大制造业高技能劳动力的需求，实现就业的“创造效应”，在高技能劳动力供给不变的情况下，会增加高技能劳动力的收入。智能化会显著提升对高技能劳动力的需求，一方面，智能化水平的提升需要技术的支撑，因此，需要大量研发人员和技术人员从事研发工作以及保障智能系统和设备运行的维护工作，比如数字化的生产系统、高端数控机床、机器人等智能设备的操作、调试、维护；另一方面，智能化会增加新型管理人员的需求，尤其是具有跨学科和技术交叉知识背景，熟练运用管理信息系统、办公自动化系统、决策支持系统等的复合型人才。但是，在供给方面，智能化创造的大部分岗位对劳动力受教育程度、技能水平与综合素质的要求较高，而相关技术人才的培养和新技能学习均需要花费相对较长的时间。所以，短期内，高技能劳动力供给量难以有效增加。如图 9-1 所示，随着智能化水平提升，市场对高技能劳动力的需求扩大，需求曲线从 d 向右上方移动至 d'，但在短期内，制造业高技能劳动力供给量不变，劳动力市场的高技能劳动力供给和需求的均衡状况(均衡点为 A 点)被打破，新的需求曲线 d'上对应于 Q_0 的点为 B 点。与之前相比，高技能劳动力的工资水平从 P_0 提高到 P_1。所以，从短期来看，智能化水平的提升将提高高技能劳动力的需求，进而提高高技能劳动力的收入水平。

从长期来看，制造业产业升级和智能化水平的提升仍将扩大高技能劳动力的需求，为高技能劳动力创造更多的就业机会，在高技能劳动力供给逐渐增加的情况下，高技能劳动力的收入水平仍会提高，但增速逐渐放缓。如前所述，短期内，智能化程度的提高将导致高技能劳动力供不应求，并提高其收入水平。长期来看，这种状况将得到较大程度的缓解。一是政府为了摆脱高技能劳动力供不应求的困境，促进经济高质量发展，致力于推进制造业产业结构向智能化转型升级，加大力度引进和培养高技能人才，提高劳动力供给水平；二是低技能劳动力为了更高的收入和更好的工作环境，主动参加学历教育和非学历培训，提升自身技能，向高技能岗位转移，使就业结构得到进一步改善。基于上述两方面，高技能劳动力的供给逐渐增加，加快了制造业的智能化发展，又进一步扩大了对高技能劳动力的需求，因此，智能化发展与高技能劳动力供给呈现相互促进的态势。从某种程度上来说，智能化发展可以理解为是受人工智能技术变革的推动，技术变革与技术人才供给相互促进的关系已有学者论述(Galor and Moav, 2000)。具体情况如图 9-2 所示，随着智能化水平的提升，高技能劳动力需求曲线从 d 向右上方移动至 d'。在长期内，政府将加大力度引进和培养高技能劳动力，低技能劳动力也会得到技能培训，逐渐转变为高技能劳动力。此时，高技能劳动力的供给曲线由 s 向右移动为 s'，但由于低技能劳动力转化为高技能劳动力的周期较长，相对于需求曲线而言，高技能劳动力的供给曲线移动速度可能较慢，所以市场上高技能劳动力均衡点由 A 点变为 B 点，均衡数量由 Q_0 增加到 Q_1，均衡价格即高技能劳动力的工资水平由 P_0 增长到 P_1。高技能劳动力供给的增加将促进制造业智能化发展，提高智能化水平，又将进一步扩大对高技能劳动力的需求，导致高技能劳动力的需求曲线由 d'向右上方移动至 d''，供给曲线由 s'向右移动至 s''，均衡点由 B 点变为 C 点，均衡数量由 Q_1 增加到 Q_2，均衡价格即高技能劳动力的工资水平由 P_1 增长到 P_2。因此，从长期来看，智能化的发展会提高高技能劳动力的收入水平，但是提高的速度会逐渐放缓。

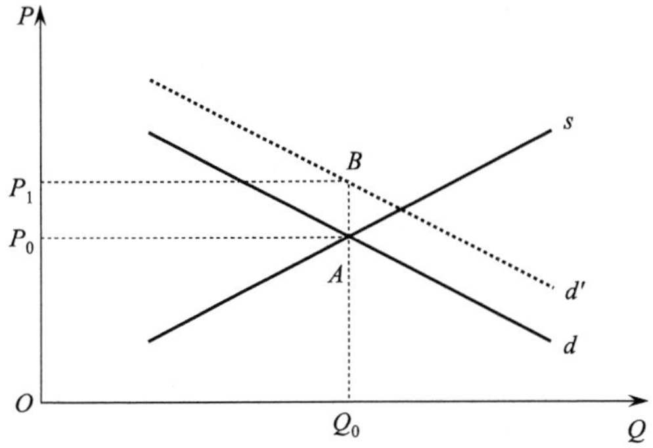

图 9-1　高技能劳动力的短期供求关系

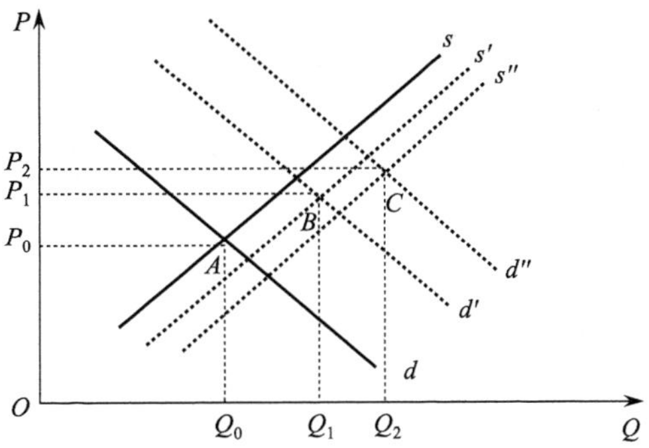

图 9-2　高技能劳动力的长期供求关系

9.3.2　制造业智能化对低技能劳动力收入水平的影响机制

从短期来看，制造业智能化水平的提升会降低低技能劳动力的需求(程承坪和彭欢，2018)，实现就业的“替代效应”，在低技能劳动力供给不变的情况下，会降低低技能劳动力的收入。一方面，智能设备的应用优化了生产流程，并通过调节和改进生产中的参数提高了生产效率，减少对低技能劳动力的需求。另一方面，工业机器人能够完成大部分低技能劳动力机械性、重复性的工作，具有廉价(相比于劳动力的长期工资和薪酬福利)的特点。当前，中国的人口红利逐渐消失，人力成本不断提高，企业生产经营成本也持续上升，因此，企业会选择用工业机器人代替一部分低技能劳动力。由此可见，智能化带来的就业“替代效应”使企业对低技能劳动力的需求降低。如图 9-3 所示，随着智能化水平的提升，智能化对低技能劳动力的需求将减少，需求曲线从 d 向左下方移动至 d'。但短期内，低技能劳动力的供给量 Q_0 不变，这使得低技能劳动力供给和需求的均衡状况(均衡点为 A 点)被打破，新的需求曲线 d'对应 Q_0 的点为 B 点，需求的降低会使制造业中的低技能劳动力的工资水平从 P_0 下降到 P_1。因此，从短期来看，智能化的发展会降低低技能劳动力的收入水平。

从长期看，在新常态下经济下行压力加大和制造业智能化程度不断加深的双重影响下，低技能劳动力的需求和供给均会持续降低，导致低技能劳动力的收入水平继续降低但速度放缓。具体来说，随着制造业产业结构升级和智能化的不断发展，工业机器人的普及率将大大提升，就业“替代效应”也将逐渐明显，制造业对低技能劳动力的需求进一步降低。与此同时，制造业低技能劳动力的总量也逐渐下降。一方面，一部分低技能劳动力通过政府和企业提供的职业技术培训以及自我学习实践等方式提高劳动技能，逐渐转变为高技能劳动力；另一方面，随着制造业低技能劳动力工资水平的下降，一部分低技能劳动力逐渐转移到薪酬水平更高的其他行业。基于上述两方面，从长期来看，随着我国大力发展智能制造，制造业产业结构优化升级，低技能劳动力的需求和供给都将持续下降。如图 9-4 所示，随着智能化水平的提升，低技能劳动力需求曲线从 d 向左下方移动至 d'。在长期内，由于部分低技能劳动力的技能升级或完成了产业间的转移，低技能劳动力的供给也有所下降，低技能劳动力的供给曲线由 s 向左移动为 s'，市场上低技能劳动力均衡点由 A 点变为 B 点，均衡数量由 Q_0 减少到 Q_1，均衡价格即低技能劳动力的工资水平由 P_0 降低到 P_1。由于低技能劳动力转变为高技能劳动力的周期较长，智能化水平提升以及深入发展的速度会大于低技能劳动力减少的速度，相对于需求曲线而言，低技能劳动力的供给曲线移动速度可能较慢，随着智能化水平的持续加深，对低技能劳动力的需求也进一步下降，低技能劳动力的需求曲线由 d'向左下方移动至 d''，供给曲线由 s'向左移动为 s''，均衡点由 B 点变为 C 点，均衡数量由 Q_1 减小到 Q_2，均衡价格即低技能劳动力的工资水平由 P_1 降低到 P_2。因此，从长期来看，智能化的发展将会降低低技能劳动力的收入水平，但是下降的速度会逐渐放缓。

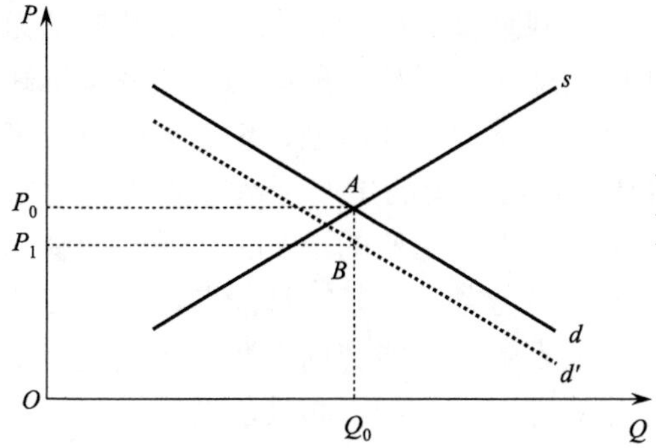

图 9-3　低技能劳动力的短期供求关系

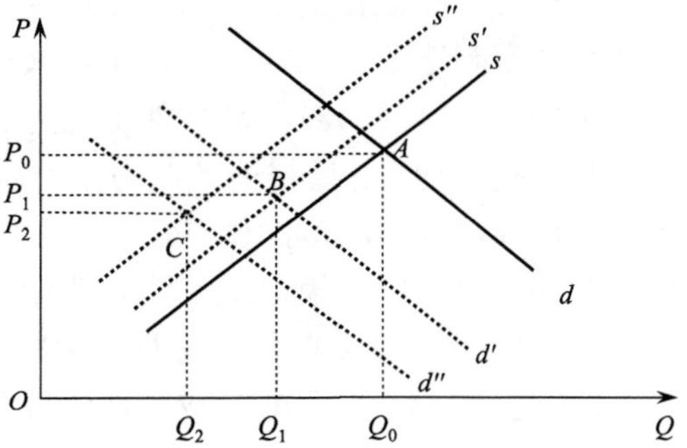

图 9-4　低技能劳动力的长期供求关系

通过上述分析发现，短期来看，智能化会增加高技能劳动力的收入，减少低技能劳动力的收入，加剧收入差距的“马太效应”。而长期情况下，高技能劳动力的收入水平增长速度放缓，但依然在提高；低技能劳动力的收入水平会持续下降，但下降的速度有所减缓。总的来说，高低技能劳动力之间的收入差距会持续扩大，但扩大的速度会逐渐减缓。

综上所述，本章提出假说：制造业智能化通过提高高技能劳动力收入水平、降低低技能劳动力收入水平，加剧收入差距的“马太效应”。

9.4　智能化对收入差距影响的实证检验

9.4.1　计量模型设定

影响不同技能劳动力收入差距的因素有很多，本章在借鉴宋冬林等(2010)的基础上，选取人均资本存量、产业结构、对外开放程度和经济发展水平作为控制变量，建立如下的计量模型：

$$\ln(W_\mathrm{h}/W_\mathrm{l})_{it} = \beta_0 + \beta_1 \ln \mathrm{int}_{it} + \beta_2 \ln(K_{it}/L_{it}) + \beta_3 \ln \mathrm{pgdp}_{it} + \beta_4 \ln \mathrm{indus}_{it} + \beta_5 \ln \mathrm{open}_{it} + \varepsilon_{it} \tag{9.1}$$

式中，$W_\mathrm{h}/W_\mathrm{l}$ 代表高低技能劳动力收入差距；int 表示制造业智能化水平；K/L 表示人均资本存量；pgdp 表示经济发展水平；indus 表示产业结构；open 表示对外开放程度；下标 i 和 t 分别表示地区和年份；其他符号分别表示常数项、变量系数和随机扰动项。

9.4.2　变量说明

被解释变量：高低技能劳动力收入差距($W_\mathrm{h}/W_\mathrm{l}$)。本章用高低技能劳动力平均工资的比值来衡量两者间的收入差距，比值越大表明高低技能之间的收入差距越大。现有关于高低技能劳动力主要以受教育年限划分，但受教育年限高的劳动力未必都从事制造业，因此选取该指标来作为制造业高低技能劳动力的代理指标缺乏科学性(华昱，2018)。高技能劳动力通常是知识型、技能型、创新型的研发工作者和科技活动者，低技能劳动力则一般从事制造业中的生产制造等活动。因此，借鉴包群和邵敏(2008)的做法，本章以规模以上工业企业的 R&D 人员数代替高技能劳动力数，以规模以上工业企业 R&D 人员劳务费代替高技能劳动力工资总额。用制造业年末从业人数减去 R&D 人员数表示低技能劳动力数，用制造业工资总额减去 R&D 人员劳务费表示低技能劳动力工资总额。高技能劳动力与低技能劳动力的平均工资分别用该类工资总额除以该类人员数。

核心解释变量：智能化指数(int)。测度方法见第 4 章。

控制变量：人均资本存量(*K/L*)。一般来说，人均资本存量越高的地区，生产规模越大、技术水平越高，进而提高对高技能劳动力的需求，导致高低技能劳动力之间收入差距扩大。本章参考董敏杰等(2015)的做法，使用永续盘存法测算固定资本存量，公式为 $K_t = K_{t-1}(1-\delta_t) + I_t/P_t$。其中，$K_t$和$K_{t-1}$分别表示 t 期和 t–1 期固定资本存量；δ表示折旧率；I 和 P 分别表示新增投资额和投资品价格指数。将求得的固定资本存量除以各行业从业人员年平均人数求得人均资本存量，本章预期人均资本存量对高低技能劳动力之间的收入差距有正向影响。

经济发展水平(pgdp)。经济发展水平是影响收入差距的重要因素，库茨涅茨曲线理论认为，地区内部收入差距会随着经济发展水平的提高表现出先扩大再缩小的变化态势。因此，经济发展水平可能会对高低技能劳动力收入差距产生一定的影响。以地区人均生产总值衡量经济发展水平，考察其对我国制造业高低技能劳动力收入差距有何影响。

产业结构(indus)。随着产业结构的不断优化升级，产业发展逐渐由劳动密集型转向知识密集型。劳动密集型产业中许多低技能劳动力逐渐被自动化所替代，而知识密集型产业对高技能劳动力的需求较大，因此收入差距也随之扩大。本章用第二产业增加值与国内生产总值的比值衡量产业结构，预期产业结构会对高低技能劳动力收入差距有正向影响。

对外开放程度(open)。一个地区的对外开放程度越高，引进的高技术外资企业越多，对高技能劳动力的需求可能较大，将对高低技能劳动力的收入差距产生一定影响。借鉴谢申祥和王孝松(2011)的做法，用地区进出口贸易总额占地区生产总值的比值表示对外开放程度，本章预测对外开放程度对高低技能劳动力收入差距有正向影响。

9.4.3 数据来源与处理

本章选取 2010～2016 年中国 30 个省份的面板数据作为样本数据。数据来源为《中国统计年鉴》(2011～2017 年)、《中国劳动统计年鉴》(2011～2017 年)、《中国科技统计年鉴》(2011～2017 年)、《中国高技术产业统计年鉴》(2011～2017 年)、《中国电子信息产业年鉴》(2011～2017 年)。本章对主要变量的数据特征做了描述性统计(表 9-1)。

表 9-1　主要指标的描述性统计

变量	样本量	平均值	标准差	最小值	最大值
ln (W_h/W_l)	210	0.793	0.467	−0.808	2.203
ln W_h	210	10.95	0.337	9.677	11.96
ln W_l	210	10.16	0.470	9.023	11.41
ln int	210	0.157	0.117	0.020	0.852
ln (K/L)	210	10.52	0.558	9.201	11.61
ln pgdp	210	10.66	0.444	9.482	11.68
ln indus	210	−0.786	0.216	−1.647	−0.527
ln open	210	−1.730	0.951	−3.437	0.437

为了直观地观察制造业智能化与不同技能劳动力收入差距之间的关系，本章绘制出制造业智能化与不同技能劳动力收入差距之间对应的散点图和简单的拟合直线(图 9-5)。从图 9-5 可以看出，各地区智能化程度与高低技能劳动力的收入差距正相关。

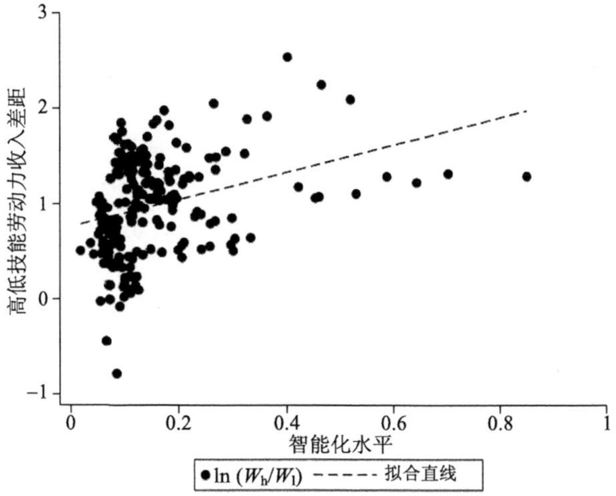

图 9-5　制造业智能化与高低技能劳动力收入差距的散点图

9.4.4　回归结果分析

为了更加全面地检验制造业智能化对于高低技能劳动力收入差距的影响，本章的实证分为两部分：一是对制造业智能化影响高低技能劳动力收入差距进行总体回归，以分析制造业智能化对高低技能劳动力收入差距的影响；二是对高低技能劳动力的收入水平分别进行回归，以分析制造业智能化影响两个群体之间的收入差距的作用途径。

1. 总体回归分析

本章分别采用静态的固定效应和随机效应、可行的广义最小二乘法(FGLS)和改进的系统 GMM 方法处理模型。分析软件为 stata15.0，表 9-2 为估计结果。

表 9-2 总体回归分析结果

变量	总体基准回归				总体稳健性检验
	方程 1 (FE)	方程 2 (RE)	方程 3 (FGLS)	方程 4 (系统 GMM)	方程 5 (系统 GMM)
$\ln(W_h/W_l)_{it-1}$				0.5206^{***}	0.6028^{***}
				(18.60)	(8.96)
ln int	−0.0099	0.0918^{***}	0.0749^{***}	0.0955^{***}	0.8442^{***}
	(−0.20)	(2.89)	(4.49)	(5.76)	(6.26)
$\ln(K/L)$	0.2713^{*}	0.0756	-0.1861^{***}	-0.0971^{*}	-0.3292^{***}
	(1.77)	(0.69)	(−3.27)	(−1.71)	(−3.83)
ln pgdp	-0.7663^{***}	-0.5706^{***}	0.0935	0.0254	−0.0135
	(−3.69)	(−3.38)	(0.91)	(0.31)	(−0.06)
ln indus	0.3123	1.1674^{**}	2.6285^{***}	−0.4399	−0.4603
	(0.48)	(2.51)	(11.17)	(−1.54)	(−1.00)
ln open	0.2822	0.4075^{***}	0.1902^{**}	-0.2033^{***}	-0.4307^{**}
	(1.26)	(2.89)	(2.51)	(−2.77)	(−2.28)
常数项	6.0092^{***}	4.2026^{***}	−0.5051	0.0595	1.9086
	(4.72)	(3.98)	(−0.78)	(0.11)	(1.08)
R^2	0.1572	0.2712			
样本量	210	210	210	180	150
AR(1)				0.0029	0.0026
AR(2)				0.2604	0.8157
Sargan 检验				0.2404	0.0653

注：括号内的数值为 t 值；***、**和*分别表示变量系数通过了 1%、5%和 10%的显著性检验

由表 9-2 为模型估计结果。广义最小二乘法(FGLS)是处理面板数据模型常用的方法，且能在一定程度上解决可能存在的异方差和序列相关性(Wooldridge,

2010)，本章在方程 1 与方程 3 中选择方程 3。考虑到以上回归方法并不能解决内生性问题，因此本章采用由 Blundell 和 Bond(1998)改进的系统 GMM 方法对模型进行参数估计。方程 4 中的 AR(1)和 AR(2)结果表明，方程的残差项只存在一阶序列相关，这说明模型的设定是可靠的。由 Sargan 检验的 p 值可以看出，模型中使用的工具变量是有效的。由于系统 GMM 能够处理模型中的内生性问题，因此本章在方程 4 的基础上分析总体回归结果。

方程 4 的回归结果显示，智能化的影响系数为 0.0955，且通过了 1%的显著性检验，说明在加入了相关控制变量的情况下，智能化水平每提升 1%，高低技能劳动力之间的收入差距扩大约 0.1%。这表明制造业智能化显著扩大了我国高低技能劳动力之间的收入差距，加剧了“马太效应”，由此验证了本章的理论假说。智能化成为扩大我国高低技能劳动力收入差距的重要因素之一，这主要是因为智能化技术是一种技能偏向型技术进步，有助于提高企业劳动生产率，同时也催生了更多的就业岗位，尤其是技术型岗位，从而加速扩大对高技能劳动力的需求，优化企业的技能结构，提高了高技能劳动力的收入，在低技能劳动生产率增长相对较慢的情况下，高技能劳动和低技能劳动的工资差距不断扩大。

对于控制变量，人均资本存量的系数为负，说明随着我国经济发展水平不断的提高，人均资本存量有助于缩小高低技能劳动力的收入差距，缓解贫富差距。对外开放程度的系数为负，说明对外开放程度的提高会缩小我国制造业高低技能劳动力的收入差距，这可能是因为对外开放程度越高，国内制造业企业的出口规模和外资企业规模越大，对劳动力的需求更多，提高了低技能劳动力的工资水平，缩小了收入差距。

2. 分技能回归分析

前文已经得知制造业智能化显著扩大了我国高低技能劳动力之间的收入差距，下面本章进一步探究制造业智能化如何扩大了收入差距。本章分别以高技能劳动力的平均工资(W_h)和低技能劳动力的平均工资(W_l)为被解释变量，实证检验制造业智能化对高技能劳动力和低技能劳动力工资水平的影响。所用的其他数据不变，选用的计量方法为系统 GMM，回归结果见表 9-3。

表 9-3　不同技能劳动力平均工资回归结果

变量	分技能基准回归		分技能稳健性检验	
	高技能劳动力平均工资(W_h)	低技能劳动力平均工资(W_l)	高技能劳动力平均工资(W_h)	低技能劳动力平均工资(W_l)
$(\ln W_h)_{it-1}$	0.2255***		0.4979***	
	(3.57)		(5.69)	

续表

解释变量	分技能基准回归		分技能稳健性检验	
	高技能劳动力平均工资(W_h)	低技能劳动力平均工资(W_l)	高技能劳动力平均工资(W_h)	低技能劳动力平均工资(W_l)
$(\ln W_l)_{it-1}$		0.4465***		0.3700***
		(12.59)		(8.91)
ln int	0.0928***	−0.0300***	0.5276***	−0.3602***
	(7.26)	(−3.43)	(3.89)	(−3.87)
ln (K/L)	0.0936***	−0.0222	−0.1196***	−0.0717
	(3.34)	(−0.39)	(−4.30)	(−0.89)
ln pgdp	0.1837***	0.2662***	0.0742	0.6162***
	(3.21)	(3.07)	(0.54)	(4.74)
ln indus	−1.3407***	−1.3354***	−1.0961***	−1.8746***
	(−5.82)	(−5.83)	(−3.05)	(−6.94)
ln open	−0.1029	0.1344***	−0.1286**	0.0776
	(−1.21)	(3.13)	(−2.31)	(0.87)
常数项	4.9770***	4.0798***	5.0977***	2.4978***
	(12.70)	(7.70)	(3.99)	(2.76)
样本量	180	180	150	150
AR(1)	0.0379	0.0075	0.0017	0.0049
AR(2)	0.2495	0.1633	0.9633	0.0893
Sargan 检验	0.1794	0.2471	0.3181	0.1319

注：括号内的数值为 t 值；***、**和*分别表示变量系数通过了 1%、5%和 10%的显著性检验

由表 9-3 的结果发现，在加入了相关控制变量后，制造业智能化对高技能劳动力平均工资的影响系数显著为正，智能化水平每提高 1%，高技能劳动力的收入水平增长 0.09%，表明智能化水平的提高促进了高技能劳动力的平均工资的增长。这主要是由于随着我国制造业智能化的快速发展，制造业对高技能劳动力的需求急剧扩大，而高技能劳动力的供给增长的速度明显低于需求增长的速度，使需求大于供给，从而显著提高了高技能劳动力的收入。

而智能化对低技能劳动力平均工资的影响系数显著为负，智能化水平每提高 1%，低技能劳动力收入水平下降 0.03%，表明智能化水平的提高显著降低了低技能劳动力的平均工资。这可能是由于制造业智能化的发展会引发低技能劳动力就业的“替代效应”，使制造业对低技能劳动力需求不断下降，导致低技能劳动力的收入逐渐降低。由此可见，制造业智能化通过提高高技能劳动力收入水平、降低低技能劳动力收入水平的方式扩大了收入差距。

3. 稳健性检验

更换核心解释变量的衡量方法是稳健性检验的有效方法之一。孙早和侯玉琳(2019)从基础建设、生产应用、竞争力和效益三个层面测度了智能化水平，本章用该数据替换智能化指标做稳健性检验①。经过数据的匹配和处理，分别在表 9-2 的方程 5 和表 9-3 的右边两列汇报了稳健性检验的回归结果，选用的方法为系统 GMM。可以发现，表 9-2 中方程 5 和方程 4 回归结果的对应变量符号基本一致，表明实证结果相对稳健，智能化显著扩大了技能水平劳动力的收入差距。表 9-3 中的稳健性检验部分，制造业智能化的系数符号与基准回归完全一致，智能化对高技能劳动力平均工资的影响系数显著为正，对低技能劳动力平均工资的影响系数显著为负。验证了智能化影响高低技能劳动力收入差距作用途径的回归结果的稳健性，即制造业智能化通过提高高技能劳动力工资水平、降低低技能劳动力工资水平的方式扩大了两者的收入差距。

9.5 本章小结

本章分析了制造业智能化对我国高低技能劳动力收入差距影响的机制，并进行实证检验，结果显示，在控制了人均资本存量、经济发展水平、产业结构和对外开放程度等条件下，制造业智能化水平的提高加剧了我国高低技能劳动力之间收入差距的“马太效应”，智能化水平每提升 1%，高低技能劳动力之间的收入差距会大约扩大 0.1%。分别对高低技能劳动力工资水平进行回归的结果表明，智能化水平每提高 1%，高技能劳动力收入水平增长 0.09%，而低技能劳动力收入水平则下降 0.03%，制造业智能化通过对高低技能劳动力收入水平产生的不同作用扩大了收入差距。

据此本章提出 3 项政策建议。

(1) 发挥智能化扩大就业的促进作用，减缓对低技能劳动力的替代。政府应积极引导发展智能制造新兴产业，大力发展智能制造相关配套产业，完善智能制造产业链条。大力发展工业机器人、智能装备等新兴产业，提高高技能劳动力的需求，充分发挥智能化对高技能劳动力的“就业创造”效应；完善智能制造产业链条，大力发展智能制造相关配套产业，增加部分低技能劳动力需求，缓解就业对低技能劳动力的“替代效应”，避免出现大规模失业。

(2) 提高高技能劳动力人才储备，增加高技能劳动力的供给。智能化增加了制造业对高技能劳动力的需求，提高了高技能劳动力的收入。政府应积极引导，加

① 数据来自孙早和侯玉琳(2019)，参见在《中国工业经济》网站(http://www.ciejournal.org)附件下载。

大力度培养智能制造等高技能人才，一方面满足制造业智能化对高技能人才的需求，有效推进智能制造，实现产业智能化转型升级；另一方面，有效提高高技能劳动力的供给能力，缓解高技能人才供给缺口，改善高技能劳动力供需不平衡的状况，缓解高低技能劳动力收入差距的扩大。

(3)加强低技能劳动力技能培训，实现向中高技能人才转型。政府应引导通过学历教育和企业在职培训等形式，加强低技能劳动力的技能培训，使其学习掌控智能制造及相关配套产业的知识和技能，逐步实现向中高技能劳动力转型，增强面对疫情等突发事件的失业风险防控能力。一方面满足我国制造业智能化的人才需求，另一方面也能提升低技能劳动力的收入水平，缩小高低技能劳动力的收入差距。

第 10 章　制造业智能化对中国经济绿色发展的影响

本章研究制造业智能化对绿色发展的影响：一是智能化对企业能源效率的影响。该节从智能化促进技术进步和提升技术效率角度，分析了智能化对制造业企业能源效率的影响机理，并实证检验其影响效应及其异质性。二是智能化对制造业碳排放的影响。基于 STIRPAT 模型，研究制造业智能化对碳排放强度的影响，并探究了不同阶段和行业异质性。三是智能化对经济绿色增长的影响。该节研究智能化对经济绿色增长的影响及其作用机制，采用 SDM 模型检验了智能化对经济绿色增长的空间溢出效应，探析了其空间溢出范围的大小及区域边界，以及可能的异质性问题。

10.1　制造业智能化与企业能源效率

10.1.1　引言

全球能源问题一直是阻碍人类社会向前发展的重大问题。2019 年《BP 世界能源统计年鉴》显示(BP, 2019)，2018 年，全球一次能源的需求增长了 2.9%，碳排放量增长了 2.0%，这是自 2010 年以来增速最快的一年。2019 年，全球一次能源消费增速得以减缓至 1.3%，但在能源消费所造成的碳排放量上，相比于 2018 年不同寻常地大幅增长 2.0%。在全球能源消费净增量中，中国占比超过四分之三，已成为最大的能源消费驱动力。为了经济与社会的可持续发展，中国政府高度重视节能减排工作。在 2021 年中国能源工作会上，提出要严格落实能源消费总量和强度“双控”制度，将能源消费总量控制在 50 亿吨标准煤以内，年均增速控制在 3%以内。

能源是现代工业化的基础，工业企业是能源的最大消费者。联合国工业发展组织数据显示(UNIDO，2021)，在发展中国家和经济转型国家，工业能源使用量增长速度将达每年 1.8%～3.1%，50%的能源将供应于工业系统。经济发展与有限能源供应之间的矛盾日益凸显。因此，如何管理中国制造业企业能源需求，提高企业能源效率，对于实现区域和全球减少温室气体排放、降低企业能源强度十分重要(Fernando and Hor, 2017；Akram et al., 2020)。已有研究指出，技术可以提高能源效率从而减少能源消耗(He et al., 2021；Shan et al., 2021)。但当前的工业能源效率还远低于技术上可行的最佳水平(UNIDO，2021)。

随着全球新一轮科技革命的兴起，人工智能在全球范围内得到了快速的发展，制造业智能化已经成为全球制造业的重要发展趋势。工业机器人的使用是制造业智能化的重要体现(Jung and Lim, 2020；Lambrecht et al., 2021)。从中国的工业机器人应用情况来看(图 10-1)，其投入使用的工业机器人使用数量虽然逐年增高，但是其增速远不及中国购买的工业机器人，即企业购买了智能设备，但投入生产应用的比例并不高。其中存在一个现实问题，即本身工业机器人的运作需要消耗大量能源，在投入生产后，制造业智能化是否能够提高企业能源效率？企业可能出于智能设备使用技术条件较高，投入成本较大的考虑，致使工业机器人的购买数大于投入应用数，这是否会导致企业的资源浪费，从而抑制了企业能源效率？因此，制造业智能化究竟给中国制造业企业能源效率带来了什么影响？具体的影响程度如何？又通过哪些途径影响？上述问题目前尚未得到有效解决。

本节主要从制造业智能化促进技术进步和提升技术效率角度，分析制造业智能化对制造业企业能源效率的影响机理；构建 DEA-Malmquiest 模型测算微观企业全要素能源效率，并实证检验制造业智能化对制造业企业全要素能源效率的影响及其异质性；使用美国同时期同行业工业机器人使用数量作为中国企业智能化情况的工具变量，尽可能缓解了模型中存在的内生性问题；采用制造业企业数据，首次提供了智能化可以提高制造业企业能源效率的微观证据，拓展了智能化与企业能源效率相关研究。

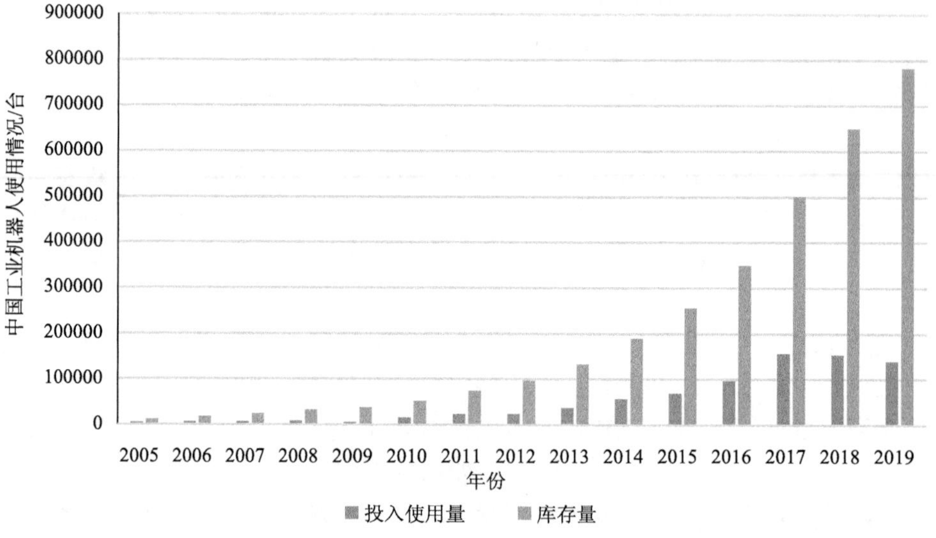

图 10-1　中国工业机器人使用情况

10.1.2　智能化对能源效率影响的研究现状

人工智能被认为是一种可以支持其他创新的通用技术(Liu et al., 2020)。人工智能实现企业技术进步的同时，又进一步促进企业产生新的技术创新，从而形成了新的良性循环（Vocke et al., 2019)。由此，考虑智能化对企业能源效率影响的相关研究还较为少见，本节首先对技术进步对企业能源效率影响的相关研究进行梳理。

1. 技术进步对企业能源效率影响的研究

技术进步对企业能源效率影响的相关研究，可分为两类。一种观点认为，技术进步能够提高企业能源效率，从而降低能源消耗(Lin and Moubarak, 2014；Wurlod and Noailly, 2018；Sun et al., 2019)。Popp(2001)利用专利数据估计了技术进步对能源消耗的影响，研究结果证明从长期来看技术进步能够令企业节约更多的能源。Welsch 和 Ochsen(2005)通过对联邦德国的实证研究表明，技术进步能够提高企业能源效率，同时要素替代和有偏技术进步是能源强度波动的重要因素。技术进步可以有效缩小欧洲企业之间的能效差距，未来欧盟应支持欧洲制造企业引入和使用可持续流程和产品创新缩小能效差距(Gerstlberger et al., 2016)。Wang 和 Wang(2020)使用专利授权量衡量技术创新，研究发现中国的技术创新显著提高了城市能源效率。Sun 等(2021)基于 24 个创新型国家的研究得出，技术创新与能源效率之间着显著的正向关系。

另一部分的学者认为，人工智能、信息与通信技术的创新导致了能源单位成本的下降，这将刺激企业扩大生产，给能耗带来“回弹效应”，因而对制造业企业能源效率有着更复杂的影响(Saunders, 2008；Lange et al., 2020)。Berkhout 等(2000)将回弹效应解释为技术进步使单位生产成本降低，这会使得产品价格下降并带动生产和消费增加，导致更多的能源消费，其中预期节能的这部分即可被定义为回弹效应。这一研究思路引发了广泛的探讨，学者们对回弹效应进行了更为严密的理论推导(Wei, 2010；Böhringer and Rivers, 2021)。当前，学术界已广泛接受了回弹效应的存在(González, 2010；Lemoine, 2020)。但关于回弹效应是否会完全抵消技术进步带来的能源效率的提高(即回弹效应大于 100%)，还存在争议。Glomsrød 和 Taoyuan(2005)从中国洁煤技术进步的视角，研究发现洁煤技术进步造成的能源回弹效应约为 120%；Jin(2007)通过韩国 3500 个家庭的电力消费数据，实证测算得出能源回弹效应约为 30%；Vélez-Henao 等(2020)认为在哥伦比亚能源价格每下降 1%，将导致回弹效应增加 38.56%。Adha 等(2021)研究得出印尼短期和长期的回弹效应分别为 87.2%和-45.5%，表明在长期情况下，技术改进可以提高能源效率。

2. 制造业智能化对企业能源效率影响的研究

当前有关制造业智能化对制造业企业能源效率影响的研究还较为少见，相关研究指出智能化能够促进制造业企业能源效率的提高（Supekar et al., 2019；Sarkar and Sarkar, 2020）。易露霞等(2014)通过对广东装备制造业现状进行分析，认为通过技术引进与创新相结合，发展高端智能产业是制造业低碳发展的重要途径。Huang 和 Koroteev(2021)认为利用神经网络和机器学习等人工智能技术进行能源和废物的管理更为成功，未来可以用于提高电力、热力、燃气的效率。

综上所述，已有研究认为智能化是技术进步的结果，关于技术进步对制造业能源效率影响的影响较为丰富，但是对于智能化与制造业企业能源效率的研究还比较少见。人工智能显然是一种更为特殊的技术进步，因此需要进一步实证分析智能化对制造业企业能源效率的影响。受限于数据可得性，目前智能化对能源效率的影响研究，多为宏观研究，尚缺乏企业微观视角的证据。因此，本节从企业微观视角研究智能化对制造业企业能源效率的影响，填补了既有研究的不足。

10.1.3 智能化对制造业企业能源效率影响机制

1. 智能化通过促进技术进步，提高企业能源效率

智能化将通过加快知识学习与创造、提高研发与人才投入促进技术进步，加快节能技术和清洁生产技术的创新和应用，进而提高企业能源效率。

1)加快知识学习与创造

智能化能够通过加快知识学习与创造，促进企业在节能与清洁生产方面的技术进步，从而提高能源效率。企业学习和吸收的能力越强，其技术进步的能力往往越高（Vlačić et al., 2019）。新技术，特别是节能环保技术的创新和应用，是提高企业能源效率的重要途径。智能化通过新的人机交互方式，能够帮助企业提高自身的知识检索和数据处理能力(Vocke et al., 2019)。原始知识是大量且混乱的，管理者很难从中提取有效信息。人工智能、工业机器人等智能化设备可以通过深度学习和计算机视觉技术筛选出大量有效信息，比以往更高效地创建新知识和新计算方案，从而加速知识重组的过程。同时这些数据及技术可以实现对客观事物的图像识别、实时控制与预测，优化生产流程，促进能源分级利用、降级利用，提高能源效率。人工智能凭借对已有知识的学习、推理、联想和问题解决能力，能够协助企业员工做出更优化的设备及能源使用决策，提高能源效率。随着智能化水平的提高，这种分析能力得到进一步加强，企业员工的学习和吸收能力也得以不断提高，从而促进企业内的知识吸收与创造，推动企业节能环保技术的创新，从而提高制造业企业能源效率。

2) 提高研发与人才投入

智能化通过提高研发与人才投入，促进制造业企业技术进步，提高能源效率。企业智能化转型需要大量复合型人才，包括人工智能技术研发人员、专业化操作与维护人员，以及拥有综合知识背景与管理能力的职业经理人。通过智能化所带来的人才与研发投入，企业能够将内部或外部发现的新知识生成、开发和转化为新的产品、技术或生产流程，从而促进企业能源利用新技术的产生，推动技术进步，提高能源效率。

此外，智能化转型会带来更多的工业机器人、高端智能设备以及智能生产流程，从而产生劳动替代效应(Acemoglu and Restrepo, 2018)。这种对劳动力的互补式替代作用造成的高技能劳动力供给短缺，会进一步倒逼制造业企业加大人才与研发投入，推动技术进步，从而能够提高生产率，降低成本，创造更高水平的利润。同时，随着全球使用工业机器人的趋势日益增强，倒逼企业把重点放在如何通过创新提高产品产量和质量。企业在生产工艺、中间投入品以及制造技能等方面进行积极地革新和改进，并使用人工智能技术来改善产品工艺与性能，以获取持续发展空间与竞争优势，进而通过技术进步，使得同等能源投入下，创造更多高质量的产出，提高能源效率。

2. 智能化通过促进技术效率，提高企业能源效率

智能化除了可以通过技术进步推动制造业企业能源效率的最佳前沿面向前发展，还可以通过提高企业技术效率，缩短企业与最佳能源效率之间的差距。即智能化能够通过提高企业技术效率，从而提高企业能源效率。具体而言，可分为提高企业生产效率和管理效率两个方面。

1) 提高制造业企业生产效率

人工智能作为企业投入生产的新技术要素，能够显著提高制造业企业生产效率。一方面，企业借助人工智能技术，比如机器学习、深度学习等，可以更快地完成产品的设计、生产、销售工作。相比于传统机器生产，可以大大降低单位产出的能源消耗，提高了能源使用效率。另一方面，企业能够运用工业机器人替代原本流水线上的生产员工。相比于人力劳动，智能机器不会因长时间的劳作而降低产品的质量水平，使用智能技术进行生产能够有效提高产品的生产品质，减少因为产品不合格而导致的重复生产所带来的能源消耗（邓洲，2018）。

此外，智能化转型可以对企业的生产要素进行重新配置，优化企业内部的生产体系，进而提高制造业企业能源效率。企业利用先进的智能设备，可以使设备进行自感知、自分析、自决策等智能活动，实时反馈并优化生产物流信息，减少设备响应时间，进而显著提升资源配置效率(Kusiak, 2018)。企业还能通过减少能源使用与增加附加值来提高能源利用效率。智能化能赋予企业人力所不能及的数

据整合和处理能力，形成工业物联网、大数据分析、云计算等新技术环境，从而使企业形成灵活高效、绿色节能的运营方式。Gallaher 等(2016)实证研究表明，应用人工智能技术的企业能够节约 13%的能源，并通过降低成本、增强生产灵活性等方式优化原有技术环境，促进制造业企业技术效率的提升，从而提高制造业企业能源效率。因此，企业智能化转型，能够优化资源配置，从而使单位能源投入创造更高的价值，显著提高技术效率，从而提高企业能源效率。

2)提高制造业企业管理效率

智能化通过提高管理效率，提升制造业企业能源效率。企业在实际生产过程中的能源效率会因能源使用经验、能源管理技术的差异而不同，随着时间的积累，能源使用者不断积累管理经验，形成学习曲线，从而提高能源效率。通过应用人工智能，企业能够优化其管理水平，打造更高效的运营管理模式(Choi et al., 2015)。

一方面，智能化能够提升企业的经营决策管理效率。企业在资源投入前使用智能决策支持系统，建立数字化模型对企业未来的走向、市场趋势、利润估计进行模拟仿真分析，能够有效地解决半结构化和非结构化的决策问题，避免惯性思维和以往的经验的影响，使企业决策更加全面，提高决策的效率和质量。同时，通过人工智能技术，企业能够有效地促进生产与需求的匹配，提高产品线的柔性，按需定量生产，减少不必要的能源使用和产出，进而提高能源效率。

另一方面，智能化能够提升企业的生产流程管理效率。在生产过程中，企业通过深度学习、神经网络等技术可以准确获取生产过程中机器的实时输入功率、加工能耗等数据，识别和预测制造系统能耗变化，并在生产过程中，有选择地关闭不必要的组件，以达到节能减排的目的。与传统的生产监控方式相比，人工智能在生产的各个环节实时监控的识别率远高于人类肉眼水平，能够发现产品细微的瑕疵，提高产品的良品率。同时，智能化管理的透明度高，便于现场人员互相监督，发挥激励作用，能够很大程度上提高企业在生产流程中的管理效率。

因此，通过人工智能技术实现智能管理，企业往往仅需少量的员工，就能达到甚至超越绝大多数公司的生产规模。在节约经营成本的同时，能够更高效地进行能源配置，降低能源闲置与浪费，从而提高企业能源效率。

基于以上分析，智能化对制造业企业能源效率的影响机制可用图 10-2 描述。同时，本节提出 2 点假说。

假说 1：智能化能够提高制造业企业能源效率。

假说 2：智能化能够通过促进制造业企业技术进步和技术效率，从而提高制造业企业能源效率。

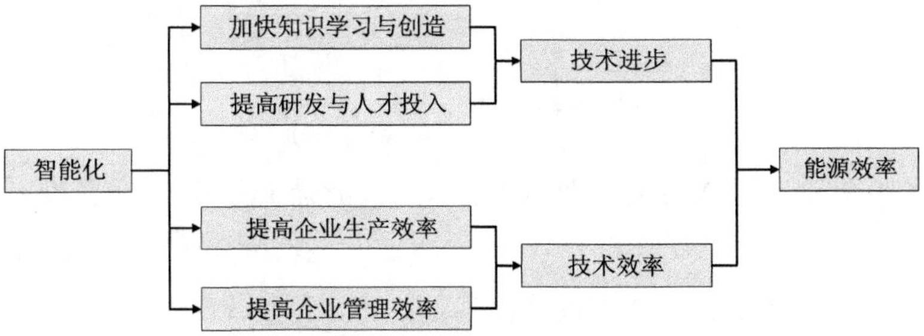

图 10-2　智能化对制造业企业能源效率的影响机制

10.1.4　制造业企业能源效率的测算与特征分析

1. 制造业企业能源效率的测算

数据包络模型(DEA)无需对生产函数的形式和分布作出假设，有效缓解了模型设定偏误问题，已被学者们广泛应用于全要素生产率测算(Battese et al., 2004; Gōkgōz 和 Güvercin, 2018)。Battese 和 Rao(2002)、Battese 等(2004)、O'Donnell 等(2008)、Assaf 等(2010)、Tiedemann 等(2011)、Lin 等(2012)、Chiu 等(2012)、Huang 等(2013)和 Zhang 等(2013)将这一概念应用于多个领域的效率和生产率研究。此外，DEA-Malmquist 指数还能够将全要素生产率的变动分解为技术进步变动和技术效率变动，便于深入分析全要素生产率的变动原因，同样被学者应用于能源效率的研究中(李廉水和周勇，2006; Tang and He, 2021)。因此，为了基于技术异质性测算企业能源效率，参考 Zhou 等(2012)和 Wang 等(2013)的研究，本节假设企业生产函数形式为 Cobb-Douglas 生产函数形式，对其取自然对数，将其转换为线性形式：

$$\ln Y_{jt} = A + a\ln K_{jt} + b\ln L_{jt} + c\ln E_{jt} + \varepsilon_{jt} \tag{10.1}$$

式中，j 和 t 分别代表企业和年份；Y_{jt} 表示产出，以企业的营业收入衡量；K_{jt}、L_{jt} 和 E_{jt} 分别代表资本、劳动和能源三种生产投入要素，分别以企业的资产总额、雇佣员工数和用电量衡量；A 为常数项；ε_{jt} 为残差项；a、b 和 c 为要素的系数。由此，通过构建 DEA-Malmquiest 模型，可以计算得到企业的全要素能源效率(tfp)。根据 Färe 等(1994)的研究，在规模报酬不变、要素强可处置条件下，最小技术效率(CRS)可分解为

$$F_j^t(x^t, y^t|c,s) = s_j^t(x^t, y^t|s) \cdot \mathrm{CN}_j^t(x^t, y^t|v) \cdot F_j^t(x^t, y^t|v,w) \tag{10.2}$$

式中，$F_j^t(x^t, y^t|c,s)$ 为技术效率；$s_j^t(x^t, y^t|s)$ 为规模效率；$\mathrm{CN}_j^t(x^t, y^t\,|\,v)$ 为测度要素强处置度；$F_j^t(x^t, y^t\,|\,v,w)$ 为纯技术效率。投入距离函数为技术效率的倒数，

即

$$D_j^t(x^t,y^t)=\frac{1}{F_j^t(x^t,y^t|c,s)} \tag{10.3}$$

方程(10.3)中，投入距离函数可看作某一生产点(x^t,y^t)向理想投入点移动的距离，$D_j^t(x^t,y^t)\geqslant 1$。当$D_j^t(x^t,y^t)=1$时，$(x^t,y^t)$在最佳前沿面上，技术有效；若$D_j^t(x^t,y^t)>1$，则$(x^t,y^t)$就在最佳前沿面外部，则技术无效。

由此，基于t和$t+1$期的Malmquist指数分别为

$$\begin{aligned} M_j^t &= \frac{D_j^t(x^{t+1},y^{t+1})}{D_j^t(x^t,y^t)} \\ M_j^{t+1} &= \frac{D_j^{t+1}(x^{t+1},y^{t+1})}{D_j^{t+1}(x^t,y^t)} \end{aligned} \tag{10.4}$$

上述指数在经济含义上是对称的，参考Färe等(1994)的方法，定义它们的几何平均为综合指数，即全要素能源效率(tfp)为

$$\text{tfp}_{jt}=M_j\left(x^t,y^t,x^{t+1},y^{t+1}\right)=\left(M_j^t\bullet M_j^{t+1}\right)^{\frac{1}{2}}=\left[\frac{D_j^t\left(x^{t+1},y^{t+1}\right)}{D_j^t\left(x^t,y^t\right)}\bullet\frac{D_j^{t+1}\left(x^{t+1},y^{t+1}\right)}{D_j^{t+1}\left(x^t,y^t\right)}\right]^{\frac{1}{2}} \tag{10.5}$$

2. *数据来源和结果分析*

本节所测算的企业全要素能源效率数据来自来自广东省经济和信息化委员会针对广东全省规模以上企业情况的综合调查，数据跨度为2013～2015年。该数据库统计了广东省超过11万家企业，数据较为全面，能够科学衡量企业能源利用情况，尤其是该调查数据统计了企业具体的用电量，相比于其他研究所用的地区汇总数据更加精确，能够更清晰地反映企业的能源利用情况。因此，在此基础上，本节对数据进行了处理：①本节后续需将该调查数据与世界机器人联合会出具的工业机器人数据相匹配，因此将该调查数据与上节的工业机器人数据作了同样的行业处理。②剔除了样本中的非制造业及10人以下企业样本，并对各类变量的异常值进行处理，使数据更加精确。③为进一步缓解由于变量度量而造成的异方差问题，本节对因变量与自变量进行了1%分位数以下和99%分位数以上的缩尾处理(Winsorize)。经过上述处理，最终共得到13351家制造业企业样本。本节基于2013～2015年广东省规模以上制造业企业投入产出数据，运用STATA16软件测算了企业全要素生产率的动态指数(假设规模报酬不变、投入径向)。由于数据量比较庞大，因此本章主要汇报企业能源效率分行业的平均值。

1) 制造业企业能源效率的总体分析

为了更加直观地观察制造业企业能源效率的发展，本节根据所测算的制造业企业全要素生产率结果，制作了全要素能源效率的总体变动及其分解项的折线图，其中，总体变动见图 10-3。

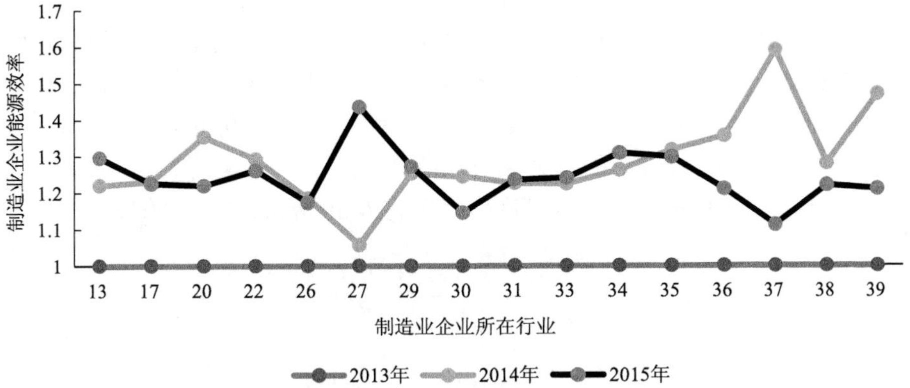

图 10-3 制造业企业全要素能源效率变动折线图

由于 DEA-Malmquist 模型汇报的是动态比值，因此其指数是以 2013 年为基期(即 2013 年的指数都为 1)。从图 10-3 中可以看到，相比于 2013 年，2014 年制造业企业平均能源效率均有显著的提升，平均提升率约为 28.6%。其中，铁路、船舶、航空航天和其他运输设备制造业(37)的平均企业能源效率相对提升最大，同比 2013 年提升了 59.1%；而医药制造业(27)的平均企业能源效率相对提升最小，同比 2013 年提升了 5.8%。而 2015 年，制造业平均企业能源效率的变化呈现较大差异化。首先，从企业能源效率年平均值来看，2015 年企业能源效率平均下降了 4.5%。具体来看，木材与家具制造业(20)，造纸、印刷与纸制品制造业(22)，非金属矿物制品制造业(30)，汽车制造业(36)，铁路、船舶、航空航天和其他运输设备制造业(37)，电气机械和器材制造业(38)和计算机、通信和其他电子设备制造业(39)，这 7 个行业的平均企业能源效率相比于 2014 年呈现较为显著的下滑，其中铁路、船舶、航空航天和其他运输设备制造业(37)下滑最大，约下降了 30.2%；食品和饮料制造业(13)，医药制造业(27)，金属制品制造业(33)，通用设备制造业(34)，这 4 个行业的平均企业能源效率相比于 2014 年继续有所提升，其中医药制造业(27)上升最大，约提升了 35.9%；此外，纺织品制造业(17)，塑料及化工产品制造业(26)，橡胶及塑料制品制造业(29)，金属冶炼和压延加工制造业(31)，专用设备与仪器仪表制造业(35)，这 5 个行业的平均企业能源效率相比于 2014 年变化不大。本节结合工业机器人数据同比观察平均企业能源效率下降的行业，发现这些行业基本都是智能化投入相对较高的行业。造成这种现象可能的原因是

2015 年《中国制造 2025》的提出，使得制造业企业逐渐尝试进行智能化转型升级，而智能化设备本身可能会加大企业的用电消耗，致使企业的能源投入大于能源产出，从而导致能源效率下降。同时，造成这种现象也可能是由于企业在智能化转型的同时也逐步扩大了生产，产生“回弹效应”，即企业扩大生产而增加的用电消耗大于产出，从而导致能源效率下降。此外，本节观察到在智能化水平较高的行业中，医药制造业(27)的平均企业能源效率呈现逐年升高的趋势，每年同比增长率也逐年增加，说明医药制造业(27)的智能化发展水平相对较好。有关智能化对企业能源效率的具体影响，本节在后续部分中将具体进行分析。

2)制造业企业能源效率的分解项分析

假设规模报酬不变，本节可以进一步地将 Malmquist 指数分解为

$$\begin{aligned}\text{tfp}_{jt} &= M_j(x^t, y^t, x^{t+1}, y^{t+1}) = \frac{D_j^{t+1}(x^{t+1}, y^{t+1})}{D_j^{t+1}(x^t, y^t)} \times \left[\frac{D_j^t(x^t, y^t)}{D_j^{t+1}(x^t, y^t)} \cdot \frac{D_j^t(x^{t+1}, y^{t+1})}{D_j^{t+1}(x^{t+1}, y^{t+1})}\right]^{\frac{1}{2}} \\ &\quad \times \left[\frac{D_j^t(x^{t+1}, y^{t+1}) / D_j^t(x^{t+1}, y^{t+1})}{D_j^t(x^t, y^t) / D_j^t(x^t, y^t)} \cdot \frac{D_j^{t+1}(x^{t+1}, y^{t+1}) / D_j^{t+1}(x^{t+1}, y^{t+1})}{D_j^{t+1}(x^t, y^t) / D_j^{t+1}(x^t, y^t)}\right]^{\frac{1}{2}} \\ &= \text{pech} \times \text{techch} \times \text{sech}\end{aligned} \tag{10.6}$$

式中，pech 为纯技术效率变化，是在变动规模报酬假定下的技术效率变化；sech 为规模效率变化，表明规模经济对全要素能源效率的影响；pech × sech 则为技术效率(eff)的变化情况，它测度了从 t 到 t+1 期每个观察对象到最佳实践的追赶程度，大于 1 则表示技术效率提升，小于 1 则表示技术效率下降，等于 1 表示技术效率无变化；techch 则为技术进步变化，反映生产前沿面的移动对全要素生产率变化的贡献程度，它测度的是技术边界从 t 到 t+1 期的移动，大于 1 则表示技术进步，小于 1 表示技术退步，等于 1 表示技术水平无变化。

为了进一步分析制造业企业能源效率的发展，根据所测算的企业全要素能源效率的年平均值，我们制作了全要素能源效率的分解项折线图，如图 10-4 所示。

图 10-4 中的三条折线分别代表制造业企业的全要素能源效率指数（tfp）、技术进步指数（techch）和技术效率指数（eff），其中 $\text{tfp} = \text{techch} \times \text{eff}$，$\text{eff} = \text{pech} \times \text{sech}$。综合来看，制造业各行业年平均企业全要素能源效率（tfp）的曲线趋势与技术进步指数（techch）的曲线趋势较为接近，说明了研究样本中制造业企业全要素能源效率受技术进步的影响较多。同时，技术效率指数的曲线较为平缓，这说明了在研究样本中制造业各行业技术效率水平都比较平均，进一步佐证了制造业企业全要素能源效率受技术进步的影响较多。具体而言，从制造业企业全要素能源效率（tfp）来看，铁路、船舶、航空航天和其他运输设备制造业(37)是全要素能源效率水平相对最高的行业，其年平均企业全要素能源效率约为 1.24；塑料及化工产品

制造业(26)是全要素能源效率水平相对最低的行业，其年平均企业全要素能源效率约为 1.12。从技术进步指数(techch)来看，汽车制造业(36)是技术进步水平相对最高的行业，其年平均企业技术进步指数约为 1.15；塑料及化工产品制造业(26)是技术进步水平相对最低的行业，其年平均企业技术进步指数约为 1.05。从技术效率指数(eff)来看，计算机、通信和其他电子设备制造业(39)是技术效率水平相对最高的行业，其年平均企业技术效率指数约为 1.11；医药制造业(27)是技术效率水平相对最低的行业，其年平均企业技术效率指数约为 1.06。

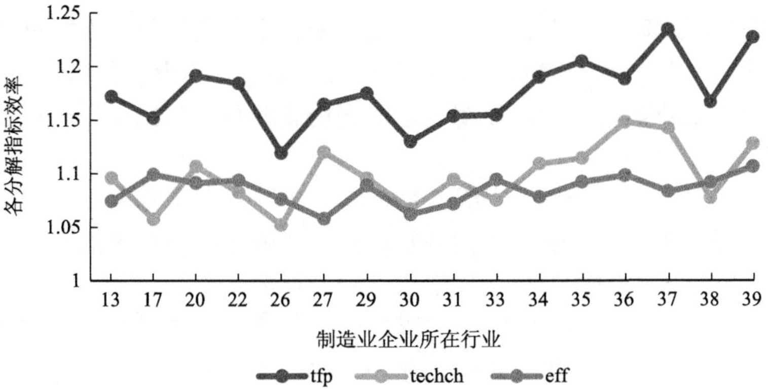

图 10-4　制造业企业全要素能源效率分解项折线图

10.1.5　模型构建与变量选择

1. 计量模型构建

参考 Bloom 等(2010)的研究，本节将全要素能源效率(tfp)作为被解释变量，建立回归方程：

$$\mathrm{tfp}_{ijct} = \alpha + \beta \mathrm{rob}_{ijct} + \gamma X'_{ijct} + \varphi_{\mathrm{ind}} + \phi_{\mathrm{year}} + \theta_{\mathrm{city}} + \delta_{ijct} \tag{10.7}$$

式中，tfp_{ijct} 表示第 t 年 c 城市 i 行业 j 企业的全要素能源效率；rob_{ijct} 表示企业智能化水平；X'_{ijct} 表示模型中其他影响企业全要素能源效率的控制变量；φ_{ind}、ϕ_{year} 和 θ_{city} 分别表示行业固定效应、时间固定效应和城市固定效应；δ_{ijct} 是随机误差项。β 是本节最关心的系数，如果 β 在统计上显著为正，则说明企业智能化转型提高了能源效率。

2. 变量说明

1)被解释变量

全要素能源效率(tfp)。本节参考 Wang 等(2013)的研究，基于 DEA-Malmquist

指数法测算了企业全要素能源效率。

2) 核心解释变量

企业智能化水平（rob）。本节参考 Acemoglu 和 Restrepo（2018）的研究，采用工业机器人数量来衡量企业的智能化水平。其中，由于世界机器人联合会数据库为行业面板数据，因此本节参照杨光和侯钰（2020）、吕越等（2020）的研究，根据企业产值与行业总产值的比值，计算制造业企业工业机器人的使用情况，衡量企业智能化水平。

3) 控制变量

（1）资产负债率（lcv）。企业资产负债率衡量企业利用债权人提供资金进行经营活动的能力。负债水平较高的企业缺乏充足的资本使用先进技术，优化生产流程，难以提高企业全要素能源效率。本节采用企业负债总额与资产总额的比值来衡量。

（2）企业年龄（firmage）。一般而言，随着企业年龄增长所导致的企业结构僵化等弊端会影响企业进行能源结构调整，从而影响企业全要素能源效率。本节以企业注册成立日期为基准，在模型中加入企业年龄变量。

（3）企业所有制（ownership）。一般而言，私营企业更可能采取措施来降低生产经营中的成本，从而对企业全要素能源效率产生影响。若企业为私营企业则为 1，其余为 0。

（4）企业绩效（ros）。企业绩效对全要素能源效率往往存在正负两种效应。当企业绩效较好时，企业可能选择扩大生产规模，投入更多要素资源，而正效应在于生产规模扩大带来的规模经济效应及产出的增长，从而导致企业全要素能源效率的增长；而负效应在于产出的边际增长小于投入能源的增长，从而导致全要素能源效率的减小。参考 Boubakri 等（2013）的研究，本节采用企业净利润与营业收入的比值衡量。

（5）企业能耗水平（energy）。企业能耗水平的不同会影响其全要素能源效率的变化。能耗水平较高的企业，其全要素能源效率可能有着较大的边际增长空间，同时也可能因为能源依赖，导致其全要素能源效率的变动较小。本节根据《2010 年国民经济和社会发展统计报告》，处于国家规定的六大高能耗行业中的企业赋值为 1，其余企业赋值为 0。变量的描述性统计如表 10-1 所示。

表 10-1 变量的描述性统计

变量	观测值	标准差	平均值	最小值	最大值
rob	40053	0.3052	0.7087	0	7.6321
rob2	40053	0.9086	1.9920	0.0002	14.0313
lcv	40053	0.5480	0.3756	0	2.9998

续表

变量	观测值	标准差	平均值	最小值	最大值
firmage	40053	8.1580	5.4697	0	26
ros	40053	0.0588	0.1409	–0.6713	0.7897
ownership	40053	0.9959	0.0641	0	1
energy	40053	0.1638	0.3701	0	1
tfp	40053	1.1728	0.9552	0.0902	11.5830
eff	40053	0.0636	0.1504	0.0003	2.5415
tech	40053	4.9130	1.6421	0.6931	12.9047

10.1.6　智能化对制造业企业能源效率的实证检验

1. 基准回归

为排除企业个体特征对模型稳健性的影响，我们选用双向固定效应模型进行实证检验。相比于一般静态面板模型只控制不随时间变化的企业个体固定效应，双向固定效应分别控制了企业个体固定效应与时间固定效应，从而使实证结果更为可信，基准回归结果如表 10-2 所示。

表 10-2　基准回归

变量	(1)	(2)	(3)	(4)
	M1	M2	M3	M4
rob	0.0469***	0.1450***	0.0458***	0.1449***
	(5.99)	(8.70)	(5.79)	(8.74)
lcv			0.0814***	0.1614***
			(5.44)	(4.11)
firmage			–0.0031***	0.0007
			(–3.63)	(0.09)
ownership			–0.0463	–0.0507
			(–0.90)	(–0.34)
ros			0.0488	0.1037
			(1.18)	(1.10)
energy			–0.0435***	–0.1377
			(–3.85)	(–1.29)

续表

变量	(1)	(2)	(3)	(4)
	M1	M2	M3	M4
行业固定效应	NO	YES	NO	YES
城市固定效应	NO	YES	NO	YES
时间固定效应	NO	YES	NO	YES
常数项	1.1585***	0.9974***	1.1898***	0.9708***
	(228.53)	(178.77)	(22.26)	(6.03)
N	40053	40053	40053	40053
Adj-R^2	0.0012	0.0234	0.0027	0.0246

注：括号中数值为标准误；***、**和* 分别表示变量系数通过了 1%、5%和 10%的显著性检验；N 表示样本观察值个数；第 10 章其余表同

模型(1)仅加入自变量，结果显示智能化变量的系数为 0.0469，并通过了 1%的显著性检验；模型(2)在模型(1)的基础上控制了行业、城市和时间固定效应，结果同样显示智能化与企业能源效率呈正相关，智能化的系数为 0.1450，并通过了 1%的显著性检验；模型(3)中加入了本节控制变量，结果显示智能化的系数为 0.0458，并通过了 1%的显著性检验；模型(4)则在模型(3)的基础上控制了行业、城市和时间固定效应，结果显示智能化系数为 0.1449，并通过了 1%的显著性检验，进一步证明了智能化与制造业企业能源效率呈显著的正相关关系。由此认为，智能化对企业能源效率有显著的正向影响，与假说 1 相符。智能化能够通过推动制造业企业加快知识学习与创造，提高研发与人才投入，促进制造业企业技术进步；并通过提高制造业企业生产效率与管理效率，提升制造业企业技术效率，从而提高制造业企业能源效率。

2. 内生性检验

本节的模型(10.7)中可能存在内生性问题：一是存在遗漏不可观测的变量问题，如生产经营问题可能同时影响制造业企业智能化水平和能源效率；二是生产中能源效率较高的企业往往可能就是智能化水平较高的企业，因而存在联立性偏误。因此，本节通过寻找工具变量方法缓解其中的内生性问题。Acemoglu 和 Restrepo(2020a)的研究中提出，当前制造业大国之间存在明显的国际竞争，各国对于新技术和设备应用规模呈现出很高的趋同性，因而使用其他制造业大国同行业工业机器人使用数量作为工具变量，具有一定的合理性。

结合具体情况来看，近几年中国和美国制造业竞争愈发激烈，两国制造业具有较强的竞争关系。同时，世界机器人联合会(IFR)的数据显示，中国和美国使用工业机器人的数量同时在急剧增加，具有较强的正相关性。因此，本节借鉴

Acemoglu 和 Restrepo(2020a)的思路，采用美国同时期同行业工业机器人使用数量作为工具变量(Ⅳ)，符合工具变量的相关性假设。此外，美国工业机器人的使用情况对中国广东省制造业企业能源效率的影响程度较小，符合工具变量的外生性假设，检验结果如表 10-3 所示。

表 10-3　内生性检验

变量	(5) 一阶段	(6) 二阶段
rob		0.8875**
		(2.07)
Ⅳ	0.0185***	
	(7.92)	
控制变量	YES	YES
行业固定效应	YES	YES
城市固定效应	YES	YES
时间固定效应	YES	YES
N	39854	39854
不可识别检验	60.52***	
弱工具变量检验	14.48***	
Cragg-Donald Wald *F* statistic	62.68***	
Kleibergen-Paap Wald rk *F* statistic	[16.38]	
稳健弱识别推断检验	4.54**	

表 10-3 中模型(5)的一阶段回归结果表明本节选择的工具变量与内生变量显著正相关，相关系数为 0.0185，通过了 1%的显著性检验，满足相关性假设；模型(6)中的二阶段回归结果则显示智能化的系数符号为正，系数为 0.8875，并且在 5%水平上显著，这与基准回归结果一致，进一步证明了假说 1。同时本节进一步对工具变量的合理性进行检验，均拒绝原假设，证明了本节所用工具变量是合适的。

3. 稳健性检验

为了进一步证明模型的稳健性，本节进行了如表 10-4 所示的稳健性检验。

一是替换解释变量。在模型(7)中，本节将企业工业机器人存货(rob2)作为替代自变量，衡量企业智能化水平。估计结果显示，工业机器人存货系数为 0.0511，并通过了 1%的显著性检验，说明工业机器人存货与企业能源效率存在显著的正相关关系，这一结果与基准回归结果一致，证明了智能化对制造业企业能源效率有显著的正向影响。

表 10-4 稳健性检验

变量	(7) 替换解释变量	(8) 替换被解释变量	(9) Tobit	(10) 系统 GMM
rob		–0.0053***	0.0143***	0.2991***
		(–3.80)	(4.30)	(7.84)
rob2	0.0511***			
	(8.00)			
L.tfp				–0.1094***
				(–6.83)
控制变量	YES	YES	YES	YES
行业固定效应	YES	YES	YES	YES
城市固定效应	YES	YES	YES	YES
时间固定效应	YES	YES	YES	YES
常数项	0.9656***	0.0616***	3.4522	1.5660***
	(5.97)	(3.53)	(0.14)	(5.91)
N	40053	40053	40053	24729
Adj-R^2	0.0243	0.0053		

二是替换被解释变量。在模型(8)中，参考 Bloom 等(2010)的研究，将能源强度(ee)作为替换因变量，反映了企业单位产值下的能源消耗情况，一定程度上能够衡量制造业企业的能源效率。结果显示，智能化对制造业企业能源强度变量的影响系数为–0.0053，通过了 1%的显著性检验。说明智能化显著降低了制造业企业的能源强度，使得制造业企业使用能源产生的经济效益提升了。因此佐证了智能化能够提升制造业企业能源效率。

三是替换回归模型。在模型(9)中，考虑到因变量中可能存在的删截特征，我们采用 Tobit 模型进行回归。在 Tobit 回归模型下，智能化对企业能源效率变量的影响系数为 0.0143，并通过了 1%的显著性检验。说明智能化与企业能源效率变量仍呈显著的正相关关系。所得结论与前文回归结果一致，佐证了智能化对制造业企业能源效率有显著的促进作用。此外，本节在模型(10)中使用系统 GMM 的方法进行回归，系统 GMM 方法在一定程度上能够进一步缓解模型中可能存在的内生性问题(Harris and Mátyás, 2004)。在系统 GMM 模型下，智能化对企业能源效率变量的影响依旧显著为正。

4. 异质性检验

考虑到企业智能化水平会受到来自企业个体特征的影响，本节对式(10.7)进行拓展，增加企业个体异质性特征变量（$char_{ijct}$）与自变量（rob）的交互项。以检验企业不同异质性条件下，智能化对制造业企业能源效率的影响效应。拓展后的方程为

$$tfp_{ijct}=\alpha+\beta rob_{ijct}+\gamma X'_{ijct}+\tau rob_{ijct}*char_{ijct}+\varphi_{ind}+\phi_{year}+\theta_{city}+\delta_{ijpt} \tag{10.8}$$

对于企业个体异质性特征变量，本节从企业年龄（firmage）和企业绩效（ros）两个维度进行考察，度量方式与模型(1)的方式相同，回归结果如表 10-5 所示。

表 10-5　异质性检验

变量	(11) firmage	(12) ros
rob	0.2473***	0.1172***
	(6.77)	(6.54)
rob*firmage	–0.0107***	
	(–3.60)	
rob*ros		0.6229***
		(2.88)
控制变量	YES	YES
行业固定效应	YES	YES
城市固定效应	YES	YES
时间固定效应	YES	YES
常数项	0.9462***	0.9688***
	(5.87)	(6.00)
N	40053	40053
Adj-R^2	0.0252	0.0260

根据表 10-5 模型(11)所示，智能化系数为 0.2473，并通过了 1%的显著性检验，说明智能化对能源效率有显著的正向影响。企业年龄与智能化的交互项（rob*firmage）的系数显著为负，表明企业年龄会弱化智能化对制造业企业能源效率的促进作用。即成立越久的企业，智能化对其能源效率的提升作用越小。根据图 10-5 上图分析显示，当企业年龄（firmage）不超过 18 年时，智能化对制造业企业能源效率的边际效应逐渐减小且在统计上显著；当企业年龄（firmage）超过 18 年时，智能化对制造业企业能源效率的边际效应逐渐减小且在统计上不显著。同时，根据表 10-5 模型(12)所示，智能化系数为 0.1172，并通过了 1%的显著性检验，同样佐证了基准回归的结果。而企业绩效与智能化的交互项（rob*ros）的系数显著为正，表明企业绩效能够强化智能化对能源效率的促进作用。即企业绩效越高，智能化对其能源效率的提升作用越大。根据图 10-5 下图分析显示，当企业绩

效（ros）不超过–0.57 时，智能化对制造业企业能源效率的边际效应为负且在统计上显著；当企业绩效（ros）在不超过–0.17 时，智能化对制造业企业能源效率的边际效应由负转正但在统计上不显著；当企业绩效(ros)超过–0.07 时，智能化对制造业企业能源效率的边际效应逐渐增大且在统计上显著。

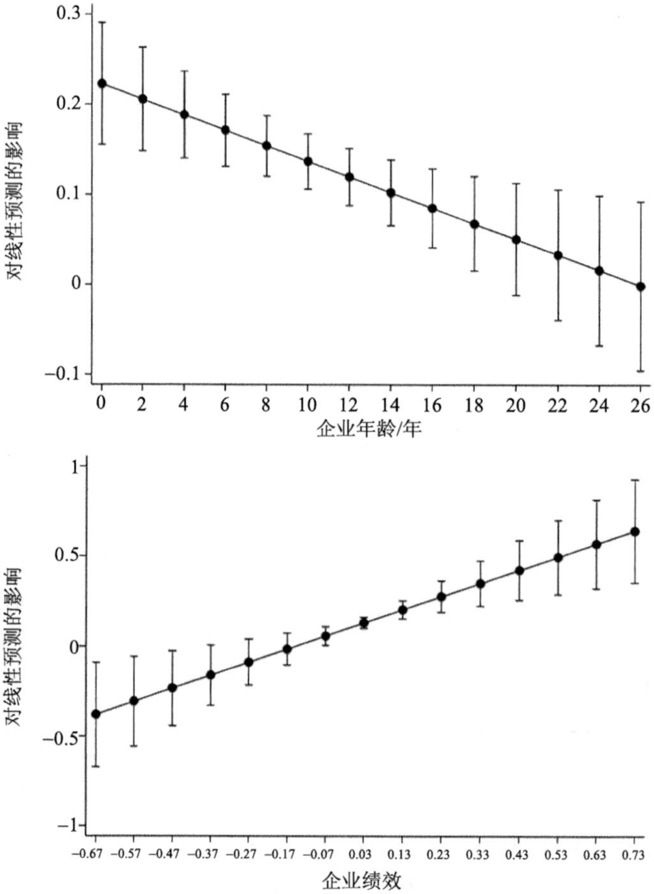

图 10-5　95%显著性下企业个体特征变量的平均边际效应

企业个体特征异质性检验说明，一方面，智能化对能源效率的促进作用，会随着企业年龄的增长而减小。其中的原因可能是，企业年龄越大，其协调各业务单位的成本也就越高。企业的年龄所带来的转型成本过高，企业存在结构僵化等弊端，往往会抑制制造业企业能源效率的提升。另一方面，智能化对能源效率的促进作用，会随着企业绩效的增长而增大。这说明了企业绩效的提升有助于智能化企业的合理运作。人工智能的应用需要企业不断的资金投入，企业绩效越好，企业越有充足的资金发挥智能转型的作用。同时，边际效应分析表明，当企业绩效本身处于不良情况时，企业盲目进行智能转型反而可能会导致智能化对制造业企业能源效率产生负面的影响。而当企业绩效越好，企业主往往对投资决策更加自信，也越倾向于进行风险性较大的智能化投资，从而能够刺激企业智能化水平的提高，进而提升智能化对能源效率的促进作用。

5. 机制检验

智能化能够通过促进技术进步和提高技术效率，进而促进制造业企业能源效率的提升。因此，基于 Malmquiest 理论，本节分别将技术进步（techch）和技术效率（eff）这两个分解指数作为因变量，观察智能化对二者的不同影响。结果如表 10-6 所示，其中模型(13)表示技术进步，模型(14)表示技术效率。

表 10-6　机制检验

变量	(13) techch	(14) eff
rob	0.1419***	–0.0061
	(9.31)	(–1.53)
控制变量	YES	YES
行业固定效应	YES	YES
城市固定效应	YES	YES
时间固定效应	YES	YES
常数项	0.9644***	1.0276***
	(6.38)	(23.43)
N	39785	38905
Adj-R^2	0.0128	0.0887

根据结果显示，智能化对技术进步变量的影响系数为 0.1419，且通过了 1%的显著性检验，这与假说 2 部分相符，说明智能化能够显著促进制造业企业技术进步。这一结论与 Fisher-Vanden 等(2006)的研究结论相似，技术进步对制造业企业能源效率的提高具有显著作用。智能化通过加快企业知识学习与创造、提高企业研发与人才投入，能够显著提高企业能源利用技术的进步，从而促进企业能源效率的提高。而智能化与技术效率变量的关系则未能通过显著性检验，说明智能化对制造业企业技术效率的影响并不明显，这与假说 2 相异。本节认为可能是由于生产率悖论的存在。一般而言，技术的进步能够有效促进技术效率的提高，但当涉及计算机相关技术时，这种经验往往被证明是错误的。智能化所带来的过度

自动化可能制约着技术效率的增长(Acemoglu and Restrepo, 2018)。过度的智能化不仅会直接导致技术效率降低，而且可能会通过浪费资源和劳动力错配，导致能源“回弹效应”，间接抑制能源效率的增长。从当前企业能源效率的现状来看，智能化对企业能源效率的影响更多来自技术进步，而各行业技术效率水平还较为平均，且增长速度比较缓慢。正如李廉水和周勇(2006)的预测，随着市场逐渐完善，技术进步对制造业企业能源效率增长的作用会继续加大，而技术效率的贡献相对降低。

10.1.7 研究结论

本节从理论和实证两方面研究了智能化对制造业企业能源效率的影响及其作用机制。研究表明：①智能化显著提升了制造业企业能源效率，在引入美国同期工业机器人数据作为工具变量进行内生性检验后，结果依旧稳健。②智能化对制造业企业能源效率的促进作用，主要是通过对技术进步的促进作用实现的，智能化对制造业企业技术效率的影响并不显著。③异质性检验结果表明，制造业企业年龄会抑制智能化对能源效率的促进作用；制造业企业绩效会增强智能化对能源效率的促进作用，但这种促进作用，只有在企业绩效为正值时才能显现。

10.2 制造业智能化与碳排放强度

10.2.1 引言

过度二氧化碳(CO_2)排放导致的气候变化已成为全球性的挑战(Nguyen et al., 2020)。改革开放以来，快速的工业化促进了中国的经济发展，但这是以大量资源开发和大量二氧化碳排放为代价的，并且产生环境恶化(Wang et al., 2011)。根据BP(2019)的数据，受前期能源需求上升的推动，2019 年全球与能源相关的二氧化碳排放量增加到 331 亿吨。中国的二氧化碳排放量增长了 2.5%，达 95 亿吨，约占全球能源相关二氧化碳排放量的 28.7%。作为最大的碳排放国，中国无疑有责任减少二氧化碳的排放，但中国仍然是一个发展中国家，经济发展仍然是主要目标。近年来，中国对碳排放强度(单位生产总值的碳排放量)提出了更为严格的要求(Wang and Chang, 2014)。2009 年，中国政府制定了 2020 年碳排放强度比 2005 年降低 40%～45%的目标。从中国“十二五”规划(2011～2015 年)开始，中国政府以碳排放强度为约束指标，要求未来 5 年碳排放强度比 2010 年降低 17%，即到 2015 年，全国碳排放强度比 2010 年下降 17%，并实施了省级碳排放强度控制的分类指南。中国“十三五”规划(2016～2020 年)设定了更严格的强度目标，要求 2020 年与 2015 年相比，碳排放强度降低 18%。

人们普遍认识到技术进步在经济发展和生产活动排放二氧化碳方面都发挥着重要作用。技术进步有助于改善经济发展模式、能源结构调整和产业结构升级，从而有效降低碳排放强度(Li and Wang, 2017)。然而，技术的巨大进步减少了能源的使用，从而导致能源价格下降和能源过剩，从而进一步刺激能源使用和能源转型，从而降低技术的预期节能效果，产生所谓的“回弹效应”(Wei and Liu, 2017)。一个不可否认的事实是，自工业革命以来，全球二氧化碳排放量急剧增加(Li and Wang, 2017)。

制造业智能化通过使用机器学习①、深度学习②、计算机视觉③和其他智能化技术来模拟人类的认知功能，如学习、推理、感知，进而通过编程和算法处理并做出独立的决策。它可以取代一些人类的体力和脑力劳动，并为用户提供高效的辅助功能，如使用机器学习、计算机视觉等技术进行数据处理和分析，可以显著提高工作效率和生产力(Liu et al., 2020)。近年来，智能化已经深刻地改变了人类的生产和生活，并成为正在开发和部署的最有前途的技术之一(Acemoglu and Restrepo, 2018)。与蒸汽机、电力、内燃机和计算机发明后发生的事件类似，智能化不仅直接提高了生产力，而且还刺激了互补性创新。这使得人工智能具有广泛的应用潜力，并可以成为一种通用技术(Brynjolfsson et al., 2017)。根据 2018 年麦肯锡全球研究所的数据，到 2030 年，人工智能可能会使全球生产总值以每年 1.2%的速度增长，超过由蒸汽机和信息技术的扩散而造成的 0.3%和 0.6%的年增长效应。因此，世界各国正在大力发展人工智能，推进制造业智能化转型。中国也不例外，将制造业智能化转型视为推动绿色低碳经济的新引擎。2017 年，中国发布了《新一代人工智能发展规划》，希望到 2030 年成为全球领先的人工智能创新中心；中国也在《中国制造 2025》中明确提出，“智能制造是新一轮科技革命的核心，是制造业数字化、网络化、智能化的主攻方向”。

然而，智能化对中国碳排放强度的影响尚不清楚，本节试图填补这一空白。基于对人口、财产和技术的随机回归影响模型(STIRPAT)，本节利用 2005～2016 年中国 13 个行业的数据，研究制造业智能化对碳排放强度的影响，同时研究了这种效应的阶段性和行业异质性，并解决了模型中可能的内生问题。本节认为，关于制造业智能化对中国碳排放强度的影响的证据是深刻的。由于工业机器人的使用可以更好地反映制造业智能化水平(McElheran, 2018)，本章以制造业的工业机

① 机器学习是利用算法来分析数据，从数据中发现、总结和学习规律，然后做出决策和预测现实世界中的事件。

② 深度学习是一种特殊类型的机器学习，通过构建和模拟人脑进行分析，处理数据。深度学习方法突破了传统机器学习的瓶颈，实现了传统机器学习算法无法实现的目标。

③ 计算机视觉使用算法来识别和检测图像或视频中的目标，并跟踪和测量它们。它是机器学习在视觉领域的一个应用。

器人使用为研究对象，探讨制造业智能化对中国碳排放强度的影响。

本节的主要内容包括两个方面。首先，研究了制造业智能化对碳排放强度的影响。人工智能，作为重要的通用技术的候选技术(Brynjolfsson et al., 2017)，对经济、社会和环境都有很强的渗透性。虽然制造业智能化的经济影响受到广泛的关注(McElheran, 2018)，但对环境的影响关注较少。基于中国制造业采用的工业机器人数据，本节提供了制造业智能化影响碳排放强度的有力证据。其次，考虑了制造业智能化的行业异质性。根据 Purdy 和 Daugherty(2017)，智能化有潜力推动制造业产出增长 2.3%，但对教育部门的影响只有 0.7%。制造业智能化对碳排放强度的影响也可能存在这种行业异质性。本节的实证研究证实了这种行业异质性，表明智能化对劳动密集型部门和技术密集型部门比对资本密集型部门的碳排放强度有更大的降低效应。本节的研究结果为中国未来旨在降低碳排放强度和实现高质量发展的决策提供了重要的启示。

10.2.2 智能化对碳排放影响的研究现状

在日益增长的环境压力下，学者们已经开始研究影响二氧化碳排放的因素，包括经济增长(Al-Mulali and Sab, 2012；Wang et al., 2013)、技术流程(Li and Wang, 2017；Churchill et al., 2019)、外国直接投资(Talukdar and Meisner, 2001)和能源价格(He and Lin, 2011)。例如，Wang 等(2013)基于扩展的 STIRPAT 模型研究了影响中国二氧化碳排放的因素。他们发现，技术、能源消费水平和对外贸易可以减少二氧化碳的排放。Churchill 等(2019)使用七国集团的非参数面板数据模型，研究了研发强度与二氧化碳排放之间的关系。结果表明，研发强度对二氧化碳排放的影响均随时间变化，且在四分之三的研究期间内呈负值。

近年来，信息通信技术(ICT)被确定为创造绿色经济的关键因素之一(Zhang and Liang, 2012)。然而，研究也表明，ICT 和二氧化碳排放之间的关系缺乏一致意见，其观点通常可分为以下三类。

第一种观点认为，通过能源结构和升级产业结构调整，ICT 可以凭借环保的方式促进经济发展，从而有效地降低碳排放强度(Cerri and Terzi, 2016)。Ollo-López 和 Aramendía-Muneta (2012)研究了 ICT 对玻璃、陶瓷、水泥和混凝土行业的竞争力、创新和环境的影响。结果表明，ICT 的使用既有利于创新和竞争力，也有利于减少碳排放。基于 STIRPAT 模型，考虑到中国的区域差异，Zhang 和 Liu(2015)调查了 ICT 和二氧化碳排放之间的关系。他们的研究结果表明，ICT 有助于减少中国的二氧化碳排放，其在中部地区的影响大于在东部地区。同样，Bastida 等(2019)发现，在家庭最终能源使用中，基于 ICT 的干预措施可以减少欧洲 0.23%～3.3%的二氧化碳排放。根据 13 个选定的 G20 国家的数据，Nguyen 等(2020)发现 ICT 创新可以在促进经济增长的同时有效降低碳排放强度。

第二种观点认为，ICT 通常被认为是低碳的推动者，它的广泛采用反过来使其成为能源消费者(Bekaroo et al., 2016)。碳排放强度可以在一定程度上降低，但由于 ICT 大量刺激经济增长，实际上可能增加能源消耗和总碳排放，导致回弹效应(Grant et al., 2016)。例如，Moyer 和 Hughes(2012)讨论了 ICT 对经济、能源系统和二氧化碳排放的动态影响，他们发现，ICT 最终导致了碳排放量的增加。Lee 和 Brahmasrene(2014)研究了 1991～2009 年东盟 ICT、二氧化碳排放和经济增长之间的关系，结果显示，ICT 对经济增长和二氧化碳排放有非常显著的正向影响。基于固定效应和 Tobit 回归，Asongu 等(2019)证明在 44 个撒哈拉以南非洲国家 ICT 可以抑制环境退化的有害影响，促进包容性的人类发展。

第三种观点认为 ICT 和二氧化碳排放之间的关系是不确定的。Plepys(2002)得出结论，ICT 对环境的影响不仅与 ICT 的生命周期有关，而且与 ICT 的应用有关，人类行为起着决定性的作用。Higón 等(2017)认为 ICT 行业的发展需要生产大量的机械和设备，从而导致二氧化碳排放的增加。然而，智能城市、交通系统和它所带来的智能工业生产将有利于经济的进一步绿色发展，这两种相反的影响导致 ICT 对环境的倒“U”形影响。

综上所述，人们非常关注技术对二氧化碳排放和碳排放强度的影响，但对制造业智能化的环境影响，特别是对碳排放强度影响的讨论还很少。制造业智能化是 ICT 和人工智能技术综合使用的体现，智能化通过 ICT 控制生产活动，并由工业机器人取代了大部分面向过程和机械化的工作(Graetz and Michaels, 2018)。因此，研究智能化对碳排放强度的影响具有必要性和重要性。

10.2.3 智能化对碳排放影响的模型构建

1. 模型设定

IPAT 模型作为评估环境压力的著名模型，已被广泛用于影响环境变化的因素分析(Raskin, 1995)。它的一般形式是

$$I = PAT \tag{10.9}$$

式中，I 表示对环境的影响；P 是人口；A 是经济发展水平(国内生产总值)；T 是技术水平。由于它只能研究人口、经济发展水平和技术水平对环境的影响，因此不利于对环境问题的进一步研究。为了克服这一缺陷，Dietz 和 Rosa(1994)以随机形式表示了 IPAT 方程，建立了 STIRPAT 模型。其一般形式为

$$I_t = \alpha P_t^{\beta_1} A_t^{\beta_2} T_t^{\beta_3} e \tag{10.10}$$

式中，t 表示年份；β_1、β_2、β_3 分别表示人口、经济发展水平和技术水平的弹性系数；e 为随机误差项。本节引入智能化、外国直接投资和能源价格，扩展了 STIRPAT 模型，扩展的 STIRPAT 模型为

$$I_{it} = \alpha \mathrm{AI}_{it}^{\gamma} P_{it}^{\beta_1} A_{it}^{\beta_2} T_{it}^{\beta_3} \mathrm{FDI}_{it}^{\beta_4} \mathrm{EP}_{it}^{\beta_5} e \tag{10.11}$$

式中，i 表示工业部门；AI 是已安装的工业机器人的数量；FDI 是外国直接投资；EP 是能源价格；γ、β_4、β_5 表示扩展变量的弹性系数。取式(10.11)两侧的自然对数

$$\ln I_{it} = \ln\alpha + \gamma\ln \mathrm{AI}_{it} + \beta_1\ln P_{it} + \beta_2\ln A_{it} + \beta_3\ln T_{it} + \beta_4\ln \mathrm{FD}I_{it} + \beta_5\ln \mathrm{EP}_{it} + e \tag{10.12}$$

2. 使用情况

工业机器人被大规模应用在制造业中，这可能是人工智能最具成本效益的应用(Cockburn et al., 2019)。工业机器人是自动控制、可重复编程，多功能、多用途机器，能够被编程用于执行多种任务，包括焊接、油漆、组装、处理材料和包装(Acemoglu and Restrepo, 2019)。继 Graetz 和 Michaels(2018)、Acemoglu 和 Restrepo(2020a)及 Liu 等(2020)之后，本节选择了由国际机器人联合会(IFR)提供的中国工业部门工业机器人安装数量，作为中国制造业智能化的水平体现①。图 10-6 为 2005～2018 年中国工业机器人安装数量，工业机器人安装数量呈稳步增长趋势。根据 IFR 2019 年的数据统计，中国是 2013 年以来世界上最大的工业机器人市场。2018 年，中国工业机器人安装总数为 154032 台，占世界工业机器人安装总数的 36%。

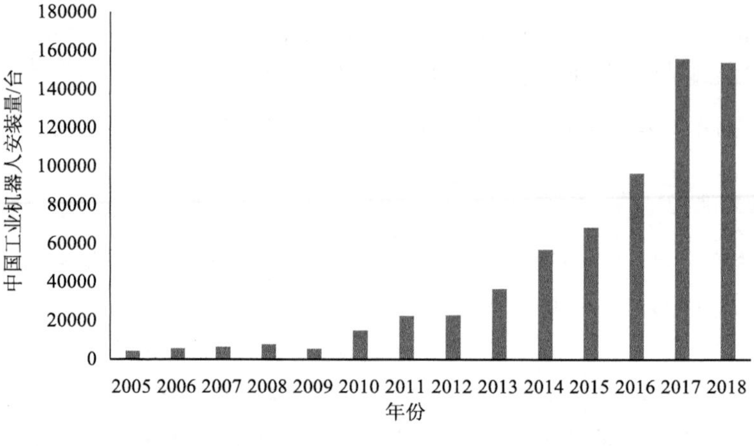

图 10-6　2005～2018 年中国工业机器人安装情况

① 考虑到 IFR 的行业分类标准与我国国家经济活动行业分类的匹配，本节将行业分为矿业，食品饮料行业，纺织工业，木材和家具工业，造纸、纸制品和印刷工业，塑料化工业，非金属矿产产品工业，基础金属工业，金属产品工业，工业机械制造业，运输设备制造业，电子设备制造业，电力、热、煤气和水的生产和供应业。

3. 碳排放强度

本节选择与行业能源相关的二氧化碳排放量除以行业销售值来衡量碳排放强度，图 10-7 显示了 2005～2016 年中国工业的碳排放强度。2005～2016 年，中国碳排放强度总体上以年均 0.1%的速度下降，从 2005 年的 0.02 下降到 2016 年的 0.008，2013 年至 2014 年略有波动。这一变化与中国政府促进增长，实现节能减排协调发展的政策相一致，证实了中国政府对全球节能减排工作所作出的重大贡献。

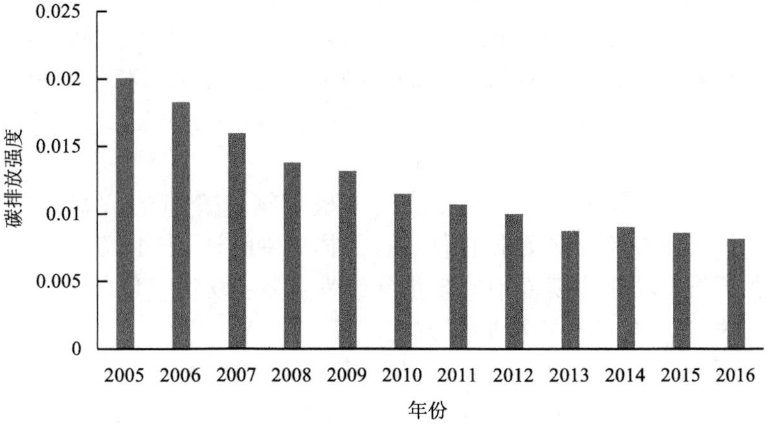

图 10-7　2005～2016 年中国工业碳排放强度

4. 控制变量

人口（P）。劳动力需求反映了间接影响碳排放强度的能源利用效率和工业结构。一般来说，能源消耗多、员工多的大型工业企业碳排放强度较高，重工业尤其如此。此外，劳动力需求较低的高科技产业的碳排放强度相对较低。因此，本节通过行业年终从业人员的数量来衡量人口。

经济发展水平（A）。经济发展水平的提高对碳排放既有积极的影响，也有消极的影响。首先，经济发展水平的提高意味着企业使用更多的机械和设备来提高整体生产效率。经济发展水平的提高将促进企业利用更多的化石能源，从而导致更多的碳排放。第二，经济发展水平的提高和对先进的生产设备的使用所带来的规模经济可能会导致碳排放强度的降低。本节采用行业销售价值除以行业年终从业人员的数量来衡量经济发展水平。

技术水平(T)[①]。一方面，技术进步可以在减少能源输入的情况下提高能源效率和最大输出。另一方面，技术进步可以增加更多低碳能源的使用，对现有的高污染化石能源产生一定的“替代效应”，从而减少化石能源的总利用，减少碳排放。本节选择了各行业的研发资金投入来衡量技术水平。

外国直接投资(FDI)。外国直接投资可以通过对东道国的投资和技术扩散，带来更环保的生产标准和技术。因此，它将对东道国的环境保护产生积极影响(Talukdar and Meisner, 2001)。然而，外国投资的企业利用发展中国家普遍较宽松的环境监管环境，将高污染工业转移到东道国，可能会增加东道国的污染排放。本节选择各行业的外资占所有者权益的比例来衡量。

能源价格(EP)。能源价格的上涨将不可避免地改变因素市场的需求，增加化石能源的替代品，这促进了能源效率的提高和优化。能源消耗结构和工业布局结构的优化实现了碳排放强度的降低，同时促进了增长(He and Lin, 2011)。本节采用煤炭价格指数来衡量能源价格的变化。

本节选择了中国 13 个工业行业的面板数据，变量的解释和数据来源见表 10-7。本节对主要变量的数据特征进行了描述性统计(表 10-8)。计算解释变量之间的相关系数，以处理模型中的多重共线性问题；发现变量之间的相关系数大多小于 0.6333。本节进一步检验了方差展开因子(VIF)，发现它们都低于 10 的经验准则。因此，该模型中不存在严重的多重共线性问题。此外，ln EI、ln AI、ln P、ln A、ln T、ln FDI 和 ln EP 的 ADF 和 LLC 测试结果是在 1%水平上显著的平稳序列(Shafiei and Salim, 2014)。

表 10-7　变量定义和数据来源

变量	符号	测量方法定义	单位	数据源
碳排放强度	EI	与能源有关的二氧化碳排放核算除以行业销售价值	t/万元	中国碳核算数据库(CEADs)
工业机器人安装数量	AI	工业机器人的安装量	个(台)	国际机器人联合会(IFR)
人口	P	行业年终从业人员	万人	中国工业统计年鉴
经济发展水平	A	行业销售价值除以行业年终从业人员	万元/人	中国工业统计年鉴
技术水平	T	行业的研发资金投入	亿元	中国工业统计年鉴
外国直接投资	FDI	外资占所有者权益的比例	亿元	中国工业统计年鉴
能源价格	EP	煤炭价格指数	—	中国煤炭工业协会(CNCA)

① 根据 Liu 等(2020)，人工智能的应用对技术创新有积极的影响，从而促进了技术进程。这意味着人工智能与技术水平之间存在着相关性。考虑到多重共线性问题，本节测试了人工智能与技术水平之间的相关系数和方差扩展因子(表 10-8)，结果表明，人工智能与技术水平之间不存在严重的多重共线性问题。

表 10-8　描述性统计

	ln EI	ln AI	ln P	ln A	ln T	ln FDI	ln EP
平均值	–6.0879	4.0868	6.2739	4.3230	13.0336	6.7444	0.3669
标准差	1.8520	3.2128	0.64982	0.5320	4.3006	1.1020	0.2217
最小值	–9.7848	0	4.1581	2.8848	0	3.3418	0
最大值	–1.9416	10.3083	7.4093	5.3452	17.2492	8.6937	0.6731
ln EI	1						
ln AI	–0.4557	1					
ln P	–0.2890	0.4343	1				
ln A	0.1218	0.5747	0.0641	1			
ln T	–0.2339	0.6008	0.3122	0.5880	1		
ln FDI	–0.4090	0.6333	0.5067	0.3771	0.3443	1	
ln EP	–0.1178	0.2736	0.2687	0.2714	0.4629	0.1578	1
VIF	—	2.58	1.63	1.96	2.15	1.95	1.31
ADF	50.3845***	94.2839***	77.9688***	85.1901***	181.3530***	111.8156***	41.8381**
LLC	–4.1751***	–1.3669**	–40.8441***	–4.5293***	–14.8882***	–8.7576***	–5.0827***

10.2.4　智能化对碳排放影响的实证检验

本节首先基于普通最小二乘法（OLS）和可行的广义最小二乘法（FGLS）研究了智能化对碳排放强度的影响。其次，关注了智能化对碳排放强度影响的阶段性和行业异质性。最后，通过解决内生问题和替换核心解释变量验证了回归的稳健性。

1. 基准结果

表 10-9 给出了智能化对碳排放强度影响的基准回归结果。使用 OLS 的结果见表 10-9 中的（1）列和（2）列。考虑到序列自相关和异方差的问题，我们使用 FGLS 来解决这些计量经济学问题，结果见表 10-9 中的（3）列和（4）列。（1）列包括没有一组固定效果的控制变量。（2）列包括年度固定效应，以排除年度冲击。（3）列包括行业固定效应，以排除不同行业的差异。列（4）包括所有固定效应。

结果表明，智能化系数为负，通过 1%显著性检验。这说明工业机器人的应用对我国的碳排放强度有显著的抑制作用。例如，在（4）列中，AI 的系数为–0.0544，这表明如果加入相关的控制变量，工业机器人的使用每增加 1%，碳排放强度就可以降低 5.44%。这清楚地表明中国制造业的工业机器人使用在提高生态效率方面发挥了重要作用。这个结果可以用两个因素来解释：①随着自动化程度的提高，

表 10-9　基准回归结果

	(1)	(2)	(3)	(4)
ln AI	−0.3480***	−0.2365***	−0.0893***	−0.0544***
	(0.0536)	(0.0453)	(0.0050)	(0.0041)
ln P	0.4355**	0.8445***	0.1949***	0.4023***
	(0.1682)	(0.2425)	(0.0393)	(0.0389)
ln A	2.4578***	3.3606***	0.7043***	1.6304***
	(0.2599)	(0.3070)	(0.0596)	(0.0552)
ln T	−0.0930**	−0.3332*	−0.0231***	−0.0282***
	(0.0402)	(0.1691)	(0.0038)	(0.0091)
ln FDI	−0.4869***	−0.6847***	−0.6777***	−0.8156***
	(0.1085)	(0.0933)	(0.0244)	(0.0285)
lnEP	−0.3309	5.2355	−0.3400***	−6.9183***
	(0.5382)	(7.9030)	(0.0808)	(0.4268)
常数项	−13.4056***	−18.1153***	−4.9848***	−8.5177***
	(1.6718)	(2.4551)	(0.3202)	(0.2524)
R^2	0.4701	0.5382		
F	36.3443	29.2895		
N	156	156	156	156

工业机器人促进了生产率的增长和经济的增长。Graetz 和 Michaels（2015）发现，工业机器人的安装贡献了大约 10%的国内生产总值增长，而且有可能导致了超过 15%的生产率增长。②工业机器人执行多个人工任务，促进人工智能在产品设计、制造（产品质量检验、预测生产优化生产过程）和供应链（销售预测、存储优化）中的应用，从而提高了能源效率，减少了二氧化碳的排放。

值得一提的是，许多研究发现训练新的深度学习模型的过程消耗了大量的能量。Strubell 等（2019）和 Hao（2019）发现，自然语言处理（NLP）训练模型的过程中，需要大量的能源消耗，多达 5 辆汽车的碳排放。事实上，人工智能的培训和开发在硬件和人员成本以及电力和燃料成本方面都是昂贵的，这导致了大量的碳排放。例如，在全球范围内应用的比特币等加密货币的电力消耗相当于一些国家总的电力需求（Truby, 2018）。相比之下，针对数据中心的更高效的冷却系统、更广泛的能源效率和信息通信技术中的可再生能源使用都将在控制电力需求增长和碳排放方面发挥作用（Jones, 2018）。上述发现与我们的结果并不完全一致。本节研究了智能化在工业中的应用对碳排放强度的影响，训练有素的人工智能可以深化可再生能源和能源效率的整合，以支持低碳能源系统，有助于抑制能源需求和碳排放（Vinuesa et al., 2020）。

在控制变量方面。在(4)列中，ln P 对碳排放强度的影响系数在 1%水平上为正的，这意味着增加劳动力数量会破坏生态环境效率；ln A 的增加对碳排放强度有积极而显著的影响；外国直接投资增加 1%可使碳排放强度降低约 0.81%。

2. 异质性试验

1)阶段异质性

基准结果表明，工业机器人的应用可以降低碳排放强度，但这种效应是如何随着时间的推移而变化的呢？考虑到这一效应的阶段异质性，本节根据中国“十一五”规划(2006～2010 年)和“十二五”规划(2011～2015 年)，进一步引入了阶段虚拟变量 plan，并将 AI 和 plan 的交互项纳入方程式(4)，如果 $\text{year} \leqslant 2010$ ，那么 $\text{plan} = 0$ ；如果 $\text{year} > 2010$ ，那么 $\text{plan} = 1$ ，以便比较不同阶段 AI 对碳排放强度影响的变化。表 10-10 中的(1)和(2)列包括 AI 和 plan 的交互项。表 10-10 中的(3)和(4)列包括交互项和阶段虚拟变量 plan。

表 10-10 的结果显示，智能化的系数估计与基准结果基本一致，说明在考虑阶段异质性后，结果仍然稳健。AI*plan 系数表明，与“十一五”相比，“十二五”有效降低了碳排放强度。原因可能是在“十二五”规划中，中国政府不仅开始将碳排放强度作为绑定指标，要求比 2005 年降低 17%，还实施了省级碳排放强度控制的分类指南。“十二五”规划期间，智能化对碳排放强度的抑制作用更强有两个原因。首先是机器人价格的下降，近年来中国机器人应用的数量显著增加(Graetz and Michaels, 2015)，与 2010 年相比，2015 年工业机器人在中国的应用增长了 457.8%，达到 68556 台。与 Graetz 和 Michaels(2015)显示的增加机器人使用的边际收益减少不同，工业机器人使用对降低碳排放强度的边际效应正在增加。与此同时，工业机器人应用数量的快速增加可能伴随着机器人技能的增加(Furman and Seamans, 2019)，导致进一步降低对碳排放强度的影响。其次，充分利用人工智能的影响依赖于技术吸收能力(Purdy and Daugherty, 2017)。中国已经认识到需要投资和建设现代化的数字基础设施，以支持人工智能的发展，并计划进一步加强智能传感器网络技术的核心研究和核心设施建设(Fatima et al., 2020)。

表 10-10　阶段异质性回归结果

	(1)	(2)	(3)	(4)
ln AI	-0.0761^{***}	-0.0476^{***}	-0.0979^{***}	-0.0479^{***}
	(0.0037)	(0.0045)	(0.0094)	(0.0045)
ln AI*plan	-0.0878^{***}	-0.0172^{***}	-0.0348^{***}	-0.0198^{***}
	(0.0052)	(0.0057)	(0.0109)	(0.0045)

续表

	(1)	(2)	(3)	(4)
plan			-0.3987^{***}	-0.2252^{**}
			(0.0942)	(0.1121)
ln P	0.4025^{***}	0.4250^{***}	0.4087^{***}	0.4347^{***}
	(0.0165)	(0.0311)	(0.0477)	(0.0315)
ln A	1.2066^{***}	1.6533^{***}	1.3879^{***}	1.6650^{***}
	(0.0567)	(0.0508)	(0.0734)	(0.0490)
ln T	-0.0396^{***}	-0.0288^{***}	-0.0443^{***}	-0.0312^{***}
	(0.0053)	(0.0111)	(0.0079)	(0.0087)
lnFDI	-0.7206^{***}	-0.8175^{***}	-0.7156^{***}	-0.8226^{***}
	(0.0113)	(0.0206)	(0.0336)	(0.0230)
lnEP	-0.5116^{***}	-6.7572^{***}	-0.4798^{***}	-5.8407^{***}
	(0.0763)	(0.5750)	(0.1796)	(0.1821)
常数项	-7.6890^{***}	-18.1137^{***}	-7.6890^{***}	-8.7248^{***}
	(0.2125)	(2.4656)	(0.2125)	(0.2068)
N	156	156	156	156

2）行业异质性

基准经验模型的结果表明，智能化对碳排放强度有显著的负面影响，也可能存在行业异质性。我国不同行业的碳排放强度明显不同，工业机器人在不同工业中的使用和分布也存在很大差异。本节研究这种行业异质性，并根据 Chen 等（2017）的分类，我们将样本行业分为三种类型：劳动密集型、资本密集型和技术密集型。本节进一步引入了虚拟变量的劳动力和技术，并将 AI 和虚拟变量的交互项纳入方程（4）。表 10-11 中的（1）列包括了 ln AI*labor 的交互项，第（2）列包括 ln AI*tech 的交互项，第（3）列包括 ln AI*labor 和 ln AI*tech 的交互项。表 10-11 的结果显示，智能化的系数保持不变，智能化对碳排放强度的行业异质性的影响是稳健的①。

交互项的结果表明，对比资本密集型部门，工业机器人使用在劳动密集型部门和技术密集型部门中往往对碳排放强度有较大的下降效应。智能化对碳排放强度影响的行业异质性与 Graetz 和 Michaels（2015）的研究类似，但是 Graetz 和 Michaels（2015）研究的是智能化对就业的影响，并且发现机器人的使用减少了低

① 根据 Chen 等（2017），劳动密集型部门包括食品饮料工业，纺织工业，木家具工业，造纸及纸制品业，印刷工业；资本密集型部门包括塑料化工业，非金属矿产工业，基础金属工业，金属制品工业，热电、油气供需、矿业工业；技术密集型部门包括工业制造机械制造业，运输设备制造业，电子设备制造业。

表 10-11　行业异质性回归结果

	(1)	(2)	(3)
ln AI	−0.0684***	−0.0332***	−0.0310***
	(0.0060)	(0.0042)	(0.0068)
ln AI*labor	−0.2025***		−0.2737***
	(0.0113)		(0.0149)
ln AI*tech		−0.1143***	−0.1858***
		(0.0110)	(0.0127)
ln *P*	0.6493***	0.3665***	0.6747***
	(0.0775)	(0.0341)	(0.0508)
ln *A*	2.2070***	1.5921***	2.1267***
	(0.0673)	(0.0557)	(0.0634)
ln *T*	−0.2248***	0.0682***	−0.1115***
	(0.0193)	(0.0112)	(0.0203)
ln FDI	−0.8837***	−0.7261***	−0.6748***
	(0.0250)	(0.0243)	(0.0277)
ln EP	2.2380**	−11.7422***	−3.2615***
	(0.9195)	(0.5255)	(0.9130)
常数项	−11.6320***	−8.7146***	−12.7872***
	(0.6674)	(0.2272)	(0.3832)
N	156	156	156

技能劳动力的就业机会。我们认为，劳动密集型部门和技术密集型部门下降的原因是不同的。一方面，工业机器人的替代效应主要发生在劳动密集型部门，行业中存在大量的中低技能工人尤其是常规的体力劳动者和蓝领职业(Acemoglu and Restrepo, 2020b)。因此，在劳动密集型部门中，工业机器人对碳排放强度的影响更为显著。这一发现与(Pieri et al., 2018)相似，技术创新在低技术行业更有效。另一方面，更先进的信息和通信技术基础设施及对技术密集型工业的重大投资提高了技术密集型部门吸收人工智能技术的能力(Makridakis, 2017)。根据 IFR 数据，应用机器人数量最多的 3 个行业都属于技术密集型部门，这导致人工智能对其碳排放强度的影响大于资本密集型部门。

3. 内生性问题

进一步考虑模型中的内生性问题。如果智能化在降低碳排放强度方面的应用是积极的，那么本节有理由相信环境压力可能会反向影响人工智能的应用。因此，智能化很可能不是一个绝对的外生性变量。为了解决内生性问题，我们在计量模型中引入了一个滞后阶段(L. ln AI)作为工具变量(IV)，并使用2SLS来估计参数(Sun et al., 2019)，回归结果见表10-12。根据表10-12第(1)列中2SLS方法的第一阶段实证结果发现，首先，不可识别检验的统计量为72.48，大于1%显著性水平上的临界值，因此拒绝了L.ln AI无法识别的零假设。其次，弱识别检验统计量远小于1%显著性水平对应的值，拒绝了L.ln AI弱识别的零假设。最后，基于弱工具变量检验，在1%水平上拒绝了内生回归系数之和为0的零假设，进一步验证了L.ln AI和AI的相关性。

表10-12　2SLS模型的回归结果

	(1)	(2)
L.ln AI	0.6764***	
	(0.0592)	
ln AI		–0.2955***
		(0.0785)
ln *P*	–0.6475**	1.1706***
	(0.3160)	(0.2994)
ln *A*	–0.0547	3.8986***
	(0.3399)	(0.3049)
ln *T*	0.6552***	–0.4997**
	(0.1881)	(0.1966)
ln FDI	0.3126**	–0.5398***
	(0.1417)	(0.1383)
ln EP	–2.3156	–4.4353**
	(2.1053)	(1.8200)
常数项	–18.0069***	–18.0069***
	(1.9556)	(1.9556)
不可识别检验	72.48***	
弱识别检验	130.51***	
弱工具变量检验	12.15***	
R^2	0.6050	
F	15.1976	
N	143	

表10-12中，L.ln AI系数为0.6764，在1%水平上显著，说明L.ln AI和AI高度线性相关，滞后期的AI对基准期有促进作用。表10-12中的(2)列显示了2SLS方法的第二阶段实证结果。AI系数为–0.2955，在1%水平上显著，与基准结果一致。这增加了本节发现的稳健性。

4. 稳健性检验

本节已经使用工业机器人安装数量作为测量核心解释变量。考虑到测量误差和结果的进一步稳健性，根据 Liu 等(2020)，我们使用中国各行业的智能化相关论文(包括机器学习、深度学习和计算机视觉等)的数量来衡量制造业智能化对碳排放强度影响的稳健性。在一定程度上，论文的数量(AI_paper)可以反映制造业技术水平(Han, 2007)，智能化相关论文的数据来自中国知网(CNKI)。表 10-13 中的结果显示，智能化论文对碳排放强度的估计效应与工业机器人与碳排放强度呈负相关的基准结果保持相同。

表 10-13　替换自变量的回归结果

	(1)	(2)	(3)	(4)
AI_paper	−0.3324***	−0.2980***	−0.2057***	−0.1975***
	(0.0922)	(0.0837)	(0.0114)	(0.0126)
ln P	0.3359**	1.3352***	0.0585	0.5128***
	(0.1683)	(0.2551)	(0.0458)	(0.0743)
ln A	1.9106***	3.3561***	0.3778***	1.3379***
	(0.2952)	(0.3720)	(0.0527)	(0.1152)
ln T	−0.1683***	−0.7371***	−0.0239***	−0.0653***
	(0.0382)	(0.1707)	(0.0045)	(0.0133)
ln FDI	−0.6043***	−0.6443***	−0.5342***	−0.6432***
	(0.1261)	(0.1006)	(0.0320)	(0.0512)
ln EP	−0.5126	21.2241***	−0.4604***	−5.0435***
	(0.5956)	(8.0147)	(0.1005)	(0.6212)
常数项	−8.9516***	−20.4438***	−3.2825***	−8.6307***
	(1.2466)	(2.6711)	(0.3048)	(0.5089)
R^2	0.3898	0.5476		
F	46.0046	23.3862		
N	156	156	156	156

10.2.5　研究结论

本节利用中国工业部门数据，研究了智能化对碳排放强度的影响。研究发现，制造业智能化对中国碳排放强度有显著抑制作用。本节还发现了制造业智能化对碳排放强度影响的阶段性和行业异质性。随着机器人技能和技术吸收能力的提高，中国制造业智能化对碳排放强度的抑制作用越来越强。与资本密集型部门相比，在劳动密集型部门和技术密集型部门中，制造业智能化对碳排放强度有更大的下降影响。

10.3 智能化与城市经济绿色增长

10.3.1 引言

改革开放以来，我国持续 40 多年的高速经济增长被学术界誉为增长的奇迹(林毅夫，2019)，其中制造业占国内生产总值的比例一直维持在 30%左右，制造业是国民经济发展中的重要一环。但如此高速增长的背后，伴随着能耗大、排放高特征。2019 年我国制造业能耗占全社会总能耗的 50.44%，2017 年制造业碳排放(CO_2)占全社会总排放的 37.38%[①]，明显高于其在经济发展中的贡献份额。即便如此，耗能和污染密集的石油、化工、汽车制造、金属冶炼及加工等制造业仍会在我国未来的经济发展中发挥不可替代的作用(陈诗一，2009)。中国亟须实现经济的绿色增长，即在保持经济增长的同时，尽可能实现资源节约和环境改善。随着新一轮信息革命和工业革命的兴起，中国将智能制造作为制造业发展的新目标，这为推动制造业由传统粗放型、总量型生产方式向集约型、品质型转变，实现促进增长与节能减排的协同进步，及推动经济绿色增长提供了契机。

我国高度重视制造业智能化在推进经济绿色增长中的重要作用。《中国制造2025》明确提出，要加快发展智能制造，加快制造业绿色改造升级。“十九大”报告也指出要建设制造强国，加快发展先进制造业。一系列的政策扶持表明未来我国产业经济的竞争优势必然体现在智能制造上，制造业智能化将是助力我国经济发展方式转变的重要手段，通过智能制造来推进经济绿色增长将成为新常态时刻的必由之路。那么，制造业智能化能否促进中国经济的绿色增长？如果能促进，其机制又是什么？这正是本节探究的问题。

10.3.2 智能化对绿色增长影响的研究现状

目前，国内外关于智能化与经济绿色增长的研究较少，已有研究大多集中在智能化与节能减排、经济发展等方面。

关于智能化对节能减排的影响研究，主要有两种观点。一是智能化促进了节能减排，能源效率的提高已成为实现脱碳和减少发展中国家碳排放的重要工具(Akram et al., 2020)。Gallaher 等(2016)通过对智能制造产品提供商和终端用户的访谈，研究得出智能制造能节约 13%的能源，并通过增强生产灵活性促进能源效率和全要素生产率的提高，减少环境影响。Gazzola 等(2019)利用融合理论研究绿色和智能之间的相关性，结果表明绿色发展和智能发展的深度融合有利于可持续发展。Supekar 等(2019)、Sarkar 和 Sarkar(2020)同样认为智能制造技术可以通

① 数据来源：中国碳排放数据库(CEADs)、EPS 数据库。

过减少能源使用、增加附加值或两者结合来提高能源生产率。二是智能化抑制了节能减排。这主要是人工智能、信息与通信技术的应用在促进能源效率的同时，也导致了能源单位成本的下降，这将刺激企业扩大生产，给能耗和碳排放带来“回弹效应”(Lange et al., 2020)。查冬兰和周德群(2010)研究表明，中国能源使用效率提高 4%，平均能源消费至少将增加 30%。因此通过技术进步并不能有效降低能耗及排放(黄纯灿和胡日东，2013)。

在智能化与经济增长方面。Graetz 和 Michaels(2018)利用 1997～2007 年 17 个国家的数据研究智能化对经济增长的影响，结果发现使用工业机器人使产出提高了 0.37%。Phuyal 等(2020)认为智能制造技术是信息技术、工业制造技术和人类创造力的共同输出，智能制造技术提高了运营效率、生产率，对全球经济产生了巨大影响。因此推动信息化与工业化协同，走智能、绿色、低碳的新型工业制造道路有助于实现经济绿色低碳化发展(史丹，2018)。高煜(2019)认为智能制造通过实现研发、设备、生产、运营等方面的智能化，促进成本减省、效率提高、价值缔造，进而推动中国经济的高质量发展。刘亮等(2020)研究发现，智能化对经济增长集约化程具有显著的“U”形影响，即智能化对经济高质量增长影响呈先抑制后促进的动态作用。

综上所述，已有研究主要聚焦于制造业智能化对节能减排和经济增长两个方面的影响，尚缺乏基于智能化视角，将经济增长和节能减排整合到一个分析框架中，研究智能化对经济绿色增长的影响、作用机制及其异质性。随着中国高质量发展进程的推进，加强智能化与经济绿色增长的影响的研究具有重要理论与现实意义。

10.3.3　智能化对经济绿色增长的影响机制

本节基于制造业智能化对经济增长的促进效应以及节能减排效应，认为智能化促进了经济绿色增长，具体作用来源于两种机制。

1. 智能化对经济增长的促进效应

智能化已经成为推动经济增长的重要动力(Acemoglu and Restrepo, 2018)，主要有三种途径。一是制造业智能化推动生产率提高，促进经济增长。人工智能、工业机器人等技术被看作是一种新的生产要素，能有效替代劳动力、资本等传统生产要素，对人类不愿意做或者难以实现的工作进行填补，并替代部分效率低下的重复性劳动或者人工成本较高的工作(韩民春和韩青江，2020)，通过生产过程的智能自动化，提高生产率。这种生产率的提高，不仅能够提升产品工艺与质量，还能降低生产的边际成本，这有助于促进经济增长。二是智能化通过技术创新推动经济增长。工业机器人、机器学习、计算机视觉等技术的应用与制造业领域创新的关系密不可分(Graetz and Michaels, 2018；Liu et al., 2020)。随着全球智能制造的趋势日益增强，将倒逼企业把重点放在如何通过创新提高产品质量，使用新技术来改善产品工艺与性能上，以获取持续发展空间与竞争优势。同时企业在智能化转型过程中，通过智能生产要素投入(智能设备、高技术人员雇佣等)，新技术、新产品的研发，提高了软件开发、数据处理与运营、智能技术产业化能力。制造业技术创新水平的提高，还将通过技术溢出与技术转移扩散到各个方面，由此推动全要素生产率水平提升，助力经济的高质量增长。三是智能化通过提高资源配置效率，促进经济增长。制造业智能化能有效提高制造业生产、管理的协同性。智能制造实现了由传统的集中控制、批量生产，转为分散、灵活的，以市场需要为目标的非大众化的定制生产。智能化企业根据生产需要和客户需求，自学习、自组织，并作出最优决策，推进订单需求、产品开发与生产、物流变化等各环节的高效衔接(史竹琴等，2017)，形成生产过程实时反馈的信息闭环，提高企业资源配置效率。同时，智能制造可自感知生产过程中的环境变化，智能制造中的信息物理系统(CPS)通过记录生产过程中的各个环节，实现对库存变化以及突发故障的快速响应，并可以对故障自我诊断、自我修复。物联网柔性作业车间的实时数据能够简化复杂的系统管理环境，减少制造系统的制造跨度，在保持机器工作总量前提下实现最大产出效益(Wang et al.,2018)，促进经济增长。

2. 智能化的节能减排效应

以计算机视觉、深度学习、工业机器人为代表的智能技术逐渐渗透到企业生产制造的各个环节，使得智能化本身具备了技术进步属性，这对减少能源消耗和碳排放强度有着重要作用。主要体现在清洁生产技术创新以及能源配置和利用效率提高两方面。

一方面，制造业智能化通过推动清洁生产技术创新，促进节能减排。智能化企业通过将计算机视觉、深度学习、智能制造执行系统等先进生产管理技术及设备运用到工业生产中，实现了对客观事物的图像识别、实时控制与预测。这不仅可以优化生产流程，促进能源分级利用、降级利用，减少能耗和排放。还能通过对传统设备及工艺的改造、升级和更新，推动工业余热压缩回收、负能生产等清洁生产技术的创新，促进废物、废气的再循环、再利用。同时随着生产技术的发展，制造业智能化使得虚拟生产、虚拟产品成为可能。制造业中人工智能技术运用的普及，推动了从设计、生产至最终产出形式的虚拟化，减少了生产制造环节的原料和能源消耗及浪费，还能生产出更清洁环保的产品。例如，造纸、印刷行业可能会转向生产线上电子书籍，而不再是需要耗费大量原料的传统印刷。

另一方面，制造业智能化通过提高能源利用和配置效率，实现能耗节约与排放减少。生产过程的智能化将通过能源配置效率提高，降低能源消耗和排放强度。

制造业智能化本质上是推进信息技术与工业生产高度调和的过程，大数据、机器学习、工业互联网技术在制造业的应用，为改进能源效率和降低能源消耗提供了巨大潜力(Shrouf and Miragliotta, 2015)。如通过深度学习、神经网络模式可以准确获取生产过程中机器的实时输入功率、加工能耗等数据，识别和预测制造系统能耗变化，并在生产过程中，有选择地关闭不必要的组件，以达到节能减排的目的。同时管理者基于智能管理系统，将能源信息数据用于进一步的能源工艺和生产流程优化中，提高制造企业的能源管理效率。在能源消耗不变的前提下，通过制造环节智能化，促进企业生产要素的合理配置，最大化企业“人财物”资源产出，提高产品品质和技术附加值，进而减少单位产出的污染排放和能耗。

10.3.4　模型设定与数据来源

1. 模型设定

1) Super-EBM-GML 模型

关于经济绿色增长的测度，主要有三种。一是构建经济绿色增长指标体系(Wu et al., 2021)；二是在传统的国内生产总值核算中扣除资源耗减和环境降级成本，构建绿色生产总值指数(Hoff et al., 2021)。但上述两种方法均没有统一的计算标准，容易受到研究者的主观影响。此外，较多研究从投入、产出角度出发，使用非参数 DEA 模型测算绿色全要素生产率，衡量经济绿色增长水平，该方法无需设定生产函数，可以有效避免函数设定带来的主观误差(Cecchini et al., 2018; Yu et al., 2021)。然而，早期的径向 DEA 模型(比如 CCR 模型)和非径向模型(SBM 模型)都存在一定的缺陷。径向 DEA 模型假设投入与产出同比例变化，这将高估 DMU 的效率；非径向 SBM 模型减少了效率边界预测值的原始比例信息，可能低估 DMU 的效率得分(Tone and Tsutsui, 2010)。因此，本节借鉴 Tone 和 Tsutsui (2010)的研究，使用混合距离函数进行效率测度(Epsilon-based measure model, EBM)。该方法既可以有效地避免径向 DEA 模型因缺乏松弛变量使得测度结果高于实际效率水平，也能避免非径向 SBM 模型的缺陷。传统的 EBM 模型设定为

$$\rho^* = \min\left(\gamma - \varepsilon x \sum_{i=1}^{m} \frac{w_i^- s_i^-}{x_{ik}}\right) \tag{10.13}$$

$$\text{s.t.}\begin{cases} \sum_{j=1}^{n} \lambda_j x_{ij} + s_i^- = x_{ik} \quad (i = 1, 2, \cdots, M) \\ \sum_{j=1}^{n} \lambda_j y_{rj} \geqslant y_{rk} \quad (r = 1, 2, \cdots, S) \\ \lambda \geqslant 0, s_i^- \geqslant 0 \end{cases} \tag{10.14}$$

式中，ρ^* 表示基于 EBM 模型测算的最优效率值；γ 为径向条件下的效率值；εx 表示非径向松弛向量的径向变化率；s_i 表示非径向条件下第 i 个输入单元的松弛度。为使用 EBM 模型测算绿色经济效率，本节在此基础上，借鉴 Jin 等(2019)的研究，构建了基于非期望产出的超效率 EBM-DEA 模型：

$$\omega^* = \min\left(\beta - \varepsilon\sum_{i=1}^{N}\frac{\omega_i^- s_i^-}{x_{i0}}\right) \tag{10.15}$$

$$\text{s.t.}\begin{cases}\sum\limits_{k=1,k\neq 0}^{K}\lambda_k x_{ik} + s_i^- = \beta x_{i0}\left(i=1,2,\cdots,N\right)\\ \sum\limits_{k=1,k\neq 0}^{K}\lambda_k y_{mk} \geqslant y_{m0}\left(m=1,2,\cdots,M\right)\\ \sum\limits_{k=1,k\neq 0}^{K}\lambda_k b_{jk} \leqslant b_{j0}\left(j=1,2,\cdots,J\right)\\ \sum\limits_{k=1,k\neq 0}^{K}\lambda_k = 1\\ \lambda_k \geqslant 0, s_i^- \geqslant 0\end{cases} \tag{10.16}$$

式中，ω^* 表示考虑非期望产出的城市绿色经济效率；x_{ik} 表示投入要素，借鉴 Yang 和 Li(2018)研究，本节将能源、劳动力和资本作为投入要素；y_{mk} 表示期望产出，使用以 2003 年为基期的实际国内生产总值衡量；b_{jk} 为不良产出，包括工业三废以及 $PM_{2.5}$；$\sum\limits_{k=1,k\neq 0}^{K}\lambda_k = 1$，表示采用规模收益可变的产出形式。

考虑到在长期的生产过程中，技术水平会随着时间发生改变，因此本节进一步使用 Malmquist-Luenberger (ML)指数衡量绿色全要素生产率。然而，传统的 ML 指数也有可能存在不可行性问题，为克服这一缺陷，本节使用基于全局参比的 ML 指数(GML)来度量 DMU 的生产率变化(Pastor and Lovell, 2005)，表示 gtfp 的增长率。并借鉴 Oh(2010)的研究，将 GML 分解为技术效率变化(EC)和技术进步变化(TC)，EC 数值越大说明前沿 t+1 与全局前沿越接近；TC 指两个时期的技术变化，TC>1 表示技术进步，TC<1 则技术衰退。GML 可以表示为

$$\mathrm{GML}^{t,t+1}\left(x^t, y^t, b^t, x^{t+1}, y^{t+1}, b^{t+1}\right) = \frac{1 + D^G\left(x^{t+1}, y^{t+1}, b^{t+1}\right)}{1 + D^G\left(x^t, y^t, b^t\right)}$$

$$
=\frac{1+D^{t+1}\left(x^{t+1},y^{t+1},b^{t+1}\right)}{1+D^{t}\left(x^{t},y^{t},b^{t}\right)}\times\left(\frac{\dfrac{\left(1+D^{G}\left(x^{t+1},y^{t+1},b^{t+1}\right)\right)}{\left(1+D^{t+1}\left(x^{t+1},y^{t+1},b^{t+1}\right)\right)}}{\dfrac{\left(1+D^{G}\left(x^{t},y^{t},b^{t}\right)\right)}{\left(1+D^{t}\left(x^{t},y^{t},b^{t}\right)\right)}}\right) \tag{10.17}
$$

$$
=\mathrm{EC}^{t,t+1}\times\mathrm{TC}^{t,t+1}
$$

2) 计量模型

为探究智能化对经济绿色增长的具体影响，本节选取绿色全要素生产率 gtfp 作为被解释变量，构建半对数回归模型：

$$
\mathrm{gtfp}_{it}=\alpha+\beta\ln\mathrm{ai}_{it}+\gamma X_{it}+\mu_{it} \tag{10.18}
$$

式中，gtfp_{it} 为被解释变量，表示经济绿色增长；ai 表示各地区智能化程度，为核心解释变量；X_{it} 为控制变量；μ_{it} 为随机扰动项。

考虑到智能化与绿色全要素生产率可能存在空间溢出效应，传统的固定效应模型难以估计这一效应，本节进一步将空间滞后项引入固定效应模型构建空间计量模型，以更好诠释各区域之间的空间依赖性。据此本节建立 SEM、SAR、SDM 三种空间计量模型：

$$
\mathrm{gtfp}_{it}=\beta\ln\mathrm{ai}_{it}+\gamma X_{it}+\varepsilon_{it},\varepsilon_{it}=\lambda\sum_{j=1}^{n}\boldsymbol{W}_{ij}\varepsilon_{it}+\mu_{it} \tag{10.19}
$$

$$
\mathrm{gtfp}_{it}=\rho\sum_{j=1}^{n}\boldsymbol{W}_{ij}\mathrm{gtfp}_{it}+\beta\ln\mathrm{ai}_{it}+\gamma X_{it}+\varepsilon_{it},\varepsilon_{it}=\lambda\sum_{j=1}^{n}\boldsymbol{W}_{ij}\varepsilon_{it}+\delta_{it} \tag{10.20}
$$

$$
\begin{aligned}
\mathrm{gtfp}_{it}=&\alpha+\rho\sum_{j}\boldsymbol{W}_{ij}\mathrm{gtfp}_{it}+\beta\ln\mathrm{ai}_{it}+\theta\sum_{j}\boldsymbol{W}_{ij}\ln\mathrm{ai}_{it}+\gamma X_{it}\\
&+\psi\sum_{j}\boldsymbol{W}_{ij}X_{jt}+\mu_{i}+v_{t}++U_{it},U_{it}=\lambda\sum_{j}\boldsymbol{W}_{ij}\mu_{it}+\varepsilon_{it}
\end{aligned} \tag{10.21}
$$

式中，gtfp_{it} 被解释变量，表示绿色经济增长水平；ai_{it} 为核心解释变量，表示智能化程度；X_{it}为控制变量；ρ、λ、ψ 分别为空间滞后、空间误差和解释变量的空间系数；ε_{it} 为随机干扰项；$\boldsymbol{W}_{ij}$ 是空间权重矩阵，本节通过经纬度计算两个城市质心之间的欧几里得距离倒数，刻画城市之间的空间依赖性特征，相较于邻近空间权重矩阵(0-1 矩阵)，反距离空间权重矩阵($\boldsymbol{W}_{ig}$)的解释力不会随着样本量的增加而减小。计算公式为

$$
\boldsymbol{W}_{ig}=\begin{cases}\dfrac{1}{d_{ig}}, & 若 d_{ig}\geqslant d\\ 0, & 若 d_{ig}<d\end{cases} \tag{10.22}
$$

式中，d_{ig} 为根据城市经纬度计算的城市 i 与城市 j 的地理距离，本节采用两个城市之间的距离倒数作为空间权重矩阵，测度城市之间的空间相互作用。

2. 变量选取

1)被解释变量

绿色经济增长(gtfp)。绿色经济增长通常意味着使用更少的人力、资源等要素投入，带来更多的经济产出，并且减少污染排放。本节从全要素生产率角度出发，基于 10.3.4 的模型，构建非期望产出的混合距离函数和 GML 指数测算绿色全要素生产率来衡量绿色经济增长水平。gtfp 越大，表明经济绿色增长水平越好，同时将其分解为技术进步(gtc)与技术效率(gec)。

本节使用 MaxDEA Ultra 软件测算了中国 2004～2018 年的经济绿色增长水平。为了分析各城市经济绿色增长的动态变迁趋势，本节选取部分年份的经济绿色增长水平进行 Kernel 密度估计(图 10-8)。在样本考察期内，核密度曲线的波峰逐年右移，表明中国各城市经济绿色增长水平整体上呈上升趋势。曲线的右侧尾部逐年向外延伸，说明分散于右端的城市密度逐渐增大，部分城市经济绿色增长水平占据领先地位。曲线的波峰逐年变低且宽度变大，在 2015 年以后尤为明显，反映各城市经济绿色增长水平的差距日益增大，但总体绿色增长水平均有所提高。曲线的右侧拖尾并未改变，表明经济绿色增长高水平集聚现象依然存在。

为了进一步分析各区域经济绿色增长水平的差异，本节将中国分为东、中、西三大区域，绘制了各个区域经济绿色增长的年均水平(图 10-9)。从图 10-9 可以看出，三大区域的经济绿色增长水平均呈现波动式上升趋势。东部地区一直处于领先地位，并且高于全国的总体均值水平。而中西部地区的经济绿色增长水平相对落后，并且总体位于全国均值以下。

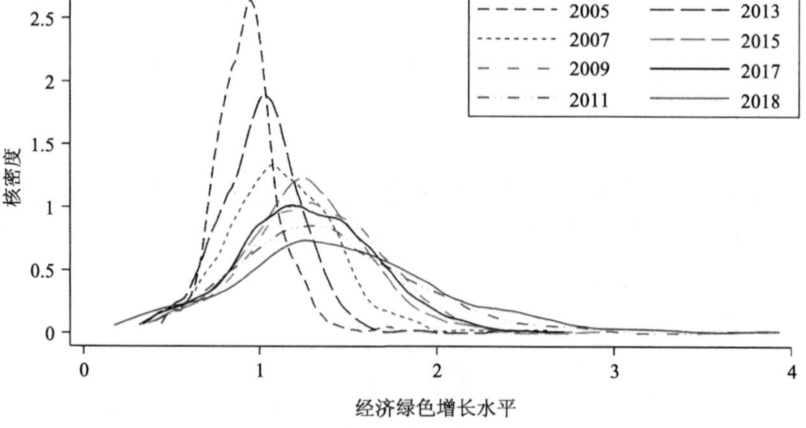

图 10-8　经济绿色增长水平核密度图

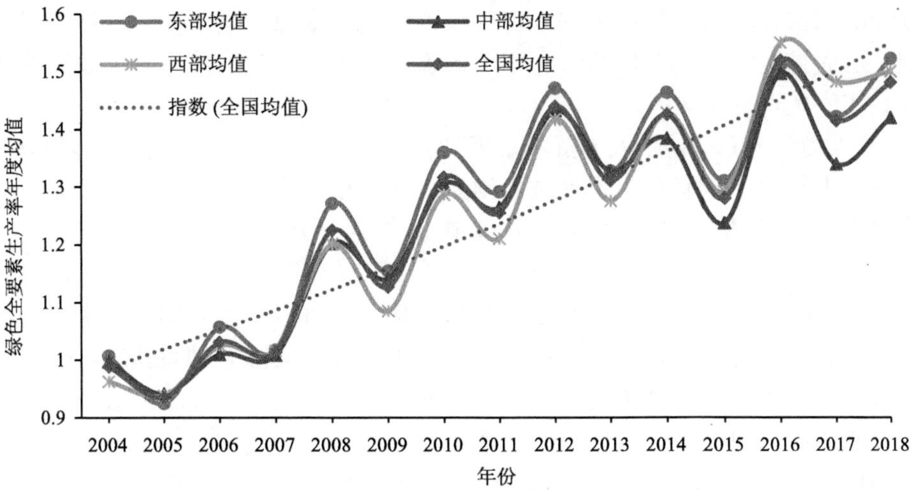

图 10-9　分区域经济绿色增长水平

2) 核心解释变量

核心解释变量，智能化(ai)。本节使用工业机器人投入使用量进行衡量。根据(Acemoglu and Restrepo, 2019)的定义，智能代理(机器)指能够通过识别周围环境并对其做出反应，进而采取智能行动的机器、软件和算法。工业机器人是人工智能算法、软硬件系统在工业机器上的集中体现，是制造业智能化转型的重要表现形式。制造业智能化水平使用工业机器人使用数量衡量，可以更好地解决内生性问题(孙早和侯玉琳，2019)。因此，本节参照孙早和侯玉琳(2019)、宋旭光和左马华青(2019)的做法，假设各地区工业机器人行业应用率相同，通过各地区行业份额(工业产值占比)计算得到各地区的工业机器人安装量权重，进而根据国际机器人联合会(IFR)的数据计算各地区的工业机器人投入使用量。

3) 控制变量

(1) 外商直接投资(fdi)。外商直接投资可以缓解中国企业的资金压力，还能通过技术溢出促进企业的技术创新，使用更先进的生产工艺和流程，进而推动经济绿色增长。本节使用实际利用外资额占国内生产总值的比值衡量。

(2) 环境规制(er)。合理的环境规制可以反向激励企业的技术攻关行为，通过创新补偿效应，弥补排污成本造成的利润损失，推动经济和环境的协同发展(Song and Wang, 2016)。但政策的实施通常有一定延滞性，若规制强度过大，势必会加重企业治污成本，不利于经济增长，从而对经济绿色增长产生负面影响。因此并不能确定环境规制能否促进经济绿色增长。本节采用工业固定废弃物综合利用率进行衡量。

(3) 人口密度(popd)。地区人口密度越大通常可以带来经济发展的规模效应，促进经济的快速增长，但过大的人口密度也会造成资源的紧缺和环境污染问题的加剧，进而抑制经济的绿色增长。本节借鉴 Xu 等(2019)，使用单位面积的地区人口数作为代理变量。

(4)人力资本(edu)。人力资本是劳动者所拥有的知识和技能的具体体现，人力资本水平越高，越有利于推动技术创新，开展相关的清洁生产活动，促进经济绿色增长。本节使用人均受教育水平作为代理变量，edu = 小学在校生人数/总人口×6 + 中学生人数 / 总人口×12 + 高等学校在校生人数 / 总人口×16 。

(5)产业结构(is)。产业结构已成为影响地区经济绿色增长的重要因素，传统高能耗产业在经济中的占比越高通常会带来较高的污染排放，抑制经济绿色增长。而新兴技术密集型产业则更为清洁，可以减少环境污染，促进绿色增长。本节使用二产增加值占国内生产总值的比值衡量。

(6)绿色创新水平(inno)。绿色技术创新能力的提高，有利于推动清洁生产工艺和流程的使用，提高能源利用效率，减少生产过程中的能源投入和消耗，是推动经济增长和实现能耗与污染排放减少的重要途径。本节使用地区绿色专利授权量进行衡量。

3. 数据来源

本节以 2004～2018 年中国 261 个城市为研究样本。数据来源于《中国城市统计年鉴》(2005～2019 年)、《中国环境统计年鉴》(2005～2019 年)、IncoPat 专利数据库和 IFR 数据库。表 10-14 为变量的描述性统计。为减小异方差，本节对相关数据进行了对数化处理，从表 10-14 看出，所有变量数据波动较小，不存在异常值情况，并且所有变量的方差膨胀因子值(VIF)均小于 2，说明解释变量间不存在严重共线性问题。

表 10-14　描述性统计

变量	样本量	平均值	标准差	最小值	最大值	VIF
gtfp	3975	1.249	0.425	0.174	3.935	—
ln ai	3975	3.907	1.613	–0.098	8.340	1.62
ln popd	3975	5.777	0.886	0.300	7.887	1.38
ln fdi	3975	–6.500	1.378	–15.109	–3.510	1.28
ln er	3975	4.303	0.458	–1.427	4.605	1.12
ln edu	3975	7.242	1.165	–0.026	9.951	1.46
ln inno	3975	3.703	1.844	0.000	9.637	1.31
ln is	3975	3.696	0.717	–2.408	4.453	1.11

10.3.5　智能化对经济绿色增长的实证检验

1. 空间计量检验

1）空间自相关检验

在进行空间计量检验前，需要验证所研究的对象是否存在空间依赖性。借鉴 Moran（1950）的研究，使用 Moran's I 指数进行局部自相关检验。

$$\text{Moran's } I = \frac{\sum_{i=1}^{n}\sum_{j=1}^{n}\boldsymbol{W}_{ij}(X_i-\bar{X})(X_j-\bar{X})}{S^2\sum_{i=1}^{n}\sum_{j=1}^{n}\boldsymbol{W}_{ij}} \tag{10.23}$$

式中，$S^2=\frac{\sum_{i=1}^{n}(X_i-\bar{X})^2}{n}$；$X_i$ 为地区 i 的样本观测值；n 为地区总数；$\boldsymbol{W}_{ij}$ 为空间权重矩阵。

基于反地理距离矩阵，计算出各地区绿色经济增长（gtfp）局部 Moran's I 值。表 10-15 给出了 2004～2018 年各地区的局部 Moran's I 值，估计结果显著为正，可以看出各地区的绿色经济效率（gtfp）与邻近地区具有正相关性。

表 10-16 给出了 2004～2018 年各地区工业业智能化的局部 Moran's I 值，估计结果显著为正，可以看出各地区的智能化（ai）也存在空间集聚和空间依赖特征，即高（低）智能化地区的周边地区的智能化水平也相对较高（低）。

表 10-15　经济绿色增长的 Moran's *I* 值

年份	Moran's I	P 值	年份	Moran'I	P 值	年份	Moran'I	P 值
2004	0.027***	0.001	2009	0.034***	0.000	2014	0.020***	0.007
2005	0.026***	0.001	2010	0.025***	0.001	2015	0.025***	0.001
2006	0.034***	0.000	2011	0.013*	0.064	2016	0.027***	0.001
2007	0.042***	0.000	2012	0.017**	0.021	2017	0.021***	0.005
2008	0.060***	0.000	2013	0.015**	0.032	2018	0.039***	0.000

表 10-16　智能化的 Moran's *I* 值

年份	Moran'I	P 值	年份	Moran'I	P 值	年份	Moran'I	P 值
2004	0.047***	0.000	2009	0.040***	0.001	2014	0.026***	0.001
2005	0.048***	0.000	2010	0.036***	0.001	2015	0.028***	0.000
2006	0.049***	0.000	2011	0.030***	0.000	2016	0.032***	0.000
2007	0.048***	0.000	2012	0.027***	0.000	2017	0.035***	0.000
2008	0.045***	0.000	2013	0.025***	0.001	2018	0.037***	0.000

为揭示各地区绿色经济增长和工业业智能化的空间集聚状态，对 2004 年和 2018 年两个截面进行局部空间相关性分析。图 10-10～图 10-13 为城市经济绿色增长和工业智能化的 Moran's *I* 散点图。将各城市划分为经济绿色增长(智能化)高水平城市被周边同样高水平城市包围的高-高(H-H)集聚区；低水平被高水平包围的低-高集聚区(L-H)；低水平被低水平包围的低-低集聚区(L-L)和高水平城市被低水平城市包围的高-低集聚(H-L)，4 个集聚模式。可以看出，2004 年和 2018 年我国大部分城市的经济绿色增长和智能化都在 H-H 集聚区和 L-L 集聚区，表明具有显著的正空间自相关性。

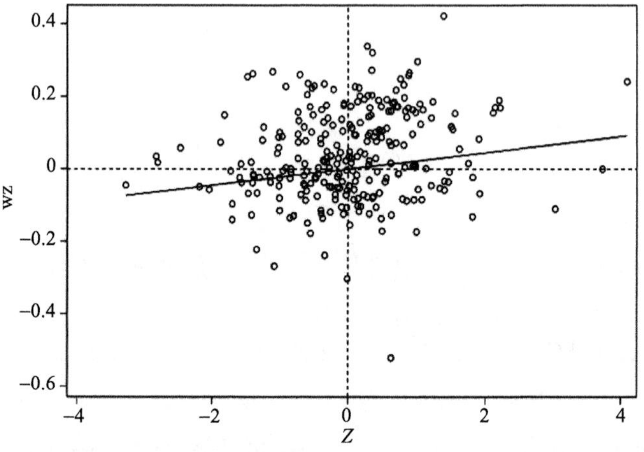

图 10-10　2004 年经济绿色增长全局 Moran's *I* 值散点图

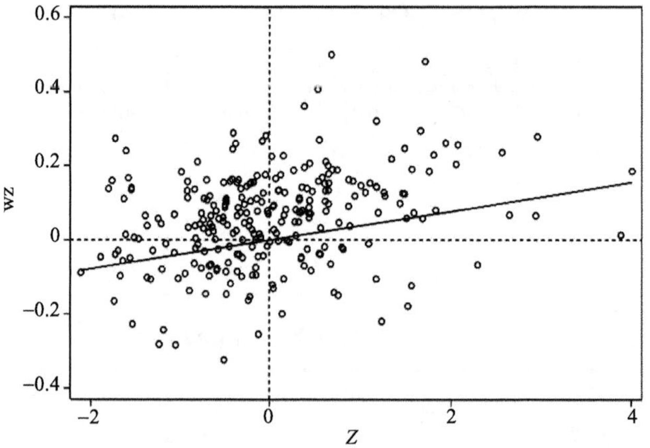

图 10-11　2018 年经济绿色增长 Moran's *I* 值散点图

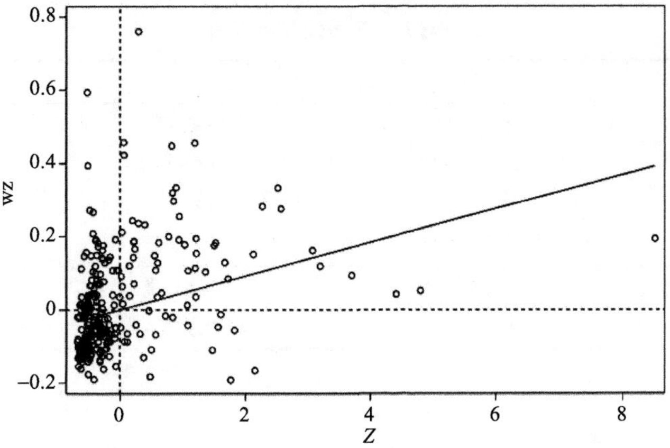

图 10-12　2004 年智能化 Moran's *I* 值散点图

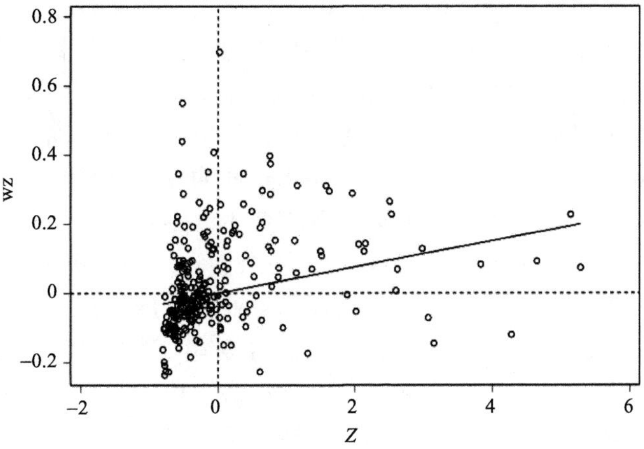

图 10-13　2018 年智能化 Moran's *I* 值散点图

2) 空间计量模型检验及选择

模型估计之前，本节首先进行 LM 和 Wald 检验来选择空间模型。表 10-17 结果显示，在反地理距离权重矩阵下，LM _ Lag 统计量与 LM _ Error 统计量都在 1%的显著性水平下显著，稳健 LM _ Error 统计量通过了 1%的显著性检验而稳健 LM _ Lag 统计量不显著，表明空间 SEM 模型比 SAR 模型合适。而 LR 检验均拒绝了原假设，即 SDM 模型不能简化为 SEM 或 SAR 模型，因此最终选择 SDM 模型进行解释。

表 10-17　空间模型检验结果

检验	指标	统计量	*P* 值
LM 检验	LM _ Error	2688.52***	0.000
	R _ LM _ Error	1605.99***	0.000
	LM _ Lag	1082.55***	0.000
	R _ LM _ Lag	0.023	0.879
LR 检验	LR _ SAR	304.81***	0.000
	LR _ SEM	53.01***	0.000

2. 基准回归结果

表 10-18 为基准回归结果。模型 1～模型 2 报告了个体固定、双向固定效应模型结果。结果表明，智能化促进了经济绿色增长，并通过了 1%的显著性检验。具体表现为智能化水平每提高 1%，中国的绿色全要素生产率将增加 0.0032。模型 3～模型 6 为 SEM、SAR、SDM 以及时空双向 SDM 模型。从回归结果可以看出，智能化依旧可以显著促进经济绿色增长。这可能有两方面原因，一是智能化的技术进步效应，智能化水平越高，智能化企业通过将计算机视觉、智能制造执行系统等先进生产管理技术及设备运用到工业生产中，实现了对客观事物的图像识别、实时控制与预测。这不仅可以优化生产流程，促进能源分级利用、降级利用，减少能耗和排放；还有助于推动高技术行业的发展，形成新的绿色经济增长点。此外通过技术溢出，还能推动智能制造与传统制造以及服务业的协同发展，促进产业结构优化，提高产品附加值，推动经济绿色增长。二是智能化的技术效率效应，随着智能化水平的提高，知识和技术密集度更高的数据生产要素更多地进入经济增长模型。资源与劳动力等传统生产要素不断被替代或被赋予新的内涵，这改变了我国的要素配置结构，提高了要素配置效率和流动性，进而提高了社会的绿色全要素生产率。

表 10-18　智能化对经济绿色增长的基准回归结果

变量	模型 1	模型 2	模型 3	模型 4	模型 5	模型 6
	FE	FE	SEM	SAR	SDM	时空双向 SDM
*W**ai					−0.2998***	−0.2958***
					(−13.62)	(−3.04)
ai	0.1243***	0.3213***	0.2969***	0.0216***	0.3235***	0.3208***
	(15.03)	(8.60)	(14.54)	(4.38)	(16.77)	(15.26)

续表

变量	模型 1 FE	模型 2 FE	模型 3 SEM	模型 4 SAR	模型 5 SDM	模型 6 时空双向 SDM
popd	0.0484*	0.0195	0.0197	0.0280	0.0184	0.0195
	(1.66)	(0.86)	(0.84)	(1.18)	(0.78)	(0.82)
fdi	0.0008	−0.0144**	−0.0148***	−0.0043	−0.0161***	−0.0163***
	(0.10)	(−2.03)	(−3.52)	(−1.05)	(−3.77)	(−3.76)
er	−0.0066	−0.0346**	−0.0339***	−0.0205*	−0.0348***	−0.0337***
	(−0.38)	(−2.26)	(−3.21)	(−1.90)	(−3.29)	(−3.18)
edu	−0.0265	−0.0621***	−0.0627***	−0.0561***	−0.0615***	−0.0628***
	(−1.24)	(−2.73)	(−5.89)	(−5.32)	(−5.78)	(−5.88)
inno	0.0001***	0.0001***	0.0001***	0.0001***	0.0001***	0.0001***
	(5.72)	(6.08)	(17.47)	(15.22)	(17.55)	(17.44)
is	0.0491***	−0.0344*	−0.0357***	0.0158***	−0.0412***	−0.0446***
	(8.45)	(−1.97)	(−3.12)	(3.09)	(−3.63)	(−3.88)
常数项	0.5039**	0.8181***				
	(2.15)	(3.67)				
空间 λ			0.9617***			
			(114.10)			
ρ				0.8172***	0.8500***	0.6616***
				(29.08)	(31.06)	(9.95)
固定地区	YES	YES	YES	YES	YES	YES
固定时间	NO	YES	NO	NO	NO	YES
N	3975	3975	3975	3975	3975	3975
R^2	0.3992	0.5087	0.2465	0.0293	0.2540	0.2526

在模型 6 中，ρ 显著为正，表明经济绿色增长存在显著的正向溢出效应，本地区的经济绿色增长水平提高能够对邻近地区产生辐射效应，促进邻近地区经济绿色增长水平提升。同时本节注意到考虑空间因素后，智能化对本地区的经济绿色增长的促进作用稍有降低，并且 W*ai 的系数显著为负，说明智能化在促进本地经济绿色增长的同时，会抑制邻近地区的经济绿色增长。

根据 Lesage 和 Pace(2009)的研究，本节将 SDM 模型的空间效应进行分解，总效应=直接效应+间接效应。直接效应是指智能化对本地的经济绿色增长的影响效应，间接效应是指本地智能化对邻近城市的经济绿色增长的影响效应，总效应则是二者之和。从模型的结果来看，智能化均显著促进了本地的经济绿色增长，但抑制了邻近城市的经济绿色增长(表 10-19)。根据“极化效应”理论，产业发展是通过逐步积累的创新过程实现的，并且当中心城市涉及研发与教育活动的占比越高，其增长率也会越高(Rossi, 2009)。智能化水平较高的地区形成了一个智能化“中心区”，中心区大多人力资本水平高，经济发展水平和社会福利也比较好，这会对周边城市的高技术劳动力、资本等生产要素产生虹吸效应。同时，随着城市智能化水平的提高，原有的传统高排放、低技术产业和低技能劳动力将逐渐向周边城市转移，这不利于邻近地区的智能化和绿色创新水平的提高，进而抑制了邻近地区的经济绿色增长。因此，邻近地区需要不断提高人力资本水平，增强对高智能化城市的技术吸收能力，提高本地智能化水平，充分发挥智能化对经济绿色增长的正向作用。

表 10-19 智能化对经济绿色增长影响的空间效应分解

变量	直接效应	间接效应	总效应
	SDM	SDM	SDM
ai	0.3235***	–0.1659**	0.1576**
	(16.43)	(–2.30)	(2.34)
popd	0.0208	0.7765	0.7973
	(0.92)	(0.54)	(0.55)
fdi	–0.0153***	0.0843	0.0690
	(–3.83)	(0.53)	(0.44)
er	–0.0347***	0.0595	0.0249
	(–3.34)	(0.11)	(0.05)
edu	–0.0614***	0.0082	–0.0533
	(–5.95)	(0.03)	(–0.18)
inno	0.0001***	–0.0005*	–0.0003
	(17.16)	(–1.65)	(–1.22)
is	–0.0409***	0.0736*	0.0327
	(–3.57)	(1.80)	(0.81)

3. 内生性检验

遗漏变量和双向因果引致的内生性问题，将导致智能化的系数估计值存在偏误。一方面，可能存在同时影响智能化和经济绿色增长的不可观测因素，比如各地区的经济发展、政策导向等既影响地区智能化水平，又对地区绿色增长有一定影响。另一方面，经济绿色增长水平越高的地区对环境要求也越高，这将倒逼企业对传统制造工艺向更加智能、绿色的方向改造，即可能存在智能化与绿色增长之间的双向因果关系。由于本节已经控制了地区及时间特征，这在一定程度上缓解了遗漏变量带来的内生性问题，选取同时满足相关性和外生性的工具变量是有效解决内生性问题的常用方法。因此本节采用两阶段最小二乘法(2SLS)法处理式(10.18)可能存在的内生性问题。工具变量第一阶段回归方程为

$$\ln \mathrm{ai}_{it} = \alpha + \beta_1 \mathrm{IV}_{it} + \gamma X'_{it} + \varepsilon_{it} \tag{10.24}$$

式中，$\ln \mathrm{ai}_{it}$ 为智能化水平；IV_{it} 为工具变量；X'_{it} 为控制变量。借鉴林伯强和谭睿鹏(2019)选择各城市的地形起伏度作为工具变量(IV(1))。各城市进行智能化转型升级，需要建设大量信息通信基础设施。地形起伏度越高的地方，相对建设难度较大，不利于智能化转型，因此地形起伏度与智能化具有一定相关性。而地形起伏度是由地区海拔、面积等客观地理因素所决定，与经济绿色增长之间无直接关系，具有外生性，符合工具变量的假设要求。

表 10-20 为使用两阶段最小二乘法(2SLS)以及空间两阶段最小二乘法(GS2SLS)对模型(10.18)和模型(10.21)的估计结果。在有效缓解内生性问题后，智能化对我国经济绿色增长的正向影响依旧显著存在。由 IV(1) 的第一阶段结果看出，地形起伏度对智能化有着显著的负向影响，符合预期。由 2SLS 中的第二阶段结果看出，在其他条件固定情况下，智能化依旧能够显著促进城市经济绿色

表 10-20　智能化与经济绿色增长关系的工具变量回归结果

变量	第一阶段	第二阶段	空间两阶段
	ai	gtfp	gtfp
W*gtfp			1.5962***
			(12.14)
ai		0.1600***	0.0482***
		(16.11)	(6.67)
IV(1)	−0.0573***		
	(−28.19)		
常数项	−157.0104***	0.9395**	0.3652**
	(−13.54)	(2.29)	(2.19)
控制变量	YES	YES	YES
固定效应	YES	YES	YES
不可识别检验		400.726***	
		(0.00)	
弱工具变量检验		794.474	
R^2	0.0492	0.0343	0.2147
N	3975	3975	3975

增长。智能化程度每增加 1 倍标准差，则中国经济绿色增长水平将显著提高 0.04 倍标准差。考虑到中国污染问题严重，同时迫切需要实现经济高质量增长的现实情况，这一显著提升对我国经济绿色增长的贡献显得尤为重要。此外，本节进行不可识别和弱工具变量检验，均拒绝原假设，说明工具变量的选择是合理的。

4. 稳健性检验

一方面，替换变量的度量方式是稳健性检验有效方法之一。因此本节借鉴 Cecchini 等(2018)的研究，使用 Super-SBM 模型重新测算了经济绿色增长水平。此外，本节使用工业机器人库存量替换了核心解释变量。另一方面，本节考虑到各个城市之间的经济联系，将空间权重矩阵更换为经济距离矩阵。所有稳健性检验仍选用时空双向 SDM 模型。表 10-21 的模型 1～模型 3 分别说明了更换被解释变量的度量方式、更换空间矩阵以及更换核心解释变量的稳健性检验结果。结果表明，在多次的稳健性检验后，智能化对经济绿色增长的正向影响依旧稳健存在，并且智能化对邻近城市的负向溢出效应也稳健存在。

表 10-21 智能化对经济绿色增长影响的稳健性检验

变量	模型 1	模型 2	模型 3
	Super-SBM	经济距离矩阵	工业机器人库存量
ai	0.5167***	0.3288***	
	(12.68)	(20.85)	
ai^2			0.3223***
			(16.69)
W*ai	–.4685***	–0.2737***	
	(–10.04)	(–16.09)	
W*ai^2			–0.2776***
			(–10.65)
空间 λ	0.8099***	0.4118***	0.8485***
ρ	(24.06)	(17.36)	(30.90)
控制变量	YES	YES	YES
固定效应	YES	YES	YES
N	3975	3975	3975
R^2	0.3210	0.2715	0.2528

5. 异质性分析

1) 人力资本效应

人工智能、工业互联网、大数据等新一代信息通信技术的颠覆式创新推动了技能偏向型技术变革，新的技术进步对人力资本的要求越来越高(Cheng et al., 2021)。工业机器人是一种典型的技能偏向型技术进步，人力资本水平对智能化能否提高绿色全要素生产率具有重要影响。因此本节对模型(10.21)进行拓展，增加人力资本与智能化的交互项(ai*edu)，以检验不同人力资本条件下，智能化对城市经济绿色增长的影响效应。根据表 10-22 模型 2 所示，智能化系数为 0.1380，并通过了 1%的显著性检验，说明智能化对经济绿色增长有显著的正向影响。人力资本与智能化的交互项(ai*edu)的系数显著为正，表明人力资本的提高会强化智能化对城市经济绿色增长的促进作用，即人力资本水平越高的城市，智能化对经济绿色增长的提升作用越大。同时我们注意到，随着人力资本的提高，智能化对邻近城市经济绿色增长的抑制作用也会降低。根据“极化-扩散”理论，智能化“中心区”在初期主要对周边地区产生虹吸效应，抑制了周边地区的经济绿色增长。而随着中心区人力资本的提高，高技能劳动力的不断增加，技能交流的机会增多，技术溢出日益增加，“外围”区域的智能化水平也将得以提高。因此随着人力资本水平的提高，智能化对邻近城市经济绿色增长的抑制作用将显著减弱。

表 10-22　人力资本效应

变量	模型 1	模型 2
	gftp	gftp
ai	0.1466***	0.1380***
	(6.21)	(5.56)
ai*edu	0.0283***	0.0287***
	(13.04)	(13.20)
W*ai	–0.6544***	–1.0520***
	(–3.98)	(–5.11)
W*ai _ edu	0.0441**	0.1060***
	(2.02)	(3.98)
空间 λ	0.8460***	0.5998***
ρ	(30.83)	(8.17)
控制变量	YES	YES
固定效应	YES	YES
N	3975	3975
R^2	0.4451	0.0081

注：最终用作解释的模型均为时空双向 SDM 模型，表 10-23 同

2)城市特征异质性

考虑到传统资源型和非资源型城市的划分无法体现城市特征的细微差异，本

节进一步将资源型城市分为成长型、成熟型、衰退型和再生型四类，以更好体现各区域资源禀赋、经济发展水平和社会结构的差异。本节以非资源型城市为参照组，引入城市特征虚拟变量，并将智能化与城市特征虚拟变量交乘（ai*dummy）。表 10-23 模型 1 和模型 2 分别为 SDM 模型和时空双向 SDM 模型。观察模型 2 结果发现，智能化对经济绿色增长存在明显城市特征差异。作为参照组的非资源型城市，其智能化对经济绿色增长的影响系数为 0.3291，通过了 1%的显著性检验。成长型和成熟型城市的系数分别为 0.3054、0.2975，至少通过 5%的显著性检验。

表 10-23　城市特征效应

变量	模型 1 gtfp	模型 2 gtfp
ai	0.3344***	0.3291***
	(17.09)	(15.40)
ai*growth	–0.0265**	–0.0237**
	(–2.42)	(–2.15)
ai*mature	–0.0331***	–0.0316***
	(–5.54)	(–5.25)
ai*recession	–0.0061	–0.0078
	(–0.67)	(–0.87)
ai*regeneration	–0.0176	–0.0156
	(–1.51)	(–1.33)
*W**ai	–0.3531***	–0.2725**
	(–11.77)	(–2.39)
*W**ai _ growth	0.1565*	0.2154**
	(1.67)	(2.13)
*W**ai _ mature	0.2583***	0.2926***
	(3.95)	(3.96)
*W**ai _ recession	–0.3685***	–0.3598***
	(–3.69)	(–3.24)
*W**ai _ regeneration	0.3635***	0.5100***
	(3.28)	(3.68)
空间 λ	0.8517***	0.6324***
ρ	(31.42)	(9.01)
控制变量	YES	YES
固定效应	YES	YES
N	3975	3975
R^2	0.4477	0.1497

由此可见，整体上非资源型城市的智能化对经济绿色增长的促进作用更大。这可能是因为处于沿海地区的北京、上海等非资源型地区是中国人才、科技、资本等各类生产要素的集聚地，也是中国最具实力的高技术研发和制造区域。这些地区的智能制造发展相对较快，智能化水平位居全国前列，大型制造企业已基本实现网络化并逐步跨入智能化时代。智能化水平的不断提高，一方面提高了该地区的绿色经济增长水平，促进了经济的持续增长；另一方面也降低了其对传统化石能源的依赖，非化石能源使用份额日渐增大，有利于节能减排的实现，推动区域经济的绿色增长。

在资源型城市中，衰退型城市和再生型城市的智能化对经济绿色增长并无显著作用。可能是因为衰退型城市的资源趋于枯竭，经济发展滞后，生态环境压力大。如抚顺、鹤岗等地，工业体系多为以矿产、能源原料获取为主导的重化工业产业为主。这些产业多倚赖传统高污染的化石能源，并且存在资源诅咒现象，使其对高技能劳动力、技术研发投入等产生一定挤出效应，这本身就不利于当地的经济绿色增长与智能化转型。而再生型城市虽然是资源型城市转变经济发展方式的先行区，但因为资源型城市产业发展具有一定的路径依赖，智能化程度相对较低，人力资本、智能基础设施、智能设备的投入仍处于初期阶段，尚未实现边际生产成本递减，也就难以产生相应的规模经济效益。因此在智能化的初期阶段，该区域的智能化转型对经济绿色增长并不能产生明显促进作用。

3)空间衰减效应

在证实智能化对经济绿色增长存在空间溢出效应后，本节进一步利用空间计量模型考察智能化对经济绿色增长的空间衰减边界。一般来讲，空间相关性会随着城市间距离的增加而逐渐降低，进而导致智能化对经济绿色增长的空间外溢产生区域边界。为此，本节给定不同地理距离阈值，构建空间衰减矩阵 Thre_{ig}，其计算方式可参考式(10.22)中的 $\boldsymbol{W}_{ig}$。Thre_{ig} 的作用主要在于观察空间单元之间的距离逐步扩大时，空间相关系数是否逐步衰减。首先，设定初始距离阈值，即城市间相对最短距离为 50km，并以 50km 递增；其次，记录智能化的空间回归系数及置信区间(图 10-14)，图 10-14 左侧为本地经济绿色增长对邻近地区的溢出效应(空间 ρ 系数)，右侧为智能化对邻近地区经济绿色增长的影响(W*ai 系数)。

从回归结果来看，智能化对经济绿色增长的影响具有显著空间衰减特征。在 200km 范围内，空间ρ 系数逐渐下降，W*ai 的负效应也逐渐变小。空间外溢系数在 50～200km 的区域内高度显著且基本通过 1%的显著性水平检验，这表明智能化对经济绿色增长的空间溢出符合地理距离衰减规律。根据“极化效应”理论，智能化“中心区”由于具有先进的产业，逐步对生产要素产生强大吸引力，智能化水平较高的中心区会不断向邻近地区蚕食科技资源、人才资源，因而导致了负向的溢出效应，并且距离智能化中心越近，这种极化效应越明显。当地理距离超过 200km 后，智能化对经济绿色增长的空间溢出效应不再显著，并且在 350km 以后空间溢出效应进入迅速衰减区域，这与 Yuan 等(2020)的研究结论一致。

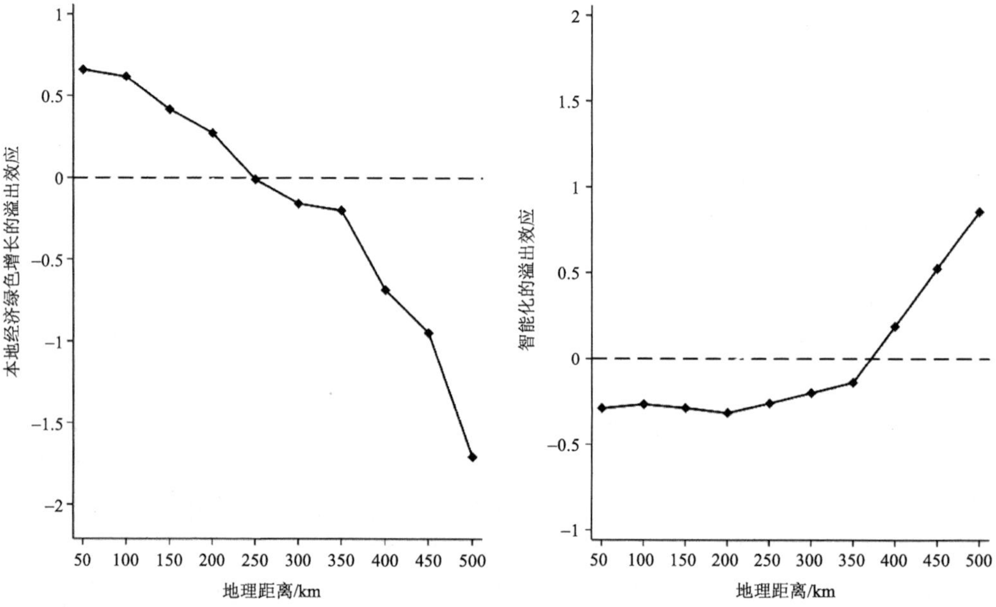

图 10-14　空间衰减效应

10.3.6　研究结论

本节从理论和实证两方面研究了智能化对中国经济绿色增长的影响及其作用机制。机制分析表明，智能化通过拉动生产率提升、促进清洁生产技术创新、提高资源配置效率推动经济增长、促进节能减排，实现经济绿色增长。研究结论表明：①智能化可以通过增加工业产值，减少能耗与污染排放，进而促进中国经济绿色增长。该结论在使用外生性的地形数据作为工具变量和替换变量等稳健性检验后，依旧成立。这与 Liu 等(2021)基于中国工业行业的研究结论类似，但并不完全相同。Liu 等(2021)主要研究了工业机器人使用对能源强度的影响，并非智能化对经济绿色增长的影响；而本节综合考虑了智能化对投入、期望产出和污染的综合影响。②考虑空间因素后发现，智能化可以促进本地经济绿色增长，但会抑制邻近地区的经济绿色增长。但这种抑制效应会受到人力资本的调节，随着人力资本水平的提高，智能化的负向溢出效应将显著减弱。③资源型城市智能化对经济绿色增长的促进作用明显小于非资源型城市。其中，衰退型城市和再生型城市的智能化对经济绿色增长并无显著作用。④智能化对经济绿色增长空间外溢效应具有明显的衰减特征。空间溢出效应在 50～200km 的区域内高度显著，当地理距离超过

200km 后，智能化对经济绿色增长的空间溢出效应不再显著，并且在 350km 以后空间溢出效应进入迅速衰减区域，这与 Yuan 等(2020)的研究结论一致。

10.4 本 章 小 结

本章研究了智能化对中国经济绿色发展的影响。首先，利用工业机器人数据和广东省经济和信息化委员会针对全省规模以上企业情况的综合调查数据，实证检验智能化对企业能源效率的影响及作用机制。研究得出，智能化对制造业企业能源效率具有显著促进作用，这主要是因为智能化能够促进技术进步，改善技术效率。然后，基于 STIRPAT 模型，利用年中国工业部门数据，研究了智能化对制造业碳排放强度的影响。研究得出，智能化能够促进碳减排。此外，还发现智能化对碳排放强度影响的阶段性和行业异质性。最后，基于 2003～2018 年中国城市面板数据，将经济增长和节能减排整合到一个分析框架中，研究了智能化对经济绿色增长的影响、作用机制及空间溢出效应。研究结论表明：①智能化可以通过增加工业产值，减少能耗与污染排放，进而促进中国经济绿色增长。②智能化可以促进本地经济绿色增长，但会抑制邻近地区的经济绿色增长。但这种抑制效应会受到人力资本的调节，随着人力资本水平的提高，智能化的负向溢出效应将显著减弱。③资源型城市智能化对经济绿色增长的促进作用明显小于非资源型城市。④智能化对经济绿色增长的空间溢出效应具有明显衰减特征。

据此本章提出 4 项政策建议。

(1)加大人工智能在制造业企业中的应用范围，充分发挥技术进步对企业能源效率的积极影响。人工智能的应用对改善制造业企业能源效率有着巨大的潜力，为此政府应加快先进智能技术以及节能技术的研发、应用。通过鼓励制造业企业不断加大智能技术及节能技术的研发投入，将技术创新从生产效率导向型转向节能导向型，使得制造业企业技术进步与能源效率提高同向发展。利用智能技术对生产设备进行改造、升级，降低制造业对传统能源的过度依赖，提高使用效率，进而促进能源效率的提高。

(2)提高智能化对能源利用技术效率的促进作用。本章研究发现智能化未能显著促进企业能源利用技术效率的增长。制造业企业应深化人工智能对生产、物流、售后等各环节的智能化、精准管理。制造业企业可借助智能管理技术，建立数据采集与分析系统，在生产进度、现场操作、质量检验、设备状态和物料运输等方面实现精细化的管理。通过智能决策、智能控制和智能管理，使制造业企业在生产经营过程中能够更加合理地进行配置资源，节约能源成本，减少能源浪费，提高生产与管理效率，进而提高能源利用效率。

(3)注重智能化转型的企业异质性。制造业企业发展不能只追求生产力的提升与产业规模的扩大，还应当充分发挥人工智能带来的知识和技术溢出，促进制造业企业能源利用技术的创新。同时，人工智能水平较高的行业，应防止过度智能化而导致资源浪费、劳动力错配及能源“回弹效应”。

(4)加快智能技术和智能设备的研发、应用，促进经济绿色发展。一方面，各制造企业应当在技术、产品以及产业延伸上建立一个系统的创新体系。加快智能技术的研发、应用，通过对传统高能耗、高排放的生产设备和工艺进行技术升级，提升传统制造业智能水平，减少能耗、降低碳排放强度，进而推动低碳化、绿色化的可持续经济增长。另一方面，注重利用智能化培育新的制造模式。充分利用机器学习、神经网络、智能机器人等技术推动柔性制造、绿色制造等新制造模式发展，形成新型绿色增长极。

参 考 文 献

包群, 邵敏. 2008. 外商投资与东道国工资差异: 基于我国工业行业的经验研究[J]. 管理世界, 5: 46-54.

蔡跃洲, 陈楠. 2019. 新技术革命下人工智能与高质量增长、高质量就业[J]. 数量经济技术经济研究, 36(5): 3-22.

曹芳芳, 程杰, 武拉平, 等. 2020. 劳动力流动推进了中国产业升级吗?——来自地级市的经验证据[J]. 产业经济研究, 1: 57-70.

曹静, 周亚林. 2018. 人工智能对经济的影响研究进展[J]. 经济学动态, 1: 103-115.

查德・里奇, 储玉坤. 1983. 技术变革的影响[J]. 国际经济评论, 7: 52-56.

常立农. 1995. 对计算机化的反思[J]. 软科学, 1: 18-20.

陈继勇, 盛杨怿. 2009. 外国直接投资与我国产业结构调整的实证研究——基于资本供给和知识溢出的视角[J]. 国际贸易问题, 1: 94-100.

陈诗一. 2009. 能源消耗、二氧化碳排放与中国工业的可持续发展[J]. 经济研究, 44(4): 41-55.

陈晓, 郑玉璐, 姚笛. 2020. 工业智能化、劳动力就业结构与经济增长质量——基于中介效应模型的实证检验[J]. 华东经济管理, 34(10): 56-64.

陈岩, 张李叶子, 李飞, 等. 2020. 智能服务对数字化时代企业创新的影响[J]. 科研管理, 41(9): 51-64.

陈彦斌, 林晨, 陈小亮. 2019. 人工智能、老龄化与经济增长[J]. 经济研究, 54(7): 47-63.

陈永伟, 曾昭睿. 2020. 机器人与生产率: 基于省级面板数据的分析[J]. 山东大学学报(哲学社会科学版), 2: 82-97.

程承坪, 陈志. 2021. 人工智能促进中国经济增长的机理——基于理论与实证研究[J]. 经济问题, 10: 8-17.

程承坪, 彭欢. 2018. 人工智能影响就业的机理及中国对策[J]. 中国软科学, 10: 62-70.

程惠芳, 陆嘉俊. 2014. 知识资本对工业企业全要素生产率影响的实证分析[J]. 经济研究, 49(5): 174-187.

池仁勇, 刘娟芳, 张宓之, 等. 2014. 中低技术产业创新效率研究——基于我国大中型工业企业面板数据的实证[J]. 科技进步与对策, 31(16): 61-65.

邓洲. 2018. 促进人工智能与制造业深度融合发展的难点及政策建议[J]. 电器工业, 11: 25-32.

董敏杰, 梁泳梅, 张其仔. 2015. 中国工业产能利用率: 行业比较、地区差距及影响因素[J]. 经济研究, 50(1): 84-98.

杜传文, 李晴, 芮明杰, 等. 2018. 大规模工业机器人应用与异质性技能劳动力之间的替代互补关系[J]. 中国科技论坛, 8: 174-182.

杜传忠, 胡俊, 陈维宣. 2018. 我国新一代人工智能产业发展模式与对策[J]. 经济纵横, 4: 41-47.

杜伟，杨志江，夏国平．2014．人力资本推动经济增长的作用机制研究[J]．中国软科学，8: 173-183.
樊纲，王小鲁，马光荣. 2011．中国市场化进程对经济增长的贡献[J]．经济研究, 46(9): 4-16.
冯春晓．2009．我国对外直接投资与产业结构优化的实证研究——以制造业为例[J]．国际贸易问题, 8: 97-104.
冯昭奎. 2017．科技革命发生了几次——学习习近平主席关于“新一轮科技革命”的论述[J]．世界经济与政治, 2: 4-24.
傅元海，王晓彤．2018．模仿效应、竞争效应影响制造业结构优化研究[J]．审计与经济研究，33(4): 105-115.
傅元海，叶祥松，王展祥．2014．制造业结构优化的技术进步路径选择——基于动态面板的经验分析[J]．中国工业经济, 9: 78-90.
傅元海，叶祥松，王展祥．2016．制造业结构变迁与经济增长效率提高[J]．经济研究，51(8): 86-100.
干春晖，郑若谷，余典范．2011．中国产业结构变迁对经济增长和波动的影响[J]．经济研究，46(5): 4-16.
高培勇，袁富华，胡怀国，等. 2020．高质量发展的动力、机制与治理[J]．经济研究, 55(4): 4-19.
高山行，刘嘉慧．2018．人工智能对企业管理理论的冲击及应对[J]．科学学研究，36(11): 2004-2010.
高翔，田开兰，杨翠红. 2018．从供给侧探寻我国就业变化成因[J]．管理评论, 30(5): 187-196.
高煜．2019．我国经济高质量发展中人工智能与制造业深度融合的智能化模式选择[J]．西北大学学报(哲学社会科学版), 49(5): 28-35.
郭春娜．2019．制造业全要素生产率测算及影响因素研究[J]．重庆大学学报(社会科学版)，25(2): 49-58.
郭凯明．2019．人工智能发展、产业结构转型升级与劳动收入份额变动[J]．管理世界，35(7): 60-77.
郭敏，方梦然. 2018．人工智能与生产率悖论：国际经验[J]．经济体制改革, 5: 171-178.
韩会朝，徐康宁. 2020．智能化改造对我国企业生产率的影响研究[J]．南京社会科学, 4: 32-37.
韩江波. 2017．智能工业化：工业化发展范式研究的新视角[J]．经济学家, 10: 21-30.
韩民春，韩青江．2020．机器人技术进步对劳动力市场的冲击——基于动态随机一般均衡模型的分析[J]．当代财经, 4: 3-16.
韩先锋，惠宁，宋文飞．2014．信息化能提高中国工业部门技术创新效率吗[J]．中国工业经济，12: 70-82.
韩箫亦，董京京，许正良．2020．制造企业动态能力对其服务智能化绩效影响的研究[J]．工业技术经济, 39(2): 119-124.
韩永辉，黄亮雄，王贤彬．2017．产业政策推动地方产业结构升级了吗?——基于发展型地方政府的理论解释与实证检验[J]．经济研究, 52(8): 33-48.
郝楠. 2017．劳动力就业“极化”、技能溢价与技术创新[J]．经济学家, 8: 27-32.
何立峰. 2018．大力推动高质量发展 积极建设现代化经济体系[J]．宏观经济管理, 7: 4-6.

何小钢, 王善骝. 2020. 信息技术生产率悖论：理论演进与跨越路径[J]. 经济学家, 7: 42-52.
胡迟. 2016. 制造业转型升级的“十二五”成效与“十三五”发展对策[J]. 经济纵横, 10: 64-69.
胡俊, 杜传忠. 2020. 人工智能推动产业转型升级的机制、路径及对策[J]. 经济纵横, 3: 94-101.
胡敏. 2018. 变压力为动力加快推动经济高质量发展[N]. 学习时报, 2018-12-24.
华昱. 2018. 劳动供给结构、技术进步与收入差距——基于CHNS数据的研究[J]. 河海大学学报(哲学社会科学版), 20(2): 70-76.
黄纯灿, 胡日东. 2013. 技术进步、能源效率及反弹效应——基于索洛中性技术进步的再检验[J]. 宏观经济研究, 4: 44-52.
黄群慧, 贺俊. 2013. “第三次工业革命”与中国经济发展战略调整——技术经济范式转变的视角[J]. 中国工业经济, 1: 5-18.
黄阳华. 2015. 德国“工业4.0”计划及其对我国产业创新的启示[J]. 经济社会体制比较, 2: 1-10.
惠树鹏, 王绪海, 单锦荣. 2021. 中国工业高质量发展的驱动路径及驱动效应研究[J]. 上海经济研究, 10: 53-61.
惠炜, 姜伟. 2020. 人工智能、劳动力就业与收入分配: 回顾与展望[J]. 北京工业大学学报(社会科学版), 20(5): 77-86.
季良玉. 2021. 中国制造业智能化水平的测度及区域差异分析[J]. 统计与决策, 37(13): 92-95.
贾根良. 2016. 第三次工业革命与工业智能化[J]. 中国社会科学, 6: 87-106.
蒋南平, 邹宇. 2018. 人工智能与中国劳动力供给侧结构性改革[J]. 四川大学学报(哲学社会科学版), 1: 130-138.
焦勇, 杨蕙馨. 2020. 技术创新对中国制造业全球价值链攀升的非线性传导[J]. 现代经济探讨, 7: 99-107.
卡马耶夫. 1983. 经济增长的速度和质量[M]. 陈华山, 等译, 湖北：湖北人民出版社.
康志勇. 2011. 出口贸易与自主创新——基于我国制造业企业的实证研究[J]. 国际贸易问题, 2: 35-45.
孔高文, 刘莎莎, 孔东民. 2020. 机器人与就业——基于行业与地区异质性的探索性分析[J]. 中国工业经济, 8: 80-98.
李爱, 盖骁敏. 2019. 就业极化与我国产业结构优化升级研究——基于供给侧结构性改革背景[J]. 经济问题, 12: 1-7.
李健旋. 2020. 中国制造业智能化程度评价及其影响因素研究[J]. 中国软科学, 1: 154-163.
李金昌, 史龙梅, 徐蔼婷. 2019. 高质量发展评价指标体系探讨[J]. 统计研究, 36(1): 4-14.
李磊, 徐大策. 2020. 机器人能否提升企业劳动生产率?——机制与事实[J]. 产业经济研究, 3: 127-142.
李廉水, 刘军, 程中华. 2020. 中国制造业发展研究报告2019：中国制造40年与智能制造[M]. 北京：科学出版社.
李廉水, 石喜爱, 刘军. 2019. 中国制造业40年: 智能化进程与展望[J]. 中国软科学, 1: 1-9.
李廉水, 周勇. 2006. 技术进步能提高能源效率吗?[J]. 管理世界, 10: 82-89.
李平, 季永宝. 2014. 要素价格扭曲是否抑制了我国自主创新?[J]. 世界经济研究, 1: 10-15.
李倩, 潘玉香. 2020. 智能制造企业无形资产结构与经营绩效相关性研究[J]. 东南大学学报(哲学社会科学版), 22(S1): 19-26.
李舒沁, 王灏晨, 汪寿阳. 2021. 人工智能背景下制造业劳动力结构影响研究——以工业机器人发展为例[J]. 管理评论, 33(3): 307-314.
李涛. 2018. 开放创新视角下我国智能制造发展路径与机制[J]. 企业经济, 37(3): 23-28.
李婉红, 王帆. 2020. 智能化转型、成本黏性与企业绩效——基于传统制造企业的实证检验[J]. 科学学研究: 40(1): 91-102.
李小平, 朱钟棣. 2006. 国际贸易、R&D 溢出和生产率增长[J]. 经济研究, 2: 31-43.
李丫丫, 潘安. 2017. 工业机器人进口对中国制造业生产率提升的机理及实证研究[J]. 世界经济研究, 3: 87-96.
李丫丫, 潘安, 彭永涛, 等. 2018. 工业机器人对省域制造业生产率的异质性影响[J]. 中国科技论坛, 6: 121-126.
梁俊. 2021. 产业价值链升级促进形成强大国内市场的对策建议[J]. 宏观经济研究, 9: 57-65.
梁树广. 2014. 产业结构升级影响因素作用机理研究[J]. 商业研究, 7: 26-33.
林伯强, 谭睿鹏. 2019. 中国经济集聚与绿色经济效率[J]. 经济研究, 54(2): 119-132.
林晨, 陈小亮, 陈伟泽, 等. 2020. 人工智能、经济增长与居民消费改善: 资本结构优化的视角[J]. 中国工业经济, 2: 61-83.
林汉川, 汤临佳. 2015. 新一轮产业革命的全局战略分析——各国智能制造发展动向概览[J]. 人民论坛·学术前沿, 11: 62-75.
林毅夫. 2014. 新结构经济学: 反思经济发展与政策的理论框架[M]. 北京: 北京大学出版社.
林毅夫. 2019. 新中国成立 70 年和中国经济发展奇迹的解读[J]. 科学社会主义, 3: 4-8.
刘斌, 潘彤. 2020. 人工智能对制造业价值链分工的影响效应研究[J]. 数量经济技术经济研究, 37(10): 24-44.
刘军, 常慧红, 张三峰. 2019. 智能化对中国制造业结构优化的影响[J]. 河海大学学报(哲学社会科学版), 21(4): 35-41.
刘军, 王佳玮, 程中华. 2017. 产业聚集对协同创新效率影响的实证分析[J]. 中国软科学, 6: 89-98.
刘军, 徐康宁. 2010. 产业聚集、经济增长与地区差距——基于中国省级面板数据的实证研究[J]. 中国软科学, 7: 91-102.
刘克逸. 2003. 产业信息化对我国产业结构升级的作用及政策取向[J]. 软科学, 1: 27-30.
刘亮, 胡国良. 2020. 人工智能与全要素生产率——证伪“生产率悖论”的中国证据[J]. 江海学刊, 3: 118-123.
刘亮, 李廉水, 刘军, 等. 2020. 智能化与经济发展方式转变: 理论机制与经验证据[J]. 经济评论, 2: 3-19.
刘伟. 2015. 政策试点: 发生机制与内在逻辑——基于我国公共部门绩效管理政策的案例研究[J]. 中国行政管理, 5: 113-119.
楼永, 王偲琪, 郝凤霞. 2021. 工业智能化对企业绩效的影响——基于薪酬视角的中介效应研究[J]. 工业技术经济, 40(3): 3-12.
陆岷峰, 马进. 2020. 商业银行智能化风险特点与管理研究[J]. 南方金融, 3: 65-73.

吕承超, 崔悦. 2020. 中国高质量发展地区差距及时空收敛性研究[J]. 数量经济技术经济研究, 37(9): 62-79.

吕铁, 韩娜. 2015. 智能制造: 全球趋势与中国战略[J]. 人民论坛·学术前沿, 11: 6-17.

吕越, 谷玮, 包群. 2020. 人工智能与中国企业参与全球价值链分工[J]. 中国工业经济, 5: 80-98.

马晶梅. 2016. 技术复杂度与我国外包企业技术优势及技术溢出效应——基于增加值的实证研究[J]. 科学学研究, 34(9): 1397-1403.

马茹, 罗晖, 王宏伟, 等. 2019. 中国区域经济高质量发展评价指标体系及测度研究[J]. 中国软科学, 7: 60-67.

孟凡生, 徐野, 赵刚. 2021. "智能+"对制造企业创新绩效的影响机制研究[J]. 科研管理: 1-14.

孟凡生, 赵刚. 2018. 传统制造向智能制造发展影响因素研究[J]. 科技进步与对策, 35(1): 66-72.

聂长飞, 简新华. 2020. 中国高质量发展的测度及省际现状的分析比较[J]. 数量经济技术经济研究, 37(2): 26-47.

欧进锋, 许抄军, 刘雨骐. 2020. 基于"五大发展理念"的经济高质量发展水平测度——广东省21个地级市的实证分析[J]. 经济地理, 40(6): 77-86.

欧阳智, 魏琴, 肖旭. 2017. 人工智能环境下的知识管理: 变革发展与系统框架[J]. 图书与情报, 6: 104-111.

庞卫敏, 高若水. 2017. 借力智能化信息管理系统 提升绩效考核管理水平[J]. 企业管理, S1: 160-161.

彭涛, 吴文良. 2010. 绿色 GDP 核算——低碳发展背景下的再研究与再讨论[J]. 中国人口·资源与环境, 20(12): 81-86.

乔晓楠, 郗艳萍. 2018. 人工智能与现代化经济体系建设[J]. 经济纵横, 6: 81-91.

邱爱莲, 崔日明, 徐晓龙. 2014. 生产性服务贸易对中国制造业全要素生产率提升的影响: 机理及实证研究——基于价值链规模经济效应角度[J]. 国际贸易问题, 6: 71-80.

渠慎宁, 杨丹辉. 2020. 突发公共卫生事件的智能化应对: 理论追溯与趋向研判[J]. 改革, 3: 14-21.

任保平, 宋文月. 2019. 新一代人工智能和实体经济深度融合促进高质量发展的效应与路径[J]. 西北大学学报(哲学社会科学版), 49(5): 6-13.

任锦鸾, 郑海昊, 曹文, 等. 2018. 技术创新驱动媒体智能化测度研究[J]. 科研管理, 39(S1): 254-261.

单豪杰. 2008. 中国资本存量 K 的再估算: 1952～2006 年[J]. 数量经济技术经济研究, 25(10): 17-31.

邵婧婷. 2019. 数字化、智能化技术对企业价值链的重塑研究[J]. 经济纵横, 9: 95-102.

邵文波, 李坤望. 2014. 信息技术、团队合作与劳动力需求结构的差异性[J]. 世界经济, 37(11): 72-99.

邵文波, 盛丹. 2017. 信息化与中国企业就业吸纳下降之谜[J]. 经济研究, 52(6): 120-136.

盛光华, 张志远. 2015. 补贴方式对创新模式选择影响的演化博弈研究[J]. 管理科学学报, 18(9): 34-45.

师博. 2020. 人工智能助推经济高质量发展的机理诠释[J]. 改革, (1): 30-38.
师博, 张冰瑶. 2019. 全国地级以上城市经济高质量发展测度与分析[J]. 社会科学研究, 3: 19-27.
石腾超, 邹一南. 2014. 我国制造业全要素生产率区域差异及其原因研究——基于制造业2003～2011年面板数据的实证分析[J]. 区域经济评论, 1: 130-137.
石喜爱, 李廉水, 程中华, 等. 2018. “互联网+”对中国制造业价值链攀升的影响分析[J]. 科学学研究, 36(8): 1384-1394.
史丹. 2018. 绿色发展与全球工业化的新阶段: 中国的进展与比较[J]. 中国工业经济, 10: 5-18.
史竹琴, 蔡瑞林, 朱先奇. 2017. 智能生产共享商业模式创新研究[J]. 中国软科学, 6: 130-139.
宋冬林, 王林辉, 董直庆. 2010. 技能偏向型技术进步存在吗?——来自中国的经验证据[J]. 经济研究, 45(5): 68-81.
宋旭光, 左马华青. 2019. 工业机器人投入、劳动力供给与劳动生产率[J]. 改革, 9: 45-54.
苏贝, 杨水利. 2018. 基于扎根理论的制造企业智能化转型升级影响因素研究[J]. 科技管理研究, 38(8): 115-123.
苏海涛, 王秀丽. 2018. 人工智能对我国产业结构的影响分析[J]. 产业创新研究, 10: 18-22.
睢博, 雷宏振. 2021. 工业智能化能促进企业技术创新吗?——基于中国2010—2019年上市公司数据的分析[J]. 陕西师范大学学报(哲学社会科学版), 50(3): 130-140.
孙早, 侯玉琳. 2019. 工业智能化如何重塑劳动力就业结构[J]. 中国工业经济, 5: 61-79.
孙早, 侯玉琳. 2021. 人工智能发展对产业全要素生产率的影响——一个基于中国制造业的经验研究[J]. 经济学家, 1: 32-42.
唐松, 伍旭川, 祝佳. 2020. 数字金融与企业技术创新——结构特征、机制识别与金融监管下的效应差异[J]. 管理世界, 36(5): 52-66.
唐晓华, 迟子茗. 2021. 工业智能化对制造业高质量发展的影响研究[J]. 当代财经, 5: 102-114.
田磊. 2015. 中国制造业全要素生产率区域差异及其影响因素研究[D]. 天津: 河北工业大学.
王军. 2017. 经济高质量发展与增长预期引导[N]. 上海证券报, 2017-11-08.
王君, 张于喆, 张义博, 等. 2017. 人工智能等新技术进步影响就业的机理与对策[J]. 宏观经济研究, 10: 169-181.
王丽媛. 2021. 智能化发展、劳动力供给技能结构与技能溢价[J]. 山西财经大学学报, 43(5): 45-60.
王林辉, 胡晟明, 董直庆. 2020. 人工智能技术会诱致劳动收入不平等吗——模型推演与分类评估[J]. 中国工业经济, 4: 97-115.
王文. 2020. 数字经济时代下工业智能化促进了高质量就业吗[J]. 经济学家, 4: 89-98.
王永钦, 董雯. 2020. 机器人的兴起如何影响中国劳动力市场?——来自制造业上市公司的证据[J]. 经济研究, 55(10): 159-175.
王振. 2018. 人工智能对产业发展的影响[J]. 现代管理科学, 4: 58-60.
魏敏, 李书昊. 2018. 新时代中国经济高质量发展水平的测度研究[J]. 数量经济技术经济研究, 35(11): 3-20.
魏玮, 张万里, 宣旸. 2020. 劳动力结构、工业智能与全要素生产率——基于我国2004—2016年省级面板数据的分析[J]. 陕西师范大学学报(哲学社会科学版), 49(4): 143-155.
温湖炜, 钟启明. 2021. 智能化发展对企业全要素生产率的影响——来自制造业上市公司的证据[J]. 中国科技论坛, 1: 84-94.
温忠麟, 叶宝娟. 2014. 中介效应分析: 方法和模型发展[J]. 心理科学进展, 22(5): 731-745.
肖静华, 毛蕴诗, 谢康. 2016. 基于互联网及大数据的智能制造体系与中国制造企业转型升级[J]. 产业经济评论, 2: 5-16.
谢康, 廖雪华, 肖静华. 2021. 效率与公平不完全相悖: 信息化与工业化融合视角[J]. 经济研究, 56(2): 190-205.
谢康, 肖静华, 周先波, 等. 2012. 中国工业化与信息化融合质量: 理论与实证[J]. 经济研究, 47(1): 4-16.
谢申祥, 王孝松. 2011. 贸易开放、FDI与中国地区间收入差距——基于省际面板数据的经验分析[J]. 经济管理, 33(4): 1-9.
徐斌, 陈宇芳, 沈小波. 2019. 清洁能源发展、二氧化碳减排与区域经济增长[J]. 经济研究, 54(7): 188-202.
宣旸, 张万里. 2021. 产业智能化、收入分配与产业结构升级[J]. 财经科学, 5: 103-118.
亚琨, 罗福凯, 王京. 2021. 技术创新与企业环境成本——“环境导向”抑或“效率至上”? [J]. 科研管理: 1-13.
杨飞, 范从来. 2020. 产业智能化是否有利于中国益贫式发展?[J]. 经济研究, 55(5): 150-165.
杨光, 侯钰. 2020. 工业机器人的使用、技术升级与经济增长[J]. 中国工业经济, 10: 138-156.
杨浩昌, 李廉水, 刘军. 2016. 高技术产业聚集对技术创新的影响及区域比较[J]. 科学学研究, 34(2): 212-219.
杨蕙馨, 李春梅. 2013. 中国信息产业技术进步对劳动力就业及工资差距的影响[J]. 中国工业经济, 1: 51-63.
杨耀武, 张平. 2021. 中国经济高质量发展的逻辑、测度与治理[J]. 经济研究, 56(1): 26-42.
杨子晖. 2011. 政府规模、政府支出增长与经济增长关系的非线性研究[J]. 数量经济技术经济研究, 28(6): 77-92.
姚俊, 吕源, 蓝海林. 2004. 我国上市公司多元化与经济绩效关系的实证研究[J]. 管理世界, 11: 119-125.
姚锡凡, 景轩, 张剑铭, 等. 2020. 走向新工业革命的智能制造[J]. 计算机集成制造系统, 26(9): 2299-2320.
叶祥松, 刘敬. 2018. 异质性研发、政府支持与中国科技创新困境[J]. 经济研究, 53(9): 116-132.
易露霞, 王一明, 贺晋. 2014. 广东装备制造业低碳化智能化发展研究[J]. 企业经济, 4: 116-119.
尹华, 余昊, 谢庆. 2021. 基于价值链优化的制造企业智能化转型升级研究[J]. 中国科技论坛, 3: 113-122.
尹靖, 王润北. 2019. 人工智能与产业发展的关系综述[J]. 信息系统工程, 1: 143-144.
尹向飞, 段文斌. 2016. 中国全要素生产率的来源: 理论构建和经验数据[J].南开经济研究, 1: 95-116.
于斌斌. 2017. 金融集聚促进了产业结构升级吗: 空间溢出的视角——基于中国城市动态空间

面板模型的分析[J]. 国际金融研究, 2: 12-23.
于骥. 2017. 产业结构变迁影响我国城镇化实证分析[J]. 上海经济研究, 4: 11-16.
于鹏, 李鑫, 张剑, 等. 2020. 环境规制对技术创新的影响及其区域异质性研究——基于中国省级面板数据的实证分析[J]. 管理评论, 32(5): 87-95.
余泳泽, 胡山. 2018. 中国经济高质量发展的现实困境与基本路径: 文献综述[J]. 宏观质量研究, 6(4): 1-17.
余泳泽, 刘大勇, 宣烨. 2016. 生产性服务业集聚对制造业生产效率的外溢效应及其衰减边界——基于空间计量模型的实证分析[J]. 金融研究, 2: 23-36.
袁航, 朱承亮. 2018. 国家高新区推动了中国产业结构转型升级吗[J]. 中国工业经济, 8: 60-77.
袁建国, 后青松, 程晨. 2015. 企业政治资源的诅咒效应——基于政治关联与企业技术创新的考察[J]. 管理世界, 1: 139-155.
袁晓玲, 李彩娟, 李朝鹏. 2019. 中国经济高质量发展研究现状、困惑与展望[J]. 西安交通大学学报(社会科学版), 39(6): 30-38.
岳孜. 2016. 《中国制造 2025》背景下制造业智能化发展分析[J]. 社会科学战线, 11: 261-264.
查冬兰, 周德群. 2010. 基于 CGE 模型的中国能源效率回弹效应研究[J]. 数量经济技术经济研究, 27(12): 39-53.
张伯旭, 李辉. 2017. 推动互联网与制造业深度融合——基于“互联网+”创新的机制和路径[J]. 经济与管理研究, 38(2): 87-96.
张恒梅, 李南希. 2019. 创新驱动下以物联网赋能制造业智能化转型[J]. 经济纵横, 7: 93-100.
张军扩, 侯永志, 刘培林, 等. 2019. 高质量发展的目标要求和战略路径[J]. 管理世界, 35(7): 1-7.
张辽, 王俊杰. 2017. “两化融合”理论述评及对中国制造业转型升级的启示[J]. 经济体制改革, 3: 123-129.
张曙. 2014. 工业 4.0 和智能制造[J]. 机械设计与制造工程, 43(8): 1-5.
张挺, 李闽榕, 徐艳梅. 2018. 乡村振兴评价指标体系构建与实证研究[J]. 管理世界, 34(8): 99-105.
张万里, 宣旸. 2020. 产业智能化对产业结构升级的空间溢出效应——劳动力结构和收入分配不平等的调节作用[J]. 经济管理, 42(10): 77-101.
张之光, 王艳, 赵立雨. 2015. 中国信息技术投资绩效的实证研究[J]. 科学学研究, 33(8): 1141-1150.
赵玉林, 谷军健. 2018. 技术与制度协同创新机制及对产业升级的协同效应[J]. 中国科技论坛, 3: 1-9.
赵渊博. 2019. 中国就业极化问题研究[D]. 北京: 中共中央党校.
周济. 2012. 制造业数字化智能化[J]. 中国机械工程, 23(20): 2395-2400.
周济. 2015. 智能制造——中国制造 2025 的主攻方向[N]. 中国税务报, 2015-09-08.
周济. 2019. 智能制造是“中国制造 2025”主攻方向[J]. 企业观察家, 11: 54-55.
周济, 李培根, 周艳红, 等. 2018. 走向新一代智能制造[J]. Engineering, 4(1): 28-47.
周云波, 田柳, 陈岑. 2017. 经济发展中的技术创新、技术溢出与行业收入差距演变——对 U 形假说的理论解释与实证检验[J]. 管理世界, 11: 35-49.

周振华. 2016. 情感计算：人工智能产业的经济新实践——兼论对山西智慧转型发展的启示[J]. 经济问题, 6: 60-63.

祝接金, 胡永平. 2006. 地方政府支出、效率改进与区域经济增长——中国地区面板数据的经验分析[J]. 中国软科学, 11: 74-80.

邹蕾, 张先锋. 2012. 人工智能及其发展应用[J]. 信息网络安全, 2: 11-13.

Acemoglu D, Autor D. 2011. Skills, Tasks and Technologies: Implications for Employment and Earnings[M]. Amsterdam: Elsevier: 1043-1171.

Acemoglu D, Restrepo P. 2018. Low-skill and high-skill automation[J]. Journal of Human Capital, 12(2): 204-232.

Acemoglu D, Restrepo P. 2019. Artificial Intelligence, Automation, and Work[M]. Chicago: University of Chicago Press.

Acemoglu D, Restrepo P. 2020a. Robots and jobs: Evidence from US labor markets[J]. Journal of Political Economy, 128(6): 2188-2244.

Acemoglu D, Restrepo P. 2020b. The wrong kind of AI? Artificial intelligence and the future of labour demand[J]. Cambridge Journal of Regions, Economy and Society, 13(1): 25-35.

Adha R, Hong C, Firmansyah M, et al. 2021. Rebound effect with energy efficiency determinants: a two-stage analysis of residential electricity consumption in Indonesia[J]. Sustainable Production and Consumption, 28: 556-565.

Aghion P, Jones B F, Jones C I. 2019. Artificial Intelligence and Economic Growth[M]. Chicago: University of Chicago Press.

Agrawal A, Gans J, Goldfarb A. 2019. Prediction, Judgment, and Complexity: A Theory of Decision-Making and Artificial Intelligence[M]. Chicago: University of Chicago Press.

Ahmed F, Kousar S, Pervaiz A, et al. 2022. Do institutional quality and financial development affect sustainable economic growth? Evidence from South Asian countries[J]. Borsa Istanbul Review, 1(22): 189-196.

Akram R, Chen F, Khalid F, et al. 2020. Heterogeneous effects of energy efficiency and renewable energy on carbon emissions: Evidence from developing countries[J]. Journal of Cleaner Production, 247: 119-122.

Al-Mulali U, Sab C N B C. 2012. The impact of energy consumption and CO_2 emission on the economic growth and financial development in the Sub Saharan African countries[J]. Energy, 39(1): 180-186.

Arntz M, Gregory T, Zierahn U. 2016. The risk of automation for jobs in OECD Countries: A comparative analysis[R]. OECD Social, Employment and Migration Working Papers. Paris: OECD Publishing, 189.

Asongu S A, Nwachukwu J C, Pyke C. 2019. The comparative economics of ICT, environmental degradation and inclusive human development in Sub-Saharan Africa[J]. Social Indicators Research, 143(3): 1271-1297.

Assaf A, Barros C P, Josiassen A. 2010. Hotel efficiency: A bootstrapped metafrontier approach[J]. International Journal of Hospitality Management, 29(3): 468-475.

Bai J H. 2011. Are government R&D subsidies efficient in China? Evidence from large and medium enterprises[J]. China Economic Quarterly, 4: 1375-1400.

Baker M, Gruber J, Milligan K. 2008. Universal child care, maternal labor supply, and family well-being[J]. Journal of Political Economy, 116(4): 709-745.

Ballestar M T, Díaz-Chao Á, Sainz J, et al. 2020. Knowledge, robots and productivity in SMEs: Explaining the second digital wave[J]. Journal of Business Research, 108: 119-131.

Baroroh D K, Chu C, Wang L. 2021. Systematic literature review on augmented reality in smart manufacturing: Collaboration between human and computational intelligence[J]. Journal of Manufacturing Systems, 61: 696-711.

Barro R J. 2000. Inequality and Growth in a Panel of Countries[J]. Journal of Economic Growth, 5(1): 5-32.

Barro R J. 2002. Quantity and Quality of Economic Growth[M]. Santiago: Banco Central de Chile Santiago de Chile.

Bastida L, Cohen J J, Kollmann A, et al. 2019. Exploring the role of ICT on household behavioural energy efficiency to mitigate global warming[J]. Renewable and Sustainable Energy Reviews, 103: 455-462.

Battese G E, Rao D P. 2002. Technology gap, efficiency, and a stochastic metafrontier function[J]. International Journal of Business and Economics, 1(2): 87.

Battese G E, Rao D P, O'Donnell C J. 2004. A metafrontier production function for estimation of technical efficiencies and technology gaps for firms operating under different technologies[J]. Journal of Productivity Analysis, 21(1): 91-103.

Bekaroo G, Bokhoree C, Pattinson C. 2016. Impacts of ICT on the natural ecosystem: A grassroot analysis for promoting socio-environmental sustainability[J]. Renewable and Sustainable Energy Reviews, 57: 1580-1595.

Berg A, Buffie E F, Zanna L. 2016. Robots, growth, and inequality[J]. Finance & Development, 53(3): 10-13.

Berg A, Buffie E F, Zanna L. 2018. Should we fear the robot revolution? (The correct answer is yes) [J]. Journal of Monetary Economics, 97: 117-148.

Berkhout P H, Muskens J C, Velthuijsen J W. 2000. Defining the rebound effect[J]. Energy Policy, 28(6-7): 425-432.

Biagi F, Falk M. 2017. The impact of ICT and e-commerce on employment in Europe[J]. Journal of Policy Modeling, 39(1): 1-18.

Bloom N, Genakos C, Martin R, et al. 2010. Modern management: good for the environment or just hot air?[J]. The Economic Journal, 120(544): 551-572.

Blundell R, Bond S. 1998. Initial conditions and moment restrictions in dynamic panel data models[J]. Journal of Econometrics, 87(1): 115-143.

Böhringer C, Rivers N. 2021. The energy efficiency rebound effect in general equilibrium[J]. Journal of Environmental Economics and Management, 109: 102508.

Borland J, Coelli M. 2017. Are robots taking our jobs?[J]. Australian Economic Review, 50(4): 377-397.

Boubakri N, Cosset J, Saffar W. 2013. The role of state and foreign owners in corporate risk-taking: Evidence from privatization[J]. Journal of Financial Economics, 108(3): 641-658.

BP. 2019. BP statistical review of world energy[J]. BP Statistical Review, London, UK, 2020-8.

Brynjolfsson E, Hitt L M, Kim H H. 2011. Strength in numbers: How does data-driven decisionmaking affect firm performance?[J]. Available at SSRN, 1819486.

Brynjolfsson E, Mcafee A. 2014. The Second Machine Age: Work, Progress, and Prosperity in a Time of Brilliant Technologies[M]. New York: WW Norton & Company.

Brynjolfsson E, Mitchell T, Rock D. 2018. What can machines learn, and what does it mean for occupations and the economy?[C]. AEA Papers and Proceedings, 108: 43-47.

Brynjolfsson E, Rock D, Syverson C. 2017. Artificial intelligence and the modern productivity paradox: a clash of expectations and statistics[J]. NBER Working Paper: w24001.

Brynjolfsson E, Rock D, Syverson C. 2019. Artificial Intelligence and the Modern Productivity Paradox: A Clash of Expectations and Statistics[M]. Chicago: University of Chicago Press.

Camerer C F. 2019. Artificial Intelligence and Behavioral Economics[M]. Chicago: University of Chicago Press: 587-610.

Carbonero F, Ernst E, Weber E. 2020. Robots worldwide: The impact of automation on employment and trade[J]. ILO Working Papers, 995008793402676.

Carree M, Piergiovanni R, Santarelli E, et al. 2015. Factors favoring innovation from a regional perspective: A comparison of patents and trademarks[J]. International Entrepreneurship and Management Journal, 11(4): 793-810.

Cecchini L, Venanzi S, Pierri A, et al. 2018. Environmental efficiency analysis and estimation of CO_2 abatement costs in dairy cattle farms in Umbria (Italy): A SBM-DEA model with undesirable output[J]. Journal of Cleaner Production, 197: 895-907.

Cerri D, Terzi S. 2016. Proposal of a toolset for the improvement of industrial systems' lifecycle sustainability through the utilization of ICT technologies[J]. Computers in Industry, 81: 47-54.

Chen L, Xu L, Yang Z. 2017. Accounting carbon emission changes under regional industrial transfer in an urban agglomeration in China's Pearl River Delta[J]. Journal of Cleaner Production, 167: 110-119.

Cheng Z, Li X, Wang M. 2021. Resource curse and green economic growth[J]. Resources Policy, 74: 102325.

Chiacchio F, Petropoulos G, Pichler D. 2018. The impact of industrial robots on EU employment and wages: A local labour market approach[Z]. Brussels: Bruegel Working Paper.

Chiu C, Liou J, Wu P, et al. 2012. Decomposition of the environmental inefficiency of the meta-frontier with undesirable output[J]. Energy Economics, 34(5): 1392-1399.

Choi S, Jun C, Zhao W B, et al. 2015. Digital manufacturing in smart manufacturing systems: Contribution, barriers, and future directions[C]. New York: Springer: 21-29.

Christiansen J. 1999. Competitive Innovation Management: Techniques to Improve Innovation Performance[M]. New York: Springer.

Churchill S A, Inekwe J, Smyth R, et al. 2019. R&D intensity and carbon emissions in the G7: 1870－2014[J]. Energy Economics, 80: 30-37.

Coccia M. 2014. Converging scientific fields and new technological paradigms as main drivers of the division of scientific labour in drug discovery process: the effects on strategic management of the R&D corporate change[J]. Technology Analysis & Strategic Management, 26(7): 733-749.

Coccia M. 2017. Sources of technological innovation: Radical and incremental innovation problem-driven to support competitive advantage of firms[J]. Technology Analysis & Strategic Management, 29(9): 1048-1061.

Coccia M. 2018. Theorem of not independence of any technological innovation[J]. Journal of Economics Bibliography, 5(1): 29-35.

Coccia M. 2019. Artificial intelligence technology in cancer imaging: clinical challenges for detection of lung and breast cancer[J]. Journal of Social and Administrative Sciences, 6(2): 82-98.

Coccia M. 2020. Deep learning technology for improving cancer care in society: New directions in cancer imaging driven by artificial intelligence[J]. Technology in Society, 60: 101198.

Cockburn I M, Henderson R, Stern S. 2019. The Impact of Artificial Intelligence on Innovation: An Exploratory Analysis[M]. Chicago: University of Chicago Press.

Cowen T. 2011. The Great Stagnation: How America Ate all the Low-hanging Fruit of Modern History, Got Sick, and Will (Eventually) Feel Better: A Penguin eSpecial from Dutton[M]. New York: Penguin.

Currie W, Galliers R, Galliers B. 1999. Rethinking Management Information Systems: An Interdisciplinary Perspective[M]. Oxford: Oxford University Press.

Damanpour F. 1996. Organizational complexity and innovation: Developing and testing multiple contingency models[J]. Management Science, 42(5): 693-716.

Dance J. 2008. What is innovation? 30+ definitions lead to one fresh summary [EB/OL]. http://www. freshconsulting. com/insights/blog/what-is-innovation.

David H. 2015. Why are there still so many jobs? The history and future of workplace automation[J]. Journal of Economic Perspectives, 29(3): 3-30.

Davis J, Edgar T, Graybill R, et al. 2015. Smart manufacturing[J]. Annual Review of Chemical and Biomolecular Engineering, 6: 141-160.

Decker M, Fischer M, Ott I. 2017. Service robotics and human labor: A first technology assessment of substitution and cooperation[J]. Robotics and Autonomous Systems, 87: 348-354.

Dietz T, Rosa E A. 1994. Rethinking the environmental impacts of population, affluence and technology[J]. Human Ecology Review, 1(2): 277-300.

Dornbusch R, Fischer S. 1997. Makroekonomika[M]. Moscov: Izdatelstvo Moskovskogo Universiteta.

Drukker D M. 2003. Testing for serial correlation in linear panel-data models[J]. The Stata Journal, 3(2): 168-177.

Färe R, Grosskopf S, Norris M, et al. 1994. Productivity growth, technical progress, and efficiency change in industrialized countries[J]. The American Economic Review, 84(1): 66-83.

Fatima S, Desouza K C, Dawson G S. 2020. National strategic artificial intelligence plans: A multi-dimensional analysis[J]. Economic Analysis and Policy, 67: 178-194.

Feng A, Graetz G. 2015. Rise of the Machines: The Effects of Labor-saving Innovations on Jobs and Wages[Z]. IZA Discussion Papers, Bonn: IZA.

Feng Y, Wang X, Du W, et al. 2019. Effects of environmental regulation and FDI on urban innovation in China: A spatial Durbin econometric analysis[J]. Journal of Cleaner Production, 235: 210-224.

Fernando Y, Hor W L. 2017. Impacts of energy management practices on energy efficiency and carbon emissions reduction: A survey of Malaysian manufacturing firms[J]. Resources, Conservation and Recycling, 126: 62-73.

Filippetti A, Frenz M, Ietto-Gillies G. 2017. The impact of internationalization on innovation at countries' level: The role of absorptive capacity[J]. Cambridge Journal of Economics, 41(2): 413-439.

Fisher J C, Pry R H. 1971. A simple substitution model of technological change[J]. Technological Forecasting and Social Change, 3: 75-88.

Fisher-Vanden K, Jefferson G H, Jingkui M, et al. 2006. Technology development and energy productivity in China[J]. Energy Economics, 28(5-6): 690-705.

Forrest J Y, Lin C, Mondal S, et al. 2019. Environmental forces underneath the innovativeness of manufacturing firms[J]. Theoretical Economics Letters, 9(5): 1353.

Forrest J Y, Nightingale J. 2017. Successfully transition into the era of transient competitive advantages[J]. Northeastern Association of Business, Economics and Technology: 73.

Freel M S. 2003. Sectoral patterns of small firm innovation, networking and proximity[J]. Research Policy, 32(5): 751-770.

Frey C B, Osborne M A. 2017. The future of employment: How susceptible are jobs to computerisation?[J]. Technological Forecasting and Social Change, 114: 254-280.

Fu Y H, Ye X S, Wang Z X. 2014. The selection of technology progress path of manufacturing structure optimization-an empirical analysis based on dynamic panel data model[J]. China Industrial Economics, 9: 78-90.

Furman J, Seamans R. 2019. AI and the Economy[J]. Innovation Policy and the Economy, 19(1): 161-191.

Gallaher M P, Oliver Z T, Rieth K T, et al. 2016. Economic analysis of technology infrastructure needs for advanced manufacturing: Smart manufacturing[J]. Grant/Contract Reports(NISTGCR),

16-007.

Galor O, Moav O. 2000. Ability-biased technological transition, wage inequality, and economic growth[J]. The Quarterly Journal of Economics, 115(2): 469-497.

Gazzola P, Del Campo A G, Onyango V. 2019. Going green vs going smart for sustainable development: Quo vadis?[J]. Journal of Cleaner Production, 214: 881-892.

Gerstlberger W, Knudsen M P, Dachs B, et al. 2016. Closing the energy-efficiency technology gap in European firms? Innovation and adoption of energy efficiency technologies[J]. Journal of Engineering and Technology Management, 40: 87-100.

Glomsrød S, Taoyuan W. 2005. Coal cleaning: A viable strategy for reduced carbon emissions and improved environment in China?[J]. Energy Policy, 33(4): 525-542.

Gökgöz F, Güvercin M T. 2018. Energy security and renewable energy efficiency in EU[J]. Renewable and Sustainable Energy Reviews, 96: 226-239.

Goldfarb A, Trefler D. 2018. AI and International Trade[Z]. Cambridge: National Bureau of Economic Research.

González J F. 2010. Empirical evidence of direct rebound effect in Catalonia[J]. Energy Policy, 38(5): 2309-2314.

Goodfellow I, Bengio Y, Courville A. 2016. Deep Learning[M]. Cambridge: MIT Press.

Goos M, Manning A, Salomons A. 2014. Explaining job polarization: Routine-biased technological change and offshoring[J]. American Economic Review, 104(8): 2509-2526.

Goralski M A, Tan T K. 2020. Artificial intelligence and sustainable development[J]. The International Journal of Management Education, 18(1): 100330.

Graetz G, Michaels G. 2015. Robots at work: the impact on productivity and jobs[Z]. London: Centre for Economic Performance, LSE.

Graetz G, Michaels G. 2018. Robots at work[J]. Review of Economics and Statistics, 100(5): 753-768.

Grant D, Jorgenson A K, Longhofer W. 2016. How organizational and global factors condition the effects of energy efficiency on CO_2 emission rebounds among the world's power plants[J]. Energy Policy, 94: 89-93.

Gregory T, Salomons A, Zierahn U. 2016. Racing with or against the machine? Evidence from Europe[J]. ZEW-Centre for European Economic Research Discussion Paper, 16-053. Mannheim: ZEW.

Gu W, Wang J, Hua X, et al. 2021. Entrepreneurship and high-quality economic development: Based on the triple bottom line of sustainable development[J]. International Entrepreneurship and Management Journal, 17(1): 1-27.

Guan J C, Gao X. 2009. Exploring the h - index at patent level[J]. Journal of the American Society for Information Science and Technology, 60(1): 35-40.

Hall W, Pesenti J. 2017. Growing the artificial intelligence industry in the UK[J]. Department for Digital, Culture, Media & Sport and Department for Business, Energy & Industrial Strategy. Part of the Industrial Strategy UK and the Commonwealth.

Han X, Hui N, Song W F. 2014. Can Informatization improve the technology innovation efficiency of Chinese industrial sectors[J]. China Industrial Economy, 12: 70-82.

Han Y. 2007. Measuring industrial knowledge stocks with patents and papers[J]. Journal of Informetrics, 1 (4) : 269-276.

Hanson R. 2001. Economic growth given machine intelligence[Z]. Technical Report, Berkeley: University of California, Berkeley.

Hao K. 2019. Training a single AI model can emit as much carbon as five cars in their lifetimes[J]. MIT Technology Review.

Harris M N, Mátyás L. 2004. A comparative analysis of different IV and GMM estimators of dynamic panel data models[J]. International Statistical Review, 72 (3) : 397-408.

Harrison R, Jaumandreu J, Mairesse J, et al. 2014. Does innovation stimulate employment? A firm-level analysis using comparable micro-data from four European countries[J]. International Journal of Industrial Organization, 35: 29-43.

He L Y, Lin X Y. 2011. Research on the mechanism and effect of energy prices shocks on China's carbon emission[J]. Soft Science, 25: 94-98.

He Y, Fu F, Liao N. 2021. Exploring the path of carbon emissions reduction in China's industrial sector through energy efficiency enhancement induced by R&D investment[J]. Energy, 225: 120208.

Hémous D, Olsen M. 2014. The rise of the machines: Automation, horizontal innovation and income inequality[J]. SSRN: 2328774.

Higón D A, Gholami R, Shirazi F. 2017. ICT and environmental sustainability: A global perspective[J]. Telematics and Informatics, 34 (4) : 85-95.

Hildmann H, Hirsch B. 2018. Overview of Artificial Intelligence[C]//Lee N. Encyclopedia of Computer Graphics and Games. Cham: Springer International Publishing: 1-9.

Hoedemakers L. 2017. The Changing Nature of Employment: How Technological Progress and Robotics Shape the Future of Work[D]. Lund: Lund University.

Hoff J V, Rasmussen M M, Sørensen P B. 2021. Barriers and opportunities in developing and implementing a Green GDP[J]. Ecological Economics, 181: 106905.

Hongling W, Li D D, Junxin F. 2006. Does FDI facilitate or dampen indigenous R&D[J]. Economic Research Journal, 2: 44-56.

Hoyt R E, Liebenberg A P. 2011. The value of enterprise risk management[J]. Journal of Risk and Insurance, 78 (4) : 795-822.

Hu Y, Zhou X, Li C. 2010. Internet-based intelligent service-oriented system architecture for collaborative product development[J]. International Journal of Computer Integrated Manufacturing, 23 (2) : 113-125.

Huang C W, Ting C T, Lin C H, et al. 2013. Measuring non-convex metafrontier efficiency in international tourist hotels[J]. Journal of the Operational Research Society, 64 (2) : 250-259.

Huang J, Koroteev D D. 2021. Artificial intelligence for planning of energy and waste management[J]. Sustainable Energy Technologies and Assessments, 47: 101426.

Iafrate F. 2018. Artificial Intelligence and Big Data: The Birth of a New Intelligence[M]. London: John Wiley & Sons.

Jackson M O, Kanik Z. 2019. How automation that substitutes for labor affects production networks, growth, and income inequality[J]. Growth, and Income Inequality. SSRN: 3375523.

Jahanger A. 2021. Influence of FDI characteristics on high-quality development of China's economy[J]. Environmental Science and Pollution Research, 28: 18977-18988.

Jin P, Peng C, Song M. 2019. Macroeconomic uncertainty, high-level innovation, and urban green development performance in China[J]. China Economic Review, 55: 1-18.

Jin S. 2007. The effectiveness of energy efficiency improvement in a developing country: Rebound effect of residential electricity use in South Korea[J]. Energy Policy, 35(11): 5622-5629.

Jones N. 2018. How to stop data centres from gobbling up the world's electricity[J]. Nature, 561(7722): 163-167.

Ju J, Yu X. 2019. China's opening up after 40 years: Standing at a historic turning point[J]. The Fundamental Dynamic Effect on Reform and Opening in China: 167-194.

Jung J H, Lim D. 2020. Industrial robots, employment growth, and labor cost: A simultaneous equation analysis[J]. Technological Forecasting and Social Change, 159: 120202.

Kaivo-Oja J, Roth S, Westerlund L. 2017. Futures of robotics. Human work in digital transformation[J]. International Journal of Technology Management, 73(4): 176-205.

Kaplan A, Haenlein M. 2020. Rulers of the world, unite! The challenges and opportunities of artificial intelligence[J]. Business Horizons, 63(1): 37-50.

Kim M, Park Y. 2009. The changing pattern of industrial technology linkage structure of Korea: Did the ICT industry play a role in the 1980s and 1990s?[J]. Technological Forecasting and Social Change, 76(5): 688-699.

Kromann L, Malchow-Møller N, Skaksen J R, et al. 2020. Automation and productivity—A cross-country, cross-industry comparison[J]. Industrial and Corporate Change, 29(2): 265-287.

Kromann L, Skaksen J R, Sørensen A. 2011. Automation, labor productivity and employment—A cross country comparison[J]. Copenhagen: CEBR, Copenhagen Business School.

Kusiak A. 2018. Smart manufacturing[J]. International Journal of Production Research, 56(1-2): 508-517.

Kwon L, Park J, Moon Y, et al. 2018. Weak signal detecting of industry convergence using information of products and services of global listed companies-focusing on growth engine industry in South Korea[J]. Journal of Open Innovation: Technology, Market, and Complexity, 4(1): 10.

Lambrecht J, Kästner L, Guhl J, et al. 2021. Towards commissioning, resilience and added value of Augmented Reality in robotics: Overcoming technical obstacles to industrial applicability[J]. Robotics and Computer-Integrated Manufacturing, 71: 102178.

Lange S, Pohl J, Santarius T. 2020. Digitalization and energy consumption. Does ICT reduce energy demand?[J]. Ecological Economics, 176: 106760.

Lankisch C, Prettner K, Prskawetz A. 2019. How can robots affect wage inequality?[J]. Economic Modelling, 81: 161-169.

Laptev V A. 2019. Artificial intelligence and liability for its work[J]. Law: J. Higher Sch. Econ. : 79.

Lee J W, Brahmasrene T. 2014. ICT, CO_2 emissions and economic growth: Evidence from a panel of ASEAN[J]. Global Economic Review, 43 (2) : 93-109.

Lee J, Davari H, Singh J, et al. 2018. Industrial Artificial Intelligence for industry 4. 0-based manufacturing systems[J]. Manufacturing Letters, 18: 20-23.

Lemoine D. 2020. General equilibrium rebound from energy efficiency innovation[J]. European Economic Review, 125: 103431.

Leonard-Barton D, Swap W C. 1999. When Sparks Fly: Igniting Creativity in Groups[M]. Harvard: Harvard Business Press.

Lesage J, Pace R K. 2009. Introduction to Spatial Econometrics[M]. London: Chapman and Hall (CRC Press).

Li M, Wang Q. 2017. Will technology advances alleviate climate change? Dual effects of technology change on aggregate carbon dioxide emissions[J]. Energy for Sustainable Development, 41: 61-68.

Li M, Wong Y. 2003. Diversification and economic performance: An empirical assessment of Chinese firms[J]. Asia Pacific Journal of Management, 20 (2) : 243-265.

Lin B, Moubarak M. 2014. Renewable energy consumption - economic growth nexus for China[J]. Renewable and Sustainable Energy Reviews, 40: 111-117.

Lin C, Chiu Y, Huang C. 2012. Assessment of technology gaps of tourist hotels in productive and service processes[J]. The Service Industries Journal, 32 (14) : 2329-2342.

Lin Y F, Zhang P F. 2005. The Advantage of Latter Comers, Technology Imports, and Economic Growth of Developing Countries [J]. China Economic Quarterly, 5 (1) : 54-75.

Lins K V. 2003. Equity ownership and firm value in emerging markets[J]. Journal of Financial and Quantitative Analysis, 38 (1) : 159-184.

Liu J, Chang H, Forrest J Y, et al. 2020. Influence of artificial intelligence on technological innovation: Evidence from the panel data of china's manufacturing sectors[J]. Technological Forecasting and Social Change, 158: 120142.

Liu J, Liu L, Qian Y, et al. 2021. The effect of artificial intelligence on carbon intensity: Evidence from China's industrial sector[J]. Socio-Economic Planning Sciences: 101002.

Liu T, Xing X, Zhang Y, et al. 2021. Achieving high efficiency and sustainability through new ventures exploration and exploitation strategies: Insight from well-established and emerging technology standards[J]. Sustainable Cities and Society, 74: 103201.

Liu X Y, Cheng Q, Guo K. 2017. Influencing factors of intelligent manufacturing: Empirical analysis based on SVR model[J]. Procedia Computer Science, 122: 1024-1030.

Makridakis S. 2017. The forthcoming Artificial Intelligence (AI) revolution: Its impact on society and firms[J]. Futures, 90: 46-60.

Manish G P. 2013. Market reforms in India and the quality of economic growth[J]. The Independent Review, 18(2): 241-262.

Markoff J. 2015. Machines of loving grace: The quest for common ground between humans and robots[C]. New York: ECCO.

Marzi G, Dabić M, Daim T, et al. 2017. Product and process innovation in manufacturing firms: A 30-year bibliometric analysis[J]. Scientometrics, 113(2): 673-704.

McElheran K. 2018. Economic measurement of AI[C]. 2nd NBER Economics of Artificial Intelligence Conference. Toronto: NBER.

Mlachila M, Tapsoba R, Tapsoba S J. 2017. A quality of growth index for developing countries: A proposal[J]. Social Indicators Research, 134(2): 675-710.

Moran P A. 1950. Notes on continuous stochastic phenomena[J]. Biometrika, 37(1/2): 17-23.

Morikawa M. 2017. Firms' expectations about the impact of AI and robotics: Evidence from a survey[J]. Economic Inquiry, 55(2): 1054-1063.

Moyer J D, Hughes B B. 2012. ICTs: Do they contribute to increased carbon emissions?[J]. Technological Forecasting and Social Change, 79(5): 919-931.

Nelson R. 2006. Evolutionary social science and universal Darwinism[J]. Journal of Evolutionary Economics, 16(5): 491-510.

Nguyen T T, Pham T A T, Tram H T X. 2020. Role of information and communication technologies and innovation in driving carbon emissions and economic growth in selected G-20 countries[J]. Journal of Environmental Management, 261: 110162.

Niu K H. 2010. Organizational trust and knowledge obtaining in industrial clusters[J]. Journal of Knowledge Management, 14(1): 141-155.

O'Donnell C J, Rao D P, Battese G E. 2008. Metafrontier frameworks for the study of firm-level efficiencies and technology ratios[J]. Empirical Economics, 34(2): 231-255.

Oh D. 2010. A global Malmquist-Luenberger productivity index[J]. Journal of Productivity Analysis, 34(3): 183-197.

Olden J D, Jackson D A. 2002. Illuminating the "black box": A randomization approach for understanding variable contributions in artificial neural networks[J]. Ecological Modelling, 154(1-2): 135-150.

Ollo-López A, Aramendía-Muneta M E. 2012. ICT impact on competitiveness, innovation and environment[J]. Telematics and Informatics, 29(2): 204-210.

Orlic E, Hashi I, Hisarciklilar M. 2018. Cross sectoral FDI spillovers and their impact on manufacturing productivity[J]. International Business Review, 27(4): 777-796.

Pastor J T, Lovell C K. 2005. A global Malmquist productivity index[J]. Economics Letters, 88(2): 266-271.

Patterson W, Ambrosini V. 2015. Configuring absorptive capacity as a key process for research intensive firms[J]. Technovation, 36: 77-89.

Phuyal S, Bista D, Bista R. 2020. Challenges, opportunities and future directions of smart manufacturing: A state of art review[J]. Sustainable Futures, 2: 100023.

Pieri F, Vecchi M, Venturini F. 2018. Modelling the joint impact of R&D and ICT on productivity: A frontier analysis approach[J]. Research Policy, 47(9): 1842-1852.

Plepys A. 2002. The grey side of ICT[J]. Environmental Impact Assessment Review, 22(5): 509-523.

Popp D C. 2001. The effect of new technology on energy consumption[J]. Resource and Energy Economics, 23(3): 215-239.

Porter M E. 1985. The Competitive Advantage of Nations: Creating and Sustaining Superior Performance[M]. New York: Free Press.

Pressman S. 2013. Fifty Major Economists[M]. London: Routledge.

Purdy M, Daugherty P. 2017. How AI boosts industry profits and innovation[Z]. Dublin: Accenture Ltd.

Raskin P D. 1995. Methods for estimating the population contribution to environmental change[J]. Ecological Economics, 15(3): 225-233.

Ren L, Zhang L, Wang L, et al. 2017. Cloud manufacturing: key characteristics and applications[J]. International Journal of Computer Integrated Manufacturing, 30(6): 501-515.

Roodman D. 2009. How to do xtabond2: An introduction to difference and system GMM in Stata[J]. The Stata Journal, 9(1): 86-136.

Rossi U. 2009. Growth poles, growth centers[J]. Int. Encyclopedia Human Geogr, 4: 651-656.

Rowley J. 2011. Should your library have an innovation strategy?[J]. Library Management, 32(4-5): 251-265.

Russell S J, Norvig P. 2016. Artificial Intelligence: A Modern Approach. Malaysia[Z]. London: Pearson Education Limited.

Sabatini F. 2008. Social capital and the quality of economic development[J]. Kyklos, 61(3): 466-499.

Sarkar M, Sarkar B. 2020. How does an industry reduce waste and consumed energy within a multi-stage smart sustainable biofuel production system?[J]. Journal of Cleaner Production, 262: 121200.

Saunders H D. 2008. Fuel conserving (and using) production functions[J]. Energy Economics, 30(5): 2184-2235.

Schumpeter J A. 1982. The theory of economic development: An inquiry into profits, capital, credit, interest, and the business cycle (1912/1934) [J]. Transaction Publishers, 1: 244.

Schuster P. 2016. Major transitions in evolution and in technology: What they have in common and where they differ[J]. Complexity, 21(4): 7-13.

Shafiei S, Salim R A. 2014. Non-renewable and renewable energy consumption and CO_2 emissions in OECD countries: A comparative analysis[J]. Energy Policy, 66: 547-556.

Shan S, Genç S Y, Kamran H W, et al. 2021. Role of green technology innovation and renewable energy in carbon neutrality: A sustainable investigation from Turkey[J]. Journal of

Environmental Management, 294: 113004.

Shiller R. 2017. Economic risks associated with deep change in technology, and their mitigation[J]. Journal of Policy Modeling, 39(4): 616-624.

Shrouf F, Miragliotta G. 2015. Energy management based on internet of things: Practices and framework for adoption in production management[J]. Journal of Cleaner Production, 100: 235-246.

Silva H C, Lima F. 2017. Technology, employment and skills: A look into job duration[J]. Research Policy, 46(8): 1519-1530.

Song M, Wang S. 2016. Can employment structure promote environment-biased technical progress?[J]. Technological Forecasting and Social Change, 112: 285-292.

Stock J H, Yogo M, Andrews D W, et al. 2005. Identification and Inference for Econometric Models: Essays in Honor of Thomas Rothenberg[J]. Cambridge: Cambridge University Press.

Strubell E, Ganesh A, Mccallum A. 2019. Energy and policy considerations for deep learning in NLP[J]. arXiv preprint arXiv: 1906. 02243.

Sun C, Zhang W, Fang X, et al. 2019. Urban public transport and air quality: Empirical study of China cities[J]. Energy Policy, 135: 110998.

Sun H, Edziah B K, Kporsu A K, et al. 2021. Energy efficiency: The role of technological innovation and knowledge spillover[J]. Technological Forecasting and Social Change, 167: 120659.

Sun H, Edziah B K, Sun C, et al. 2019. Institutional quality, green innovation and energy efficiency[J]. Energy Policy, 135: 111002.

Sun Z, Xiao L P, Liu L H. 2017. The changes of industrial ownership structure and innovation: Is the state-owned enterprise dominant in favor of innovation[J]. Nankai Economic Studies, 6: 3-19.

Supekar S D, Graziano D J, Riddle M E, et al. 2019. A framework for quantifying energy and productivity benefits of smart manufacturing technologies[J]. Procedia Cirp, 80: 699-704.

Talukdar D, Meisner C M. 2001. Does the private sector help or hurt the environment? Evidence from carbon dioxide pollution in developing countries[J]. World Development, 29(5): 827-840.

Tang L, He G. 2021. How to improve total factor energy efficiency? An empirical analysis of the Yangtze River economic belt of China[J]. Energy, 235: 121375.

Thomas M K. 2017. The rise of technology and its influence on labor market outcomes[J]. Gettysburg Economic Review, 10(1): 3.

Thomas V. 2000. The Quality of Growth[M]. Washington: World Bank Publications.

Tian X Y. 2015. Review and prospect on technology imitation and technology frontier[J]. Technoeconomics & Management Research, 12: 41-45.

Tiedemann T, Francksen T, Latacz-Lohmann U. 2011. Assessing the performance of German Bundesliga football players: A non-parametric metafrontier approach[J]. Central European Journal of Operations Research, 19(4): 571-587.

Tone K, Tsutsui M. 2010. An epsilon-based measure of efficiency in DEA - A third pole of technical efficiency[J]. European Journal of Operational Research, 207(3): 1554-1563.

Truby J. 2018. Decarbonizing Bitcoin: Law and policy choices for reducing the energy consumption of Blockchain technologies and digital currencies[J]. Energy Research & Social Science, 44: 399-410.

UNIDO.2021. Industrial Energy Efficiency and Climate Change[EB/OL]. https://www.unido.org/our-focus/safeguarding-environment/clean-energy-access-productive-use/industrial-energy-efficiency-and-climate-change.

Vélez-Henao J, García-Mazo C, Freire-González J, et al. 2020. Environmental rebound effect of energy efficiency improvements in Colombian households[J]. Energy Policy, 145: 111697.

Vinuesa R, Azizpour H, Leite I, et al. 2020. The role of artificial intelligence in achieving the sustainable development goals[J]. Nature Communications, 11 (1): 1-10.

Vlačić E, Dabić M, Daim T, et al. 2019. Exploring the impact of the level of absorptive capacity in technology development firms[J]. Technological Forecasting and Social Change, 138: 166-177.

Vocke C, Constantinescu C, Popescu D. 2019. Application potentials of artificial intelligence for the design of innovation processes[J]. Procedia Cirp, 84: 810-813.

Wang H, Wang M. 2020. Effects of technological innovation on energy efficiency in China: Evidence from dynamic panel of 284 cities[J]. Science of the Total Environment, 709: 136172.

Wang J, Zhang Y, Liu Y, et al. 2018. Multiagent and bargaining-game-based real-time scheduling for internet of things-enabled flexible job shop[J]. Ieee Internet of Things Journal, 6 (2): 2518-2531.

Wang L, Qi L, Liu K. 2012. Research on the mechanism and influencing factors on the cooperative technological innovation between equipment manufacturing enterprises and high-tech enterprises[C]. International Conference on Management Science and Engineering-Annual Conference Proceedings: 1631-1639.

Wang L, Wang Q. 2019. Study on the relationship of input and output of re-innovation after digesting the introduced technology in high-tech industry: An empirical study based on different industry data[J]. China Soft Science: 1: 184-192.

Wang N, Chang Y. 2014. The evolution of low-carbon development strategies in China[J]. Energy, 68: 61-70.

Wang P, Wu W, Zhu B, et al. 2013. Examining the impact factors of energy-related CO_2 emissions using the STIRPAT model in Guangdong Province, China[J]. Applied Energy, 106: 65-71.

Wang Q. 2015. Fixed-effect panel threshold model using Stata[J]. The Stata Journal, 15 (1): 121-134.

Wang Q, Zhao Z, Zhou P, et al. 2013. Energy efficiency and production technology heterogeneity in China: A meta-frontier DEA approach[J]. Economic Modelling, 35: 283-289.

Wang R, Yan B, Deng W. 2010. The impact of FDI on the independent innovation capability of Chinese indigenous industries—From the perspective of industrial linkages [J]. China Industrial Economics, 11: 16-25.

Wang S S, Zhou D Q, Zhou P, et al. 2011. CO_2 emissions, energy consumption and economic growth in China: A panel data analysis[J]. Energy Policy, 39 (9): 4870-4875.

Wei T. 2010. A general equilibrium view of global rebound effects[J]. Energy Economics, 32 (3):

661-672.

Wei T, Liu Y. 2017. Estimation of global rebound effect caused by energy efficiency improvement[J]. Energy Economics, 66: 27-34.

Welsch H, Ochsen C. 2005. The determinants of aggregate energy use in West Germany: Factor substitution, technological change, and trade[J]. Energy Economics, 27(1): 93-111.

Wolfgang D, Sebastian F, Jens S, et al. 2017. German robots-the impact of industrial robots on workers[J]. IAB-Discussion Paper 201730, Nuremberg: IAB.

Wooldridge J M. 2010. Econometric Analysis of Cross Section and Panel Data[M]. Cambridge: MIT Press.

Wu M, Wu J, Zang C. 2021. A comprehensive evaluation of the eco-carrying capacity and green economy in the Guangdong-Hong Kong-Macao Greater Bay Area, China[J]. Journal of Cleaner Production, 281: 124945.

Wurlod J, Noailly J. 2018. The impact of green innovation on energy intensity: An empirical analysis for 14 industrial sectors in OECD Countries[J]. Energy Economics, 71: 47-61.

Xu C, Haase D, Su M, et al. 2019. The impact of urban compactness on energy-related greenhouse gas emissions across EU Member States: Population density vs physical compactness[J]. Applied Energy, 254: 113671.

Yang T, Yi X, Lu S, et al. 2021. Intelligent manufacturing for the process industry driven by industrial artificial intelligence[J]. Engineering, 7(9): 1224-1230.

Yang W, Li L. 2018. Efficiency evaluation of industrial waste gas control in China: A study based on data envelopment analysis (DEA) model[J]. Journal of Cleaner Production, 179: 1-11.

Yi J, Hong J, Chung Hsu W, et al. 2017. The role of state ownership and institutions in the innovation performance of emerging market enterprises: Evidence from China[J]. Technovation, 62: 4-13.

Yu D, Li X, Yu J, et al. 2021. The impact of the spatial agglomeration of foreign direct investment on green total factor productivity of Chinese cities[J]. Journal of Environmental Management, 290: 112666.

Yuan H, Feng Y, Lee J, et al. 2020. The spatial threshold effect and its regional boundary of financial agglomeration on green development: A case study in China[J]. Journal of Cleaner Production, 244: 118670.

Zeira J. 1998. Workers, machines, and economic growth[J]. The Quarterly Journal of Economics, 113(4): 1091-1117.

Zhang C, Liu C. 2015. The impact of ICT industry on CO_2 emissions: a regional analysis in China[J]. Renewable and Sustainable Energy Reviews, 44: 12-19.

Zhang J, Liang X. 2012. Promoting green ICT in China: A framework based on innovation system approaches[J]. Telecommunications Policy, 36(10-11): 997-1013.

Zhang N, Zhou P, Choi Y. 2013. Energy efficiency, CO_2 emission performance and technology gaps in fossil fuel electricity generation in Korea: A meta-frontier non-radial directional distance functionanalysis[J]. Energy Policy, 56: 653-662.

Zhang P. 2019. Automation, wage inequality and implications of a robot tax[J]. International Review of Economics & Finance, 59: 500-509.

Zhang Q, Yu Z, Kong D. 2019. The real effect of legal institutions: Environmental courts and firm environmental protection expenditure[J]. Journal of Environmental Economics and Management, 98: 102254.

Zhang Y C, Li X T. 2015. Measurement of technological innovation efficiency and its influencing factors in China's high-tech transformation of traditional industries: An empirical analysis based on the transcendental logarithmic stochastic frontier model[J]. Technology Economics, 34(3): 18-26.

Zhao M, Lu W R. 2014. The Evaluation and Demonstration of Recycling Economy Development Based on the Combination of Entropy Weight and AHP[J]. Advanced Materials Research. 955-959: 1750-1754.

Zhou J, Sui H. 2021. Infrastructure investment and economic growth quality: Empirical analysis of China' s regional development[J]. Applied Economics, 53(23): 2615-2630.

Zhou P, Ang B W, Zhou D Q. 2012. Measuring economy-wide energy efficiency performance: A parametric frontier approach[J]. Applied Energy, 90(1): 196-200.

后　记

自 2015 年国务院印发《中国制造 2025》以来，我一直关注智能制造相关理论与实践，并开展了相关研究。2018 年，获批江苏省社会科学基金重大项目“江苏制造业‘智能化’转型升级研究”；2019 年，获批教育部人文社会科学研究规划基金项目“制造业智能化对我国就业的影响：机制与对策研究”。自 2019 年以来，与李廉水教授合作出版了《中国制造业发展研究报告 2019：中国制造 40 年与智能制造》《中国制造业发展研究报告 2020》《中国制造业发展研究报告 2021》等三部学术专著，均以制造业智能化为核心研究内容。

中国经济高质量发展已成为国家重大战略。2017 年，党的十九大提出“我国经济已由高速增长阶段转向高质量发展阶段”；当前，高质量发展已成为我国经济发展的主旋律，也是“十四五”乃至更长时期我国经济社会发展的主题。制造业智能化将在促进我国经济增长、优化产业结构、促进高质量就业、促进技术创新、促进绿色发展等方面发挥重要作用，将成为推动我国经济高质量发展的新的引擎和动力。这是近年来开展智能化研究的逻辑主线，也是专著以《制造业智能化与中国经济高质量发展》命名的初衷。

经过这几年的积累，已在制造业智能化和经济高质量发展方面取得了一些成果，部分成果已发表在《中国软科学》、《上海经济研究》、《现代经济探讨》、《河海大学学报（哲学社会科学版）》、《新华日报（思想周刊）》、*Technological Forecasting and Social Change*、*Socio-Economic Planning Sciences*、*Journal of Policy Modeling* 等学术期刊上，产生了一些反响和讨论，还有一些尚未发表的工作论文，正需以结集出版的方式与关注制造业智能化、中国经济高质量发展的学者们分享交流。于是，我与团队成员进一步整合凝练相关研究内容，最终将这本《制造业智能化与中国经济高质量发展》呈现在读者面前。

以我一人之力实难完成这一专著，感谢李廉水教授对本书的指导及第 2 章研究内容的贡献。当然，我的很多合作者和研究生对本书各章节也作出了颇多实质性帮助与贡献。他们分别是钱宇(第 1 章，第 4 章，第 10 章)、鲍怡发(第 2 章、第 5 章)、王利辉(第 3 章)、史梦雪(第 5 章)、常慧红(第 5 章、第 7 章)、杨渊鋆(第 5 章，第 10 章)、陈嘉钦(第 6 章)、曹雅茹(第 8 章，第 9 章)、刘亮(第 10 章)，还有其他提供帮助的合作者和同学们，借此机会，感谢大家多年来的合作与支持！

感谢南京大学长江产业经济研究院院长刘志彪教授为本书作序。感谢江苏省社会科学基金重大项目“江苏制造业‘智能化’转型升级研究”(18ZD003)、教育部人文社会科学研究规划基金项目“制造业智能化对我国就业的影响：机制与对策研究”(19YJA790055)、南京市商务局招标项目“中国(江苏)自由贸易试验区南京片区集成电路全产业链开放创新研究”对本书的资助。

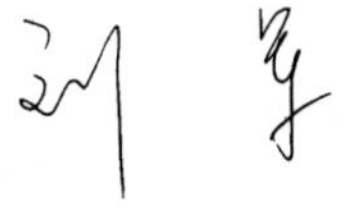

2021 年 12 月